高等职业教育建设工程管理类专业系列教材
GAODENG ZHIYE JIAOYU JIANSHE GONGCHENG GUANLI LEI ZHUANYE XILIE JIAOCAI

JIANZHU GONGCHENG JINGJI

建筑工程经济

（第2版）

主　编 / 李　茜　朱　进　王　平
副主编 / 颜　安　熊　璠　仇玉莹　王芳羚
主　审 / 陈天昕

重庆大学出版社

内容简介

本书是江西省在线开放课程和工程造价专业省级教学资源库配套教材，内容全面，通俗易懂，网络教学资源丰富。本书系统介绍了建筑工程经济的基本原理、主要分析方法与实践，主要内容包括建筑工程经济概论、现金流量与资金时间价值、建筑工程项目经济效益的评价、建筑工程项目的不确定性分析、价值工程、工程项目的可行性研究及资金筹措、工程项目的财务评价与国民经济评价等。

本书可作为高等职业教育建筑工程技术、工程造价、工程监理、建设工程管理、公路工程、市政工程、房地产开发等专业的教材，也适合作为工程技术人员、工程管理人员和建筑类执业资格考试的参考用书。

图书在版编目(CIP)数据

建筑工程经济／李茜，朱进，王平主编. -- 2版.
重庆：重庆大学出版社，2024. 8. --（高等职业教育建设工程管理类专业系列教材）. -- ISBN 978-7-5689-4701-5

Ⅰ. F407.9

中国国家版本馆CIP数据核字第2024ZR3021号

高等职业教育建设工程管理类专业系列教材
建筑工程经济
（第2版）

主　编　李　茜　朱　进　王　平
副主编　颜　安　熊　璠　仇玉莹　王芳羚
主　审　陈天昕

责任编辑：刘颖果　版式设计：刘颖果
责任校对：关德强　责任印制：赵　晟

*

重庆大学出版社出版发行
出版人：陈晓阳
社址：重庆市沙坪坝区大学城西路21号
邮编：401331
电话：(023)88617190　88617185(中小学)
传真：(023)88617186　88617166
网址：http://www.cqup.com.cn
邮箱：fxk@cqup.com.cn（营销中心）
全国新华书店经销
重庆亘鑫印务有限公司印刷

*

开本：787mm×1092mm　1/16　印张：16.5　字数：423千
2020年8月第1版　2024年8月第2版　2024年8月第6次印刷
印数：13 001—16 000
ISBN 978-7-5689-4701-5　定价：40.00元

前　言

“建筑工程经济”是工程造价、土木工程、工程管理等相关专业的专业课程，是一门由建筑、经济与管理相互融合和渗透的综合性、理论性及实践性较强的课程，也是注册一级建造师、注册造价工程师等执业资格考试的主要内容之一。

习近平总书记在党的二十大报告中指出：“高质量发展是全面建设社会主义现代化国家的首要任务。”这是在深入分析我国新的历史条件和阶段、全面认识和把握我国现代化建设实践历程以及各国现代化建设一般规律的基础上，做出的一个具有全局性、长远性和战略性的重大判断。我国正在从建造大国迈向建造强国，作为国民经济的支柱产业，建筑业正处于转型升级中。进一步深化建筑业改革，推动智能建造与新型建筑工业化协同发展，继续打造“中国建造”品牌，是党的二十大向建筑业提出的要求。建筑业转型升级对工程管理专业人才的知识结构、体系和能力等多个方面提出了新要求，新型工程管理专业复合型人才更能满足社会需求。

本书主要针对高等职业教育工程造价、建筑工程技术等建筑类相关专业对“建筑工程经济”课程的基本要求，针对工程建设的整个过程，系统地介绍了建筑工程经济的基本理论、主要分析方法与实践。本书共7个模块，主要内容包括建筑工程经济概论、现金流量与资金时间价值、建筑工程项目经济效益的评价、建筑工程项目的不确定性分析、价值工程、工程项目的可行性研究及资金筹措、工程项目的财务评价与国民经济评价等。

本书具有如下特点：

(1)贯彻党的二十大精神，基于行业发展对人才培养提出的全新要求，按照高职高专人才培养目标以及相关专业教学改革的需求，依据最新标准规范进行编写。

(2)本书是江西省在线开放课程和工程造价专业省级教学资源库配套教材，配备了大量基于网络运行、开放式管理与教学改革有机结合的数字化教学资源，包括教学PPT、视频讲解和习题等，方便教师开展线上教学，提高教学效率；打破学生认识知时空限制，拓宽学生获得信息的渠道，提高学习效率。

(3)针对课程的特点、难点，吸收建筑工程经济研究领域的最新成果，体例新颖，案例丰富。各章均附有学习目标、能力目标、知识链接、特别提示、想一想等模块及形式多样的习题，以达到学、练同步的目的。强调理论与实际的互动与渗透，提升学生在教学中的主体地位。在内容上，基于注册造价工程师、注册一级建造师和造价员对建筑工程经济相关知识的素质要求，以培养学生建筑工程经济应用能力为出发点，将基础理论与工程实践紧密结合，加强应用算例内容，强化学生的实际应用技能培养，以提高学生学习的积极性，培养学生的自学能力和分析解决问题的能力。

(4)围绕政治认同、文化素养、法制意识、道德修养等重点，优化课程思政内容，依托江西省精品在线开放课程，积极更新课程思政教学资源。

本书由江西建设职业技术学院李茜、朱进、王平担任主编，由江西建设职业技术学院颜安、熊播、仇玉莹、王芳羚担任副主编，建中工程有限公司总经理余春萍参与编写。具体编写分工如下：李茜编写模块1；朱进编写模块3第3.2节；王平编写模块3第3.3节和模块4；颜安编写模块3第3.1节、模块5和模块6；熊播、仇玉莹编写模块2；王芳羚编写模块7。本书由江西科技师范大学陈天昕主审。

本书在编写过程中参考了书刊、论文等文献，在此一并对相关作者表示感谢。

由于编者水平有限，书中不妥之处在所难免，敬请广大读者批评指正。

编　者

2024年2月

目　录

模块 1
建筑工程经济概论

【学习目标】

（1）了解建筑业、建筑产品、工程经济学的产生与发展。

（2）熟悉建筑业的形成和发展、建筑生产、建筑活动的相关机构、建筑市场及建筑市场的交易活动。

【能力目标】

能够掌握工程经济的研究对象及特点、工程经济评价的基本原则。

建筑工程经济概论导学

【案例引入】

青藏铁路工程

青藏铁路，简称青藏线，是一条连接青海省西宁市和西藏自治区拉萨市的国铁Ⅰ级铁路，是通往西藏腹地的第一条铁路，也是世界上海拔最高、线路最长的高原铁路。青藏铁路分两期建成，一期工程东起青海省西宁市，西至青海省格尔木市，于 1958 年开工建设，1984 年 5 月建成通车；二期工程东起青海省格尔木市，西至西藏自治区拉萨市，于 2001 年 6 月 29 日开工，2006 年 7 月 1 日全线通车。2022 年 7 月 10 日上午，由中铁建工集团有限公司承建的青藏铁路西宁至格尔木段提质工程德令哈站站房改扩建项目的开工仪式在青海省海西蒙古族藏族自治州德令哈市举行，标志着青藏铁路西（宁）格（尔木）段提质工程正式开工。2023 年 6 月 23 日 7 时，青藏铁路西格段复兴号动车组开始试运行，并于 7 月 1 日正式运行。

青藏铁路

青藏铁路建设者以惊人的毅力和勇气，在雪域高原上筑起了中国铁路建设新的丰碑，也铸就了挑战极限、勇创一流的青藏铁路精神。

启示：青藏铁路开工建设以来，建设者们战胜各种难以想象的困难，攻克了“高寒缺氧、多年冻土、生态脆弱”三大世界铁路建设技术难题。青藏铁路建成通车，是无数的筑路工人用劳动和智慧创造的奇迹，对加快青藏两省区的经济发展、改善群众生活、增进民族团结、巩固边防都有着重要的意义。

工程经济学是人类提高工程经济活动效率的基本工具。工程项目的建设，不仅要分析其产生的经济效果和经济价值，还要系统、全面地分析研究其社会、技术、环境、资源等多方面的因素，寻找到符合国家政策、满足发展方向需要的方案，使之最大限度地创造效益。

1.1 建筑经济概论

1.1.1 建筑业

建筑业

1）建筑业的范围

①房屋和土木工程建筑业：指建筑工程从破土动工到工程主体结构竣工（或封顶）的活动过程，不包括工程的内部安装和装饰活动。如房屋工程建筑，土木工程建筑，铁路、道路、隧道和桥梁工程建筑，水利和港口工程建筑，工矿工程建筑，架线和管道工程建筑，其他土木工程建筑等。

②建筑安装业：指建筑物主体工程竣工后，建筑物内各种设备的安装活动，以及施工中的线路敷设和管道安装，不包括工程收尾的装饰，如对墙面、地板、天花板、门窗等处理活动。

③建筑装饰业：指对建筑工程后期的装饰、装修和清理活动，以及对居室的装修活动。

④其他建筑业：包括工程准备、提供施工设备服务、其他未列明的建筑活动等。

知识拓展

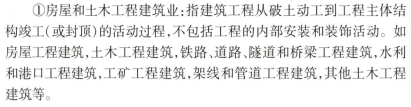

住房和城乡建设部印发的《“十四五”建筑业发展规划》明确，“十四五”时期，我国要初步形成建筑业高质量发展体系框架，建筑市场运行机制更加完善，营商环境和产业结构不断优化，建筑市场秩序明显改善，工程质量安全保障体系基本健全，建筑工业化、数字化、智能化水平大幅提升，建造方式绿色转型成效显著，加速建

筑业由大向强转变，为形成强大国内市场、构建新发展格局提供有力支撑。

智能建造与新型建筑工业化协同发展的政策体系和产业体系基本建立，装配式建筑占新建建筑的比例达到30%以上，打造一批建筑产业互联网平台，形成一批建筑机器人标志性产品，培育一批智能建造和装配式建筑产业基地。

规划要求，要大力发展装配式建筑。构建装配式建筑标准化设计和生产体系，推动生产和施工智能化升级，扩大标准化构件和部品部件使用规模，提高装配式建筑综合效益。完善适用不同建筑类型装配式混凝土建筑结构体系，加大高性能混凝土、高强钢筋和消能减震、预应力技术集成应用。

要加快建筑机器人研发和应用。加强新型传感、智能控制和优化、多机协同、人机协作等建筑机器人核心技术研究，研究编制关键技术标准，形成一批建筑机器人标志性产品。积极推进建筑机器人在生产、施工、维保等环节的典型应用，重点推进与装配式建筑相配套的建筑机器人应用，辅助和替代“危、繁、脏、重”施工作业。推广智能塔吊、智能混凝土泵送设备等智能化工程设备，提高工程建设机械化、智能化水平。

规划还提出2035年远景目标。到2035年，建筑业发展质量和效益大幅提升，建筑工业化全面实现，建筑品质显著提升，企业创新能力大幅提高，高素质人才队伍全面建立，产业整体优势明显增强，“中国建造”核心竞争力世界领先，迈入智能建造世界强国行列，全面服务社会主义现代化强国建设。

2)我国建筑业形成和发展过程

(1)建筑业形成前的建筑活动

①原始社会时期。中国古建筑的发展历史可追溯到原始社会早期，原始人利用天然崖洞或构木为巢作为居所。到了原始社会晚期，北方出现了利用黄土层为壁体修建土穴，并用木架和草泥建造简单的穴居或浅穴居，南方则出现了干栏式木构建筑。

②秦汉时期。木构架结构技术已日渐完善，石料的使用逐步增多，东汉时出现了全部石造的建筑物，如石祠、石阙和石墓，秦汉时期还修建了空前规模的宫殿、陵墓、万里长城、驰道和水利工程。

③魏晋南北朝时期。在建筑材料方面，砖瓦的产量和质量有所提高，金属材料被用作装饰。木结构技术提高，砖结构被大规模地应用到地面建筑，石工的雕琢技术也达到了很高水平。大量兴建佛教建筑，出现了许多寺、塔、石窟和精美的雕塑与壁画。

④隋唐时期。隋朝建造了规划严整的大兴城，开凿了南北大运河，修建了世界上最早的敞肩石拱桥——赵州桥。这一时期遗存下来

的殿堂、陵墓、石窟、塔、桥及城市宫殿的遗址，无论布局或造型都具有较高的艺术和技术水平，雕塑和壁画尤为精美，是中国封建社会前期建筑的高峰。

⑤宋朝时期。出现了各种复杂形式的殿阁楼台和仿木构建筑形式的砖石塔等。建筑构件的标准化在唐代的基础上不断发展，各工种的操作方法和工料的估算都有了较严格的规定，并出现了总结这些经验的建筑学著作——《营造法式》。

⑥元朝时期。元朝的元大都按照汉族传统都城的布局建造，是自唐长安城以来又一个规模巨大、规划完整的都城。元代城市进一步发展了各行各业的作坊、店铺和戏台、酒楼等娱乐性建筑。从西藏到大都建造了很多藏传佛教寺院和塔。

⑦明清时期。明朝由于制砖手工业的发展，砖的生产大量增长，明代大部分城墙和一部分长城都用砖包砌，民间建筑也大量使用砖瓦。官式建筑已经高度标准化、定型化。清朝工部颁布的《工程做法则例》统一了官式建筑的模数和用料标准，简化了构造方法。皇家和私人园林在传统基础上有了很大发展，在明末出现一部总结造园经验的著作——《园冶》，并留下了许多优秀作品。北京故宫和沈阳故宫是明清宫殿建筑群的实例。

(2)建筑业的形成与发展

我国建筑业的早期发展以沿海一些大城市为代表，如上海、天津等地。上海市旧城区的建设规模就是20世纪初形成的。1880年上海出现第一家“杨瑞记”营造厂——近代建筑业的雏形。1933年上海的营造厂已达2 000家。与此同时，出现了设计事务所、土木工程事务所(专门估价、监工等)、材料供应商、油漆、石作、脚手架、水电安装等专业队伍，招标投标制、承包制也已出现，中国建筑业开始形成。

1949年中华人民共和国成立以后，中国建筑业迅速发展。20世纪80年代社会主义市场经济体制建立以后，建筑业的各种法律、法规逐步完善，有了系统的管理制度，建筑规模迅速扩大，新技术、新工艺、新材料不断涌现，出现了中国历史上的建筑高峰，建筑业成为国民经济的支柱产业。

3)当前建筑业的改革方向

(1)推进绿色建筑发展

在全球气候变化的背景下，绿色建筑和可持续发展已成为建筑业的重要议题。绿色建筑不仅能够有效降低能源消耗和环境污染，还能提高建筑的使用舒适度。建筑行业要更加注重节能减排，采用环保材料和绿色施工技术，以实现可持续发展。

(2)加快数字化与智能化转型

随着信息技术的飞速发展，数字化和智能化已成为建筑行业的重要趋势。建筑业要加速数字化转型，通过应用大数据、云计算、物联网等技术，实现建筑项目的智能规划、设计、施工和运维。数字化和智能化技术的应用将大幅提高建筑行业的生产效率和质量，降低成本和减少安全风险。同时，智能建筑将为人们提供更加便捷、舒适和安全的居住环境。持续推进 BIM 技术，加快推进建筑信息模型（BIM）技术在规划、工程勘察设计、施工和运营维护全过程的集成应用。

（3）发展工业化和装配化

工业化和装配化是建筑业实现高效、快速和优质生产的重要途径。建筑行业要大力发展装配式建筑、预制件建筑等工业化生产方式，提高建筑生产的标准化、模块化和自动化水平。这将有助于缩短建筑周期、提高建筑质量、降低施工成本，并推动建筑行业的可持续发展。

（4）制定个性化服务，满足多样化需求

随着消费者需求的多样化和个性化，建筑行业要更加注重个性化和定制化服务。针对不同客户的需求和偏好，提供定制化的建筑设计、施工和维护服务，将有助于提高客户满意度和忠诚度，并推动建筑业的创新发展。

（5）提高建筑业人才综合素质

随着建筑业的转型升级，对高技能劳动力的需求将不断增加。建筑行业要加强劳动力教育培训工作，提高劳动力的技能水平和素质水平，同时积极探索灵活用工模式，以应对劳动力短缺和成本上升的挑战。

（6）提高工程质量安全水平

严格执行工程质量终身责任书面承诺制、永久性标牌制、质量信息档案等制度。加大在企业资质、人员资格、限制从业等方面的处罚力度，强化责任追究。强化施工安全，加快建设建筑施工安全监管信息系统，通过信息化手段加强安全生产管理。

（7）积极开拓国际市场

在全球经济一体化的背景下，国际合作与交流已成为推动建筑业发展的重要力量。积极参与国际合作项目，吸收国外先进经验和技术，持续推动建筑行业的创新和发展，同时也要进一步拓展国际市场，提升国际竞争力。

提示

BIM + CIM + GIS 是构建未来智慧城市建设的基础信息系统。在建筑业高质量发展方面，BIM 技术扮演着重要的支撑角色，并且全球建筑界广泛认同 BIM 是未来发展的趋势。

4）建筑业在国民经济中的地位和作用

建筑业在国民收入中占有重要地位，能为社会创造新价值，提供积累；建筑业为社会和国民经济各部门提供生产用和生活用固定资产；从整体看，建筑业是劳动密集型部门，能容纳大量的就业队伍；建筑业涉及面广泛，能带动许多关联产业的发展；建筑业向高空和地下施工技术的发展，为人类扩展了活动场所。

想一想

收集资料，阐述目前本地区建筑业的发展状况。

1.1.2 建筑产品

1）建筑产品的含义和特点

①含义：狭义的建筑产品，是指建筑业向社会提供的具有一定功能、可供人类使用的房屋建筑工程和附属设施工程，以及与其配套的线路管道工程和设备安装工程。本模块以下内容以狭义建筑产品为论述对象。

②特点：产品地点固定、产品类型多样、产品体积庞大、产品寿命长。

2）建筑产品的价格、成本和利润

（1）建筑产品的价格

想一想

建筑产品的流通渠道有哪些？

建筑产品的价格是建筑产品价值的货币表现形式。建筑产品的价格除了价值因素外，其市场价格主要取决于供求关系的影响，而供求关系又受制于多种因素，如收入、利率、产品质量、兴趣、爱好、收益预期等。

建筑产品的价格特点：单件性计价，即每件建筑产品必须单独计算价格；组合性计价，即建筑产品的价格必须按建筑工程的各个分部分项工程分别计价，然后组合成总价；两次性计价，即建筑产品的价格必须通过工程预算和工程结算两次计价才能确定；共同性计价，即建筑产品的供需双方共同确定建筑产品的价格等。

建筑产品的价格形式：有理论价格、计划价格、指导价格、市场价格等多种形式。

建筑产品的价格构成：由直接费、间接费、利润、税金等构成。

（2）建筑产品的成本

建筑产品

建筑产品的成本是指建筑产品在生产过程中各项费用消耗的总和。劳动生产率的高低、建筑材料消耗的多少、建筑机械设备的利用程度、施工进度的快慢、质量的优劣、施工技术水平和组织状况、企业各级生产管理的水平等因素都影响建筑产品的成本，因此，建筑产品的价格确定以后，成本越高，企业的盈利就越小；反之，企业的盈利随着成本的降低而增大。

施工企业的产品总成本：包括人工费、材料费、机械使用费、其他直接费、间接成本等。

房地产开发企业的产品总成本：包括土地征用拆迁补偿费、前期工程费、建筑安装工程费、基础设施建设费、公共配套设施费、销售费用、管理费用、财务费用等。

降低建筑产品成本的途径：改善施工组织设计，在保证工程质量的前提下因地制宜地采用新材料和代用品，提高机械利用率，提高劳动生产率，减少非生产性开支，减少运输费用，贯彻经济核算和节约制度等。

(3) 建筑产品的利润

建筑产品的利润是建筑企业经营活动的财务成果，包括经营利润和营业外收支净额两部分。

建筑产品利润是社会积累和扩大再生产的源泉，是评价施工企业经营成果的重要指标，是确定建筑产品价格的重要依据，可以不断提高建筑安装企业职工的物质和文化生活水平。

建筑企业增加利润的途径：降低工程成本，提高流动资金和固定资产的利用效果，增加产量，提高质量，降低其他经营成本，减少营业外支出等。

1.1.3　建筑市场

1) 建筑市场的含义

建筑市场

(1) 市场的含义

市场有广义和狭义两个方面的含义。狭义的市场是指买卖双方进行商品交易的场所；广义的市场是指商品交换关系的总和，具体包括商品的需求者，用户，商品交换的相关机构、组织等。

(2) 建筑市场的含义

狭义的建筑市场是指建筑商品交易的场所。由于建筑商品体形庞大、无法移动，不可能集中在一定的地方交易，所以一般意义上建筑市场为无形市场，没有固定交易场所。它主要通过招投标等手段，完成建筑商品交易。当然，交易场所随建筑工程的建设地点和成交方式不同而变化。

广义的建筑市场是指建筑商品供求关系的总和。建筑是整个国民经济市场系统中的一个子系统，它包括狭义的建筑市场、建筑商品的需求程度、建筑商品交易过程中形成的各种经济关系。

(3) 建筑市场的特点

建筑市场具有以下特点：需求者和生产者之间直接交易且交易过程长；市场竞争以企业投标的形式为主；竞争性质多属特定约束条件下的不完全竞争，具有显著的区域性；独特的定价方式；建筑市场的风险大等。

2) 建筑市场体系

①建筑市场主体：主要包括建筑商品的生产者、消费者和中间人。

②建筑市场客体：主要指建筑市场的交易对象，一般称为建筑产品。

③建筑市场的交易活动：不仅包括承包商和业主之间的交易活动，还包括承包商和分包商、材料供应商之间的交易活动，以及业主与设计单位、设备供应单位、建筑机械租赁单位等之间的交易活动。

想一想

一个健康有序的建筑市场需要什么样的业主？

1.2 工程经济概论

1.2.1 工程经济学的产生和发展

1)工程经济学的产生

早期的工程师一般只对工程设计、建造以及使用等方面的技术问题负责,很少考虑工程的经济问题。1887 年美国的建筑工程师威灵顿出版《铁路布局的经济理论》一书,为第一部工程经济学著作。20 世纪 20 年代,菲什和戈尔德曼运用数学方法对工程的投资效益进行了分析。1930 年格兰特教授提出了工程的评价准则,出版《工程经济学原理》一书,这本书到 1982 年已再版 6 次,是一本公认的工程经济学代表著作,格兰特被誉为"工程经济学之父"。

2)工程经济学的发展

1951 年,迪安在《投资预算》一书中具体阐述了贴现法(即动态经济评价法)以及合理分配资金的一些方法在工程经济中的应用,提出了折现现金流量和资本分配的现代研究方法。1978 年,布西出版了《工业投资项目的经济分析》一书,全面系统地总结了工程项目的资金筹集、经济评价、优化决策以及项目的风险和不确定分析等。1982 年,里格斯出版了《工程经济学》一书,系统地阐述了货币的时间价值、时间的货币价值、货币理论、经济决策和风险以及不确定性等工程经济学内容,把工程经济学的学科水平向前推进了一大步。

工程经济学

我国对工程经济学的研究和应用起步于 20 世纪 70 年代后期。有关工程经济的投资理论、项目评价等著作和文章大量出现,逐步形成了有体系的符合我国国情的工程经济学。

工程经济学在世界各国得到了广泛的重视和应用,目前主要在用现代数学方法进行风险性、不确定性分析和无形效果分析的新方法研究。

1.2.2 建筑工程经济的研究对象及特点

1)建筑工程经济的研究对象

实质

工程经济学是人类提高工程经济活动效率的基本工具。

工程经济学研究各种工程技术方案的经济效果,即研究各种技术在使用过程中如何以最小的投入取得最大的产出;如何用最低的寿命周期成本实现产品、作业或服务的必要功能。

建筑工程经济研究的是解决各种建筑工程项目(或投资项目)问题的方案或途径。其核心是建筑工程项目的经济性分析。

2)建筑工程经济的特点

①综合性:建筑工程经济既从工程技术的角度考虑经济问题,又从经济的角度考虑技术问题。工程技术是基础,经济是目的。建筑工程技术的经济问题是多目标、多因素的,既包括技术因素、经济因素,又包括社会因素与生态环境因素。

②实用性:建筑工程经济研究的问题、分析的方案都源自工程建设生产实际,分析研究的成果直接用于工程建设生产,并通过实践来验证分析结果的正确性。

③预测性:建筑工程经济分析活动是在技术方案实施之前进行的,即进行技术经济预测。它是依据类似方案的历史数据及现状调查数据,通过各种预测方法进行预测和估计,使技术方案更接近实际,避免盲目性。

④定量性:建筑工程经济的研究方法是以定量分析为主,在分析研究过程中,要用到很多数学方法、计算公式,并建立数学模型,借助计算机进行计算。

⑤比较性:建筑工程经济分析通过经济效果的比较,从许多可行的技术方案中选择最优方案或最满意的方案。

3)建筑工程经济的含义

工程经济学是一门应用经济学的基本原理,研究工程技术领域的经济问题和经济规律,研究如何对项目进行经济分析与评价,研究工程领域内资源的最佳配置,为正确的投资决策提供科学依据的应用性经济学科。

建筑工程经济是在建筑工程领域,将经济学原理应用到工程经济相关的问题上,对能够完成建筑工程项目预定目标的各种可行技术方案进行技术经济论证、比较、计算和评价,优选出技术上先进、经济上有利的方案,提高建筑工程经济效益的学科。

1.2.3　建筑工程经济评价的基本原则

应用工程经济学的理论分析一项投资项目,既要分析其产生的经济效果,还要系统、全面地分析研究其社会、技术、环境、资源等多方面的因素,总结论证得出最佳方案。由于现代科学技术的迅速发展及管理方法、管理手段的日益完善,在考虑一个项目时,往往有多种方案可供选择,要对项目及方案进行科学的评价,以便为决策提供依据,选择效果最好的方案,有效地降低投入、提高产出,增加效益、减少风险。以下几种对工程项目或技术方案进行经济评价的原则,分别从不同的角度对项目或方案进行评价,以得到项目或方案的综合评价结果,为决策者提供参考。

> **提示**
>
> 提示:坚持用辩证唯物主义的观点来分析问题。

1)技术与经济相结合的原则

技术是经济发展的重要手段,技术也是在一定的经济条件下产生和发展的。在应用工程经济学的理论来评价工程项目或技术方案时,既要评价其技术能力、技术意义,也要评价其经济特性、经济价值,寻找到符合国家政策、满足发展方向需要且能给企业带来发展的项目或方案,使之最大限度地创造效益。

2)财务评价与国民经济评价相结合的原则

项目的财务评价是根据国家现行的财务制度和价格体系,站在投资者的立场,考察项目给投资者带来的经济效果的分析评价方法,是微观经济效益评价。项目的国民经济评价是按照社会资源合理配置和有效利用的原则,从国家整体的角度来考察项目效益和费用的分析评价方法,其目的是充分利用有限的资源,促进国民经济持续稳定的发展,是宏观经济效益评价。一般地,财务评价与国民经济评价结论均可行的项目应予以通过,国民经济评价结论不可行而财务评价可行的项目应予以否定。

3)定性分析与定量分析相结合的原则

定性分析是评价人员依据国家的法律法规、国家发展布局及发展方向、该项目对国家发展所起作用和该项目发展趋势等进行的基于经验的评价。由于有些问题的复杂性和有些问题无法用数量表达,定性分析十分必要。定量分析则是以客观、具体的计算结果为依据,以得出的项目的各项经济效益指标为尺度,通过效益与费用的分析,对项目进行评价。定性与定量分析相结合有利于发挥各自在分析上的优势,互相补充。

4)动态分析与静态分析相结合的原则

动态分析是一种考虑资金时间价值的分析方法,它将不同时点的现金流量折算到同一个时点进行对比分析。静态分析是一种不考虑资金时间价值的分析方法。资金的时间价值分析是项目经济评价的核心,因此分析评价要以动态指标为主。

5)可比性原则

建筑工程经济的实质是进行经济比较,根据工程经济的主要任务,有以下主要可比条件:满足需要上的可比性,产品品种、产量、质量上的可比性,消耗费用上的可比性,时间因素的可比性,价格上的可比性。

6)收益与风险权衡的原则

投资人在进行投资决策时,不仅要看效益,也要关注风险,权衡得失利弊后再进行决策。

知识拓展

BIM 技术与经济管理

BIM 全称是 Building Information Modeling(建筑信息模型)。BIM 包含了不同专业的所有信息、功能要求和性能,把一个工程项目的所有信息包括设计过程、施工过程、运营管理过程的信息全部整合到了一个建筑模型中。

BIM 体现了多维度应用的信息集成技术。它囊括了与建设项目相关的所有参与方,包括政府主管部门、业主、设计、施工、监理、造价、运营管理、项目用户等。

①建筑设计:BIM 可以帮助设计师创建三维模型,以更好地理解建筑的形状、尺寸和结构。该模型还可以用于分析建筑的性能,如能源效率和照明。

②工程分析:BIM 可以用于分析建筑的结构、电气、机械和管道系统,以确保所有组件都能正常运行。

③施工管理:BIM 可以帮助承包商创建建筑进度表和施工计划,并实时监测施工进度。此外,BIM 还可以帮助协调不同承包商之间的施工活动。

④建筑维护:BIM 可以用于创建建筑物的维护计划,以确保设备和系统能够正常运行,并及时进行维修和更换。

⑤建筑运营:BIM 可以用于建筑物的运营和管理,如租赁管理、房屋维修、建筑物安全和安保等。

BIM 技术提升了沟通效率和工作效率,提高了工程项目的质量,降低了风险,有效控制了返工、延误等造成的成本增加。

复习思考题

1. 建筑业的范围如何划分?其内容是什么?
2. 举例说明建筑业在国民经济中的地位和作用。
3. 什么是建筑产品?它有哪些特点?
4. 建筑产品的价格受哪些因素影响?
5. 简述工程经济的研究对象和特点。
6. 工程经济评价应遵循的基本原则是什么?

模块 2
现金流量与资金时间价值

现金流量与资金时间价值导学

【学习目标】

(1)掌握现金流量的概念和意义、现金流量图的绘制和计算;

(2)掌握资金时间价值的概念、表示方法和计算;

(3)掌握资金等值的概念和计算;

(4)掌握名义利率、实际利率的区别和计算。

【能力目标】

(1)能够熟练绘制现金流量图;

(2)能够熟练进行资金等值计算;

(3)能够熟练进行名义利率和实际利率的换算。

【案例引入】

“校园贷款”是馅饼还是陷阱?

案例 1　大学生小张想做微商创业,因手头资金紧张,不慎跳进“校园贷”犯罪集团挖的坑,开始时顺利借款 3 000 元,可实际只拿到2 000元,另外 1 000 元作为利息、手续费直接扣除。令小张没有想到的是,仅过了四天,对方便要求还款,还威胁称不按时还款就“轰炸”其通讯录,慌乱中小张只好从其他借款平台高息借款填补窟窿,最后债务像雪球一样越滚越大。小张无奈之下求助警方,其后检察机关以涉嫌敲诈勒索罪对这起校园贷恶势力犯罪案件提起公诉。

案例 2　大学生小李想买一部最新款的手机,他通过 QQ 群转发的广告找到某公司的线上贷款平台,提供相关资料后顺利办理了一笔 5 000 元的贷款。后来小李无法按期归还贷款,导致利息越来越高,短短 6 个月,贷款增长到十几万元,恐吓短信接连出现在家人、朋友的手机上,家门口也被泼上油漆。小李在父母的帮助下选择报案,经公安机关调查发现,该公司在一年内用相同手段“套路”了 700 多名在校大学生。最终法院以诈骗罪、敲诈勒索罪对该公司人员高某等 11 名被告人判处一年至八年不等有期徒刑。

校园贷利息计算:假设李同学通过网络平台(宣称月息 0.99%)获得校园贷 10 000 元,分 12 期偿还。校园贷网络平台收服务费 2 000

元,李同学拿到手 8 000 元。李同学获得一张还款单,显示每月需要还款 932.25 元。

实际还款额:$932.25 \times 12 = 11\ 187$(元)

实际还息额:$11\ 187 - 8\ 000 = 3\ 187$(元)

实际年利率:$3\ 187/8\ 000 \times 100\% \approx 39.8\%$

宣称 0.99% 的月息是怎么计算的呢?

每月利息:$(11\ 187 - 10\ 000)/12 \approx 99$(元)

月利率:$99/10\ 000 \times 100\% = 0.99\%$

陷阱一:并非按"等额本息"还款方式计算,每月都是按照 10 000 元本金计算,没递减。

陷阱二:一直按照 10 000 元本金来计算利息,未扣除 2 000 元的服务费。

校园贷违约成本高,一旦还款不及时,产生违约,违约金大多是按天计算利息,基本在 1% 左右,还有的违约金月息在 7% ~8%,再加收 5% 服务费。校园贷低息是营销手段,相对于银行贷款,网络平台贷款的利息和手续费都更高,且信息不透明。

启示:大学生没有稳定的收入来源,缺乏辨别信息真伪的认知能力和自我控制能力,一旦产生贷款或违约,高额的利息不但给自身增加压力,也给家庭带来沉重负担,后果不堪设想。在人类文明发展的历程中,所有伟大的成就都是通过劳动实现的。许多著名的成功人士,都是通过劳动来实现梦想、创造财富的。

向银行存款、借款为什么会产生利息呢?这是因为资金在生产与流通领域随着时间的推移发生了价值的增加。时间价值不是由货币本身创造的,而是由社会劳动创造的。所以,我们在对工程项目进行技术经济分析时,需要考虑资金的时间价值。

2.1 现金流量

2.1.1 现金流量的概念与构成

现金流量

现金流量是投资项目财务可行性分析的主要分析对象,净现值、内部报酬率、回收期等财务评价指标均是以现金流量为对象进行可行性评价的。利润只是期间财务报告的结果,对于投资方案财务可行性来说,项目的现金流量状况比会计期间盈亏状况更为重要。一个投资项目能否顺利进行,有无经济上的效益,不一定取决于有无会计期间利润,而在于能否带来正现金流量,即整个项目能否获得超过项目投资的现金回收。

工程项目在整个考察期间各时点 t 上实际发生的资金流出或资

金流入统称为工程项目的现金流量。现金流量可以分为现金流入、现金流出和净现金流量。

①现金流入是指流入工程项目的资金，用符号 CI_t 表示，它能增加工程项目的货币资金，通常来自营业(销售)收入、固定资产报废时的残值收入以及项目结束时收回的流动资金及其他现金流入量。

②现金流出是指流出工程项目的资金，用符号 CO_t 表示，它能使项目的现实货币资金减少，通常用于支付企业的投入资金(建设投资和流动资金投资)、税金及附加、经营成本及其他现金流出项目。

③净现金流量是指现金流入与现金流出之差，用符号 $(CI-CO)_t$ 表示。当现金流入大于现金流出时，其值为正；当现金流入小于现金流出时，其值为负。

现金流量一般以计息期(年、季、月等)为时间量的单位，用现金流量图或现金流量表来表示。

注意

CI 是 Cash-In 的缩写形式，CO 是 Cash-Out 的缩写形式。

2.1.2 现金流量图

对于一个技术方案，其每次现金流量的流向(流入或流出)、数额和发生时间都不尽相同，为了正确地进行工程经济分析计算，有必要借助现金流量图来进行分析。所谓现金流量图，就是一种能反映技术方案资金运动状态的图示，即把技术方案的现金流量绘入一时间坐标图中，表示各现金流入、流出与相应时间的对应关系。运用现金流量图，就可全面、形象、直观地表达技术方案的资金运动状态。

现金流量三要素包括大小、方向和作用点。其中，现金流量的大小表示现金流量的数额；方向表示项目的现金流入或现金流出；作用点表示现金流量发生的时点。

提示

工程经济分析的目的就是要根据所考察的经济系统的预期目标和所拥有的资源条件分析该系统的现金流量情况，选择合适的工程技术方案，以获得最佳的经济效果。

现以图 2.1 为例说明现金流量图的作图方法和规则。

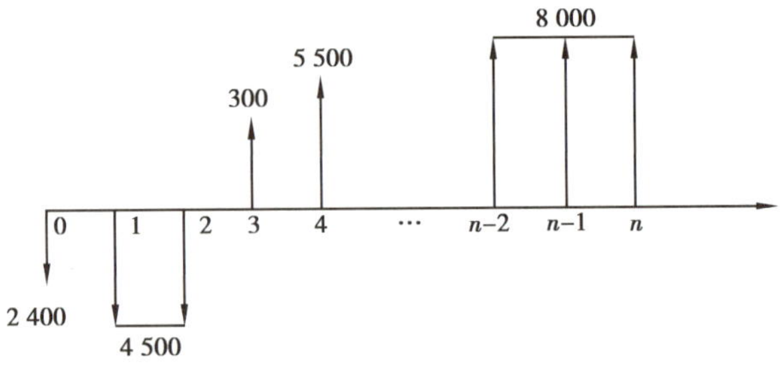

图 2.1　现金流量图

①横轴称为时间轴，表示从 0 开始到规定的时间序列，每一个刻度表示一个计息周期，如按年计息，则时间轴上的刻度单位为年。在时间轴上，0 代表时间序列的起始点(表示投资起始点或评价时刻点)，从 1 到 n 分别代表各计息期的终点(结束)。除 0 和 n 外，每个数字都有两个含义，如“3”既代表第三个计息期的终点，又代表第四

个计息期的始点。

②时间坐标上的垂直箭线代表不同时点的现金流量,在横轴上方的箭线表示现金流入,即效益;在横轴下方的箭线表示现金流出,即费用或损失。箭线的长度与流入或流出的金额成正比,金额越大,相应的箭线长度就越长。箭线长短应适当体现各时点现金流量数值的差异,并在各箭线上方(或下方)注明该现金流量的数值。

③现金流量的方向(流入与流出)是针对特定的主体而言的。贷款方的流入就是借款方的流出,反之亦然。通常,工程项目现金流量的方向是针对资金使用者的系统而言的。

④箭线与时间轴的交点即为现金流量发生的时点。

学习提示

确定现金流量应注意以下问题:现金流量从不同的角度看,有不同的结果(如税收,从企业的角度来看是现金流出,从国家的角度来看是现金流入);现金流量只计算现金收支,不计算项目内部的现金转移(如折旧)等;现金流量应有明确的发生时点并必须实际发生(如应收账款或应付账款就不是现金流量)。

2.1.3　现金流量表

现金流量表(表 2.1)是一种能够直接、清楚地反映项目在整个计算期内各年度现金流量(资金收支)情况的表格。利用现金流量表可以进行现金流量分析,计算各项静态和动态评价指标,是评价项目投资方案经济效果的主要依据。

表 2.1　现金流量表

序号	项目	建设期		投产期		达到设计生产能力期				合计
		1	2	3	4	5	6	…	n	
1	现金流入									
1.1	产品销售(营业收入)									
1.2	回收固定资产余值									
1.3	回收流动资金									
2	现金流出									
2.1	固定资产设备 (含投资方向调节税)									
2.2	流动资金									
2.3	经营成本									
2.4	销售税金及附加									

续表

序号	项目	建设期		投产期		达到设计生产能力期				合计
		1	2	3	4	5	6	…	n	
2.5	所得税									
3	净现金流量(1－2)									
4	累计净现金流量									
5	所得税前 净现金流量(3＋2.5)									
6	所得税前累计 净现金流量(4＋2.5)									

从表2.1中可以看出，现金流量表的纵列是现金流量的项目，其编排按现金流入、现金流出、净现金流量等顺序进行；表的横行是年序，按项目计算期的各个阶段来排列。在整个现金流量表中，包含现金流量各个项目的发展变化，直观方便、综合性强。

根据现金流量表中的净现金流量，可以直接计算净现值、静态投资回收期、动态投资回收期等主要的经济评价指标，非常直观、清晰。现金流量表是实际操作中常用的分析工具。

2.2 资金时间价值

资金时间价值

问题导入1

今天你是否该买东西或者是把钱存起来以后再买？不同的行为导致不同的结果。例如，你有2 500元，并且你想购买一台2 500元的冰箱。

如果你立即购买，就分文不剩。

如果你把2 500元以6%的利率进行投资，一年后你可以买到这台冰箱并有150元的结余。（假设冰箱价格不变）

如果冰箱的价格由于通货膨胀而每年上涨7%，那么一年后你就买不起这台冰箱。

最佳决策是立即购买冰箱。

只有投资收益率＞通货膨胀率，才可以推迟购买。

问题导入2

想一想：某人一年前向你借了10 000元，你是希望他现在归还，还是一年或更长时间以后再归还呢？

显然，大多数人都愿意选择现在归还。首先，人们会担心风险问题,欠账的时间越长,违约的风险就越大;其次,通货膨胀会导致物价上涨,货币贬值。然而,即使排除违约风险和通货膨胀这两个因素,人们还是希望现在就收回欠款,可以立即将其投入使用而得到一定的回报。如果一年或者更长的时间以后收回欠款,则牺牲了这段时间的投资回报。同样的一笔资金,在不同的时间点使用、投资或借出,其价值会有差异,这是因资金在时间的推移下,可以产生利息、收益或者会因通胀而贬值。

2.2.1　资金时间价值的定义

资金时间价值是指一定量的货币作为社会资本在生产与流通领域经过一段时间之后所增加的价值。时间价值不是由货币本身创造的,而是由社会劳动创造的。如现在的 10 000 元在单利为 2% 情况下,一年后变成 10 200 元,这多出的 200 元就是 10 000 元的时间价值。

资金的时间价值,可以从投资者和消费者两个方面理解:

①随着时间的推移,资金的价值会增加,这种现象称为资金增值。增值的原因是资金的投资和再投资。从投资者的角度来看,资金的增值特性使资金具有时间价值。

②资金一旦用于投资,就不能用于现期消费。从消费者的角度来看,资金的时间价值体现为对放弃现期消费的损失所应做的必要补偿。

资金时间价值需要注意以下问题:

①时间价值产生于生产流通领域,消费领域不产生时间价值;

②时间价值产生于资金运动之中;

③时间价值的大小取决于资金周转速度的快慢。

资金的时间价值是指资金的价值是随时间变化而变化的,是时间的函数,随时间的推移而发生价值的增加,增加的那部分价值就是原有资金的时间价值。资金在运动过程中产生增值,这里的时间是指资金的运动时间,如果把资金积压起来,不投入运动,时间再长也不会产生时间价值。

影响资金时间价值的主要因素:

①资金的使用时间。在资金增值率一定的条件下,资金使用时间越长,则资金的时间价值越大;使用时间越短,则资金的时间价值越小。

②资金数量的大小。在其他条件不变的情况下,资金数量越大,资金的时间价值就越大;反之,资金的时间价值就越小。

③资金投入和回收的特点。在总资金一定的情况下,前期投入的资金越多,资金的负效益越大;相反,后期投入的资金越多,资金的负效益越小。在资金回收额一定的情况下,离现在越近的时间回收的资

想一想

将 10 000 元放在家里的保险柜中,一年后能增值吗?

特别提示

资金增值率指资产的增长额与初始资产总额的比率,衡量的是资金在一定时期内增值的多少。

金越多，资金的时间价值就越大；相反，离现在越远的时间回收的资金越多，资金的时间价值就越小。资金的负效益就是对资金的各种有害的影响。前期投入多，项目刚开始，各种未知因素多，负效益就大；项目后期，有害影响少了，负效益就少了。

④资金周转速度。资金周转越快，在一定的时间内等量资金的时间价值就越大；反之，资金的时间价值就越小。

2.2.2 资金时间价值的计算

资金时间价值的度量和表示方法

1）资金时间价值的度量和表示方法

资金时间价值可表示为一定量的货币在一定时间内所带来的利息或收益。一般把存在银行所得的资金增值称为利息，一定时期内利息额与借贷资金额（本金）的比率称为利率；把从投资或经营活动中获得的经济利益称为收益，一般公司净利润占使用的平均资本的百分比称为收益率。因此，研究某个工程的经济效益一般用收益或收益率概念，分析资金信贷时用利息或利率概念。

利息是资金时间价值的一种重要表现形式，通常用利息额的多少作为衡量资金时间价值的绝对尺度，用利率作为衡量资金时间价值的相对尺度。

（1）利息

在借贷过程中，债务人支付给债权人超过原借贷金额的部分就是利息，即：

$$I = F - P \tag{2.1}$$

式中 I——利息；

F——目前债务人应付（或债权人应收）总金额，即还本付息总额；

P——原借贷金额，常称为本金。

从本质上看，利息是由贷款发生利润的一种再分配。在工程经济分析中，利息常常被看成资金的一种机会成本。这是因为如果放弃资金的使用权利，相当于失去收益的机会，也就相当于付出了一定的代价。事实上，投资就是为了在未来获得更大的收益而对目前的资金进行的某种安排。很显然，未来的收益应当超过现在的投资，正是这种预期的价值增长才能刺激人们从事投资。因此，在工程经济分析中，利息常常是指占用资金所付的代价或者是放弃使用资金所得的补偿。

实质

银行利率就是资金时间价值的一种表现方式。

（2）利率

在经济学中，利率的定义是从利息的定义中衍生出来的。也就是说，在理论上先承认了利息，再用利息来解释利率。在实际计算中，正好相反，常根据利率计算利息。

利率反映了资金随时间变化的增值率，通常用百分数表示，即：

$$i = \frac{I_t}{P} \times 100\% \qquad (2.2)$$

式中　i——利率；

I_t——单位时间内所得的利息额。

用于表示计算利息的时间单位称为计息周期，计息周期 t 通常为年、半年、季、月、周或天。

年利率 = 月利率 × 12 = 日利率 × 360

月利率 = 年利率 ÷ 12 = 日利率 × 30

日利率 = 月利率 ÷ 30 = 年利率 ÷ 360

【例2.1】某公司现借得本金1 000万元，一年后付息80万元，则年利率为：

$$\frac{80}{1\ 000} \times 100\% = 8\%$$

利率是各国发展国民经济的重要杠杆之一，利率的高低由以下因素决定：

①利率的高低首先取决于社会平均利润率的高低，并随之变动。在通常情况下，社会平均利润率是利率的最高界限。因为如果利率高于利润率，则无利可图，就不会去借款。

②信贷资金的供求状况。

a. 供求规律起着调节价格的作用，信贷资金供大于求，利率下降，资金时间价值降低；供小于求，利率上升，资金时间价值增大。

b. 当国家的紧缩调控政策的重点指向某个行业，例如2010年房地产行业调控，银行资金减少，则该行业内的信贷资金供应收紧，信贷资金利率上升，资金时间价值增大。

③借出资本要承担一定的风险，风险越大，利率越高。

④通货膨胀对利息的波动有直接影响，资金贬值往往会使利息无形中成为负值。

⑤借出资本的期限长短。贷款期限长，不可预见因素多，风险大，利率就高；反之，利率就低。

特别提示

信贷资金是指在再生产过程中存在和发展的以偿还为条件的供借贷使用的货币资金。其来源主要是各种形式的存款（财政性存款、企业存款、城乡居民储蓄存款等）以及银行自有资金。

(3)利息和利率在工程经济活动中的作用

①利息和利率是以信用方式动员和筹集资金的动力。以信用方式筹集资金有一个特点就是自愿性，而自愿性的动力在于利息和利率。例如一个投资者，他首先要考虑的是投资某一项目所得到的利息是否比把这笔资金投入其他项目所得的利息多。如果多，他就可以投资这个项目；如果所得的利息达不到其他项目的利息水平，他就可能不投资这个项目。

②利息促进投资者加强经济核算，节约使用资金。投资者借款需付利息，增加支出负担，这就促使投资者必须精打细算，把借入资金用到刀刃上，减少借入资金的占用，以少付利息。同时可以使投资者自

觉减少多环节占压资金。

③利息和利率是宏观经济管理的重要杠杆。国家在不同时期制定不同的利息政策,对不同地区、不同行业规定不同的利率标准,就会对整个国民经济产生影响。例如,对于限制发展的行业,利率规定得高一些;对于提倡发展的行业,利率规定得低一些,从而引导行业和企业的生产经营服从国民经济发展的总方向。同样,占用资金时间短的,收取低息;占用时间长的,收取高息。对产品适销对路、质量好、信誉高的企业,在资金供应上给予低息支持;反之,收取较高利息。

④利息与利率是金融企业经营发展的重要条件。金融机构作为企业,必须获取利润。由于金融机构的存放款利率不同,其差额成为金融机构业务收入,此款扣除业务费后就是金融机构的利润,所以利息和利率能刺激金融企业的经营发展。

2)利息的计算

利息的计算分为单利和复利两种方法。由于复利计息比较符合资金在社会再生产中的实际情况,所以利息计算在技术经济分析中采用复利法。

想一想

单利和复利有什么区别?

①单利法:每期均只对原始本金计息(利不生利)。其计算公式如下:

$$I = P \cdot i \cdot n \tag{2.3}$$

则

$$F = P(1 + n \cdot i) \tag{2.4}$$

式中 P——本金;

n——计息期数;

i——利率;

I——利息;

F——本利和。

②复利法:对本金和利息计息,逐期滚算(利滚利)。复利计算的特点是把上期期末本利和作为下一期的本金,在计算时每一期本金的数额是不同的。

资金时间价值的计算(一)

$$F_1 = P + P \cdot i = P(1 + i)$$

$$F_2 = F_1 + F_1 \cdot i = P(1 + i)^2 \Rightarrow F = P(1 + i)^n \tag{2.5}$$

$$F_3 = F_2 + F_2 \cdot i = P(1 + i)^3$$

$$\vdots$$

$$F_n = F_{n-1} + F_{n-1} \cdot i = P(1 + i)^n$$

【例 2.2】假如某公司以单利方式借入 2 000 万元,年利率 5%,第 5 年末偿还,则各年利息和本利和分别为多少?

【解】计算过程见表 2.2。

表 2.2　例 2.2 计算过程　　　　单位:万元

年限	年初款项	年末利息	年末本利和	年末偿还额
1	2 000	2 000 × 5% = 100	2 100	0
2	2 100	100	2 200	0
3	2 200	100	2 300	0
4	2 300	100	2 400	0
5	2 400	100	2 500	2 500

【例 2.3】假如某公司以复利方式借入 2 000 万元,年利率 5%,第 5 年末偿还,则各年利息和本利和分别为多少?

【解】计算过程见表 2.3。

表 2.3　例 2.3 计算过程　　　　单位:万元

年限	年初款项	年末利息	年末本利和	年末偿还额
1	2 000	2 000 × 5% = 100	2 100	0
2	2 100	2 100 × 5% = 105	2 205	0
3	2 205	2 205 × 5% = 110.25	2 315.25	0
4	2 315.25	2 315.25 × 5% ≈115.76	2 431.01	0
5	2 431.01	2 431.01 × 5% ≈121.55	2 552.56	2 552.56

从表 2.2 中可以看出,单利的年利息额都仅由本金产生,其新生利息不再加入本金产生利息,即“利不生利”。这不符合客观的经济发展规律,没有反映资金随时都在“增值”的概念,即没有完全反映资金的时间价值。因此,在工程经济分析中单利使用较少,通常只适用于短期投资或短期贷款。

【例 2.4】利率为 20% 的单利与复利比较,如图 2.2 所示。

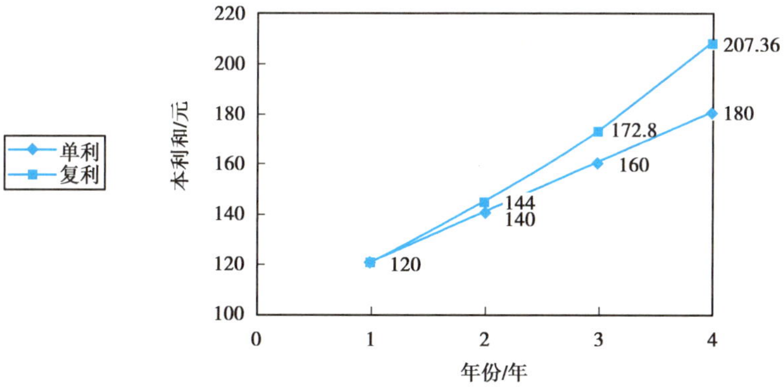

图 2.2　利率为 20% 的单利与复利比较图

由例 2.4 可知:同一笔借款,在利率相同的情况下,用复利计算出的利息金额数比用单利计算出的利息金额数大,而且年数越多,两者差距就越大。

资金时间价值的计算（二）

复利计算有间断复利和连续复利之分。按期（年、半年、季、月、周、日）计算复利的方法称为间断复利（即普通复利），按瞬时计算复利的方法称为连续复利。在实际使用中都采用间断复利，一方面是出于习惯，另一方面是因为会计通常在年底结算一年的进出款，按年支付税金、保险金和抵押费用，因此采用间断复利考虑问题更适宜。

【例 2.5】某储户将 2 000 元存入银行 5 年，年利率为 5%。用单利法求存款到期时的利息及本利和。

【解】根据公式 $I = P \cdot i \cdot n$，所得利息为：

$$2\ 000 \times 5\% \times 5 = 500（元）$$

本利和为：

$$F = 2\ 000 + 500 = 2\ 500（元）$$

【例 2.6】某工程投资需贷款 200 万元，年利率为 4%，5 年还清，用复利法求本利和。

【解】根据公式 $F = P(1 + i)^n$，本利和为：

$$F = 200 \times (1 + 4\%)^5 = 200 \times 1.216\ 7 = 243.34（万元）$$

【例 2.7】某建筑公司向银行借款 3 000 万元，借款期为 6 年，年利率为 10%，分别按单利和复利法计算 6 年后应该还款的数额。

【解】按单利法：

$$F = P(1 + n \cdot i) = 3\ 000 \times (1 + 6 \times 10\%) = 4\ 800（万元）$$

按复利法：

$$F = P(1 + i)^n = 3\ 000 \times (1 + 10\%)^6 = 3\ 000 \times 1.771\ 6 = 5\ 314.8（万元）$$

【例 2.8】某建筑公司向银行贷款 4 500 万元，5% 的年利率，10 年后还清本利。问按单利和复利法，他到期应支付的本利和分别为多少？

【解】若按单利法计息，到期应还本利和为：

$$F = 4\ 500 \times (1 + 10 \times 5\%) = 6\ 750（万元）$$

若按复利法计息，到期应还本利和为：

$$F = 4\ 500 \times (1 + 5\%)^{10} = 4\ 500 \times 1.628\ 9 = 7\ 330.05（万元）$$

按复利法计息比单利法计息需多支付 580.05 万元。

2.3 资金的等值计算

2.3.1 资金等值计算的概念与影响因素

1）资金等值计算的概念

如果现在存入银行 100 元，年利率是 10%，则一年后可以从银行取出本息 110 元。为什么你存入银行 100 元，1 年后，银行会给你

110 元呢? 这说明你现在存入的 100 元,与 1 年后的 110 元的价值相等。换言之,在年利率 10% 的前提下,现在的 100 元和一年后的 110 元具有相等的价值。所谓资金等值,是指在利率的作用下,不同时点发生的、绝对值不等的资金具有相等的经济价值。利用等值的概念,把一个时点发生的资金金额换算成另一个时点的等值金额的过程,称为资金的等值计算。等值计算是“时间可比”的基础。

在进行多个现金方案比较时,由于每个方案的资金支出或收入发生的时间和金额不尽相同,所以必须将每个方案的所有资金支出与收入以一定的资金时间价值(利率)折算到某一规定的时间,在价值相等的前提下进行比较,这种折算称为等值计算,也称为资金的等值换算。这是工程技术经济分析、比较、评价不同时期资金使用效果的重要依据。常用的等值复利计算公式有一次支付的终值和现值计算公式,等额支付系列的终值、现值、资金回收和偿债基金计算公式。

2)资金等值的影响因素

(1)资金数额

资金数额是影响资金等值的因素之一,资金数额越多,意味着等值计算的本金也就越大,在其他条件不变的情况下,进行资金等值计算的结果,即我们通常所说的本利和或收益也就越大。

(2)资金发生的时间长短

资金发生的时间长短是影响资金等值计算的另一因素。在其他条件不变的情况下,资金发生的时间越长、需要计算本利和或收益的时刻越晚,进行资金等值计算的结果也就越大。

(3)利率

利率是影响资金等值计算的第三个因素。在前两个影响因素不变的情况下,利率越高,进行资金等值计算的结果也就越大,即本利和也就越多。

其中,利率是一个关键因素,一般等值计算中是以同一利率为依据的。在工程经济分析中,等值为评价人员提供了一个计算某一经济活动有效性或者进行技术方案比较、优选的可能性。因为在考虑资金时间价值的情况下,其不同时间发生的收入或支出是不能直接相加减的。而利用等值的概念,则可以把在不同时点发生的资金换算成同一时点的等值资金,然后再进行比较。所以,在工程经济分析中,技术方案比较都是采用等值的概念来进行分析、评价和选定的。

2.3.2　整付(一次支付)类型的等值换算公式

通常所说的资金等值计算,一般是计算一系列现金流量的现值、将来值和等额年值。

- 现值计算:把将来某一时点的资金金额或一系列的资金金额换算成较早时间的等值金额,称为“折现”或“贴现”。将来时点上的资金折现后的金额称为“现值”。

• 将来值计算:将任何时间发生的资金金额换算成其后某一时点的等值金额,将来某时点的资金金额称为“将来值”。

• 等额年值计算:将任何时间发生的资金金额转换成与其等值的每期期末相等的金额。

将采用的符号约定如下:i 为利率;n 为计息期数;P 为现值;F 为将来值,即终值;A 为等额年值。

一次性支付又称整付,是指在分析期内,不管是现金流入,还是现金流出,都只有一次现金流量发生。

1)一次性整付终值计算(已知现值 P,求终值 F)

一次性整付终值计算,其现金流量模型如图 2.3 所示。

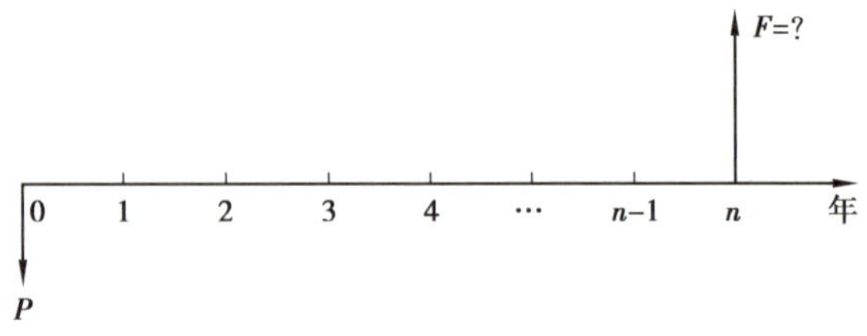

图 2.3 一次性整付终值计算现金流量模型

特别提示

在$(F/P,i,n)$这类系数中,括号内斜线前面的符号表示未知数,即需要求得值,斜线后面的符号表示已知数。

由图 2.3 可知,当期初投资为 P,利率为 i,求第 n 年末收回的本利和 F(终值)即为一次性整付终值计算。

$$F = P(1+i)^n = P(F/P,i,n) \tag{2.6}$$

式中,$(1+i)^n$ 称为一次性整付终值系数,记为$(F/P,i,n)$。

【例 2.9】取得一笔基建贷款 200 万元,按年利率 10% 计算,其 10 年后需要偿还的本利和是多少?

【解】其现金流量图如图 2.4 所示。

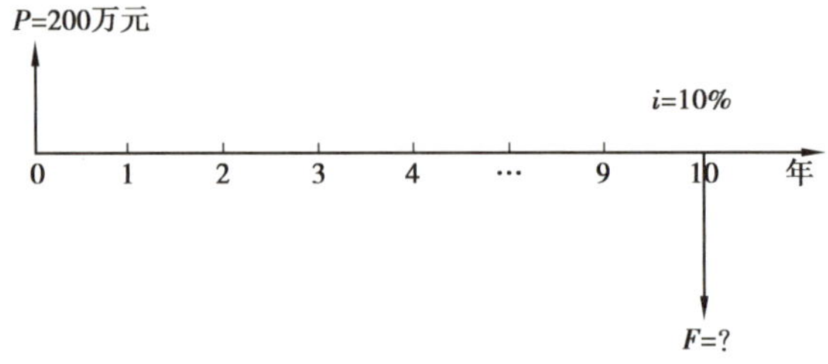

图 2.4 现金流量图

按式(2.6)计算。

$$\begin{aligned} F &= P(1+i)^n = P(F/P,i,n) \\ &= 200 \times (1+10\%)^{10} = 200(F/P,10\%,10) \\ &= 200 \times 2.593\,7 = 518.74(\text{万元}) \end{aligned}$$

即 10 年后需要偿还的本利和是 518.74 万元。

【例 2.10】某项目投资 1 500 万元,计划 5 年建成,年利率为 10%,5 年后可得本利和是多少?

【解】其现金流量图如图 2.5 所示。

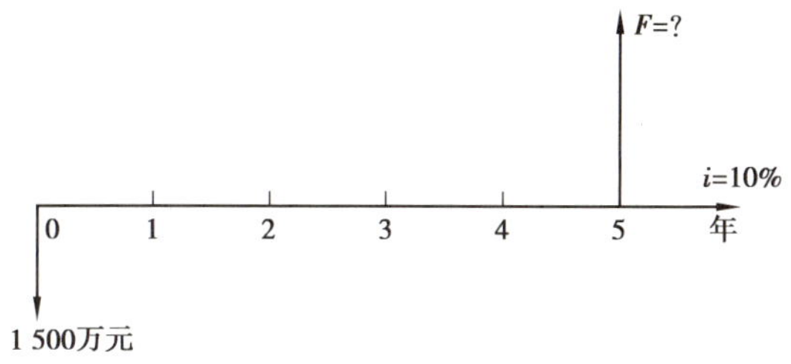

图 2.5　现金流量图

按式(2.6)计算,经查表$(F/P,10\%,5)=1.6105$,可得

$$F=P(1+i)^n=P(F/P,i,n)$$
$$=1\,500\times(1+10\%)^5=1\,500(F/P,10\%,5)$$
$$=1\,500\times1.6105=2\,415.75(\text{万元})$$

即投资 1 500 万元,年利率为 10% 时,5 年后可得本利和是 2 415.75万元。

【例 2.11】某人把 10 000 元按利率 10%(以单利计息)借给朋友 3 年。3 年后,改按复利计息,朋友又使用了 4 年。最后他从朋友那里收回的本利和是多少?

【解】其现金流量图如图 2.6 所示。

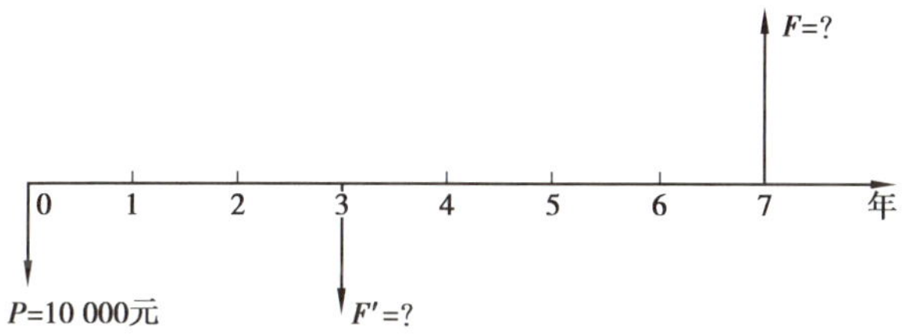

图 2.6　现金流量图

单利计息法公式:前 3 年 $F'=P(1+n\cdot i)$

复利计息法公式:后 4 年 $F=F'(1+i)^n$

则　$F=10\,000\times(1+3\times10\%)(1+10\%)^4=19\,033.3(\text{元})$

最后可收回本利和是 19 033.3 元。

2)一次性整付现值计算(已知终值 F,求现值 P)

一次性整付现值计算,其现金流量模型如图 2.7 所示。

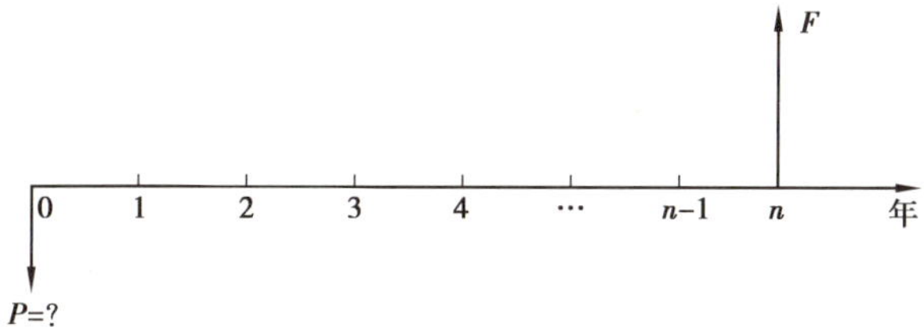

图 2.7　一次性整付现值计算现金流量模型

由图 2.7 可知,未来第 n 年末将需要或获得资金 F,利率为 i,求期初所需的投资 P。

注意

①$F=P(F/P,i,n)$与$P=F(P/F,i,n)$互为逆运算；

②$(F/P,i,n)$与$(P/F,i,n)$互为倒数。

$$P=F(1+i)^{-n}=F(P/F,i,n) \tag{2.7}$$

式中，$(1+i)^{-n}$称为一次性整付现值系数，记为$(F/P,i,n)$。

【例2.12】某投资项目，预计5年后从银行可获得收益10万元，如果银行利率为12%，求其现值。

【解】其现金流量图如图2.8所示。

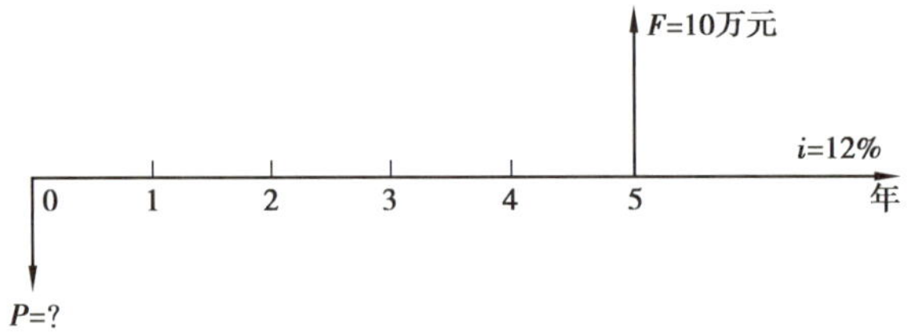

图2.8 现金流量图

按式(2.7)计算，经查表$(P/F,12\%,5)=0.5674$，可得

$$\begin{aligned}P&=F(1+i)^{-n}=F(P/F,i,n)\\&=10\times(1+12\%)^{-5}=10(P/F,12\%,5)\\&=10\times0.5674=5.674(\text{万元})\end{aligned}$$

【例2.13】某企业拟在5年后投资一项目，到时需要1 000万元，若银行年利率为5%，问现在需一次性存入多少本金？

【解】其现金流量图如图2.9所示。

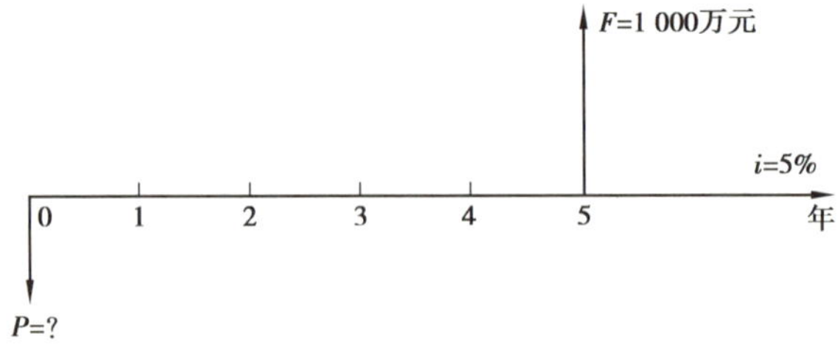

图2.9 现金流量图

按式(2.7)计算，经查表$(P/F,5\%,5)=0.7835$，可得

$$\begin{aligned}P&=F(1+i)^{-n}=F(P/F,i,n)\\&=1\,000\times(1+5\%)^{-5}=1\,000(P/F,5\%,5)\\&=1\,000\times0.7835=783.5(\text{万元})\end{aligned}$$

2.3.3 等额支付系列

等额支付系列是多次收付形式的一种。多次收付是指现金流量不是集中在一个时间点上发生，而是发生在多个时间点上。现金流量的数额大小可以是不等的，也可以是相等的。当现金流序列连续且相等时，则称为等额现金流或年金，其特点是n个等额资金A连续地发生在每期。

年金的形式多种多样，如间隔期固定、金额相等的分期付款赊购，分期偿还贷款、发放养老金、支付租金、计提折旧、零存整取或整取零存储蓄等。按其每次发生的时点不同，年金包括普通年金、预付年金、递延年金、永续年金等。普通年金是指一定时期内每期期末等额收付系列款项；预付年金是指发生在每期期初的等额收付的系列款项；递延年金是指第一次收付款项发生时间不在第一期期末，而是隔若干期后才开始发生在相应期期末的系列款项；永续年金是指无限期等额收付的系列款项。

从上述概念可以看到，预付年金与普通年金的区别在于发生的时间不同，预付年金发生在期初，普通年金发生在期末，而递延年金和永续年金显然是普通年金的特殊形式。本模块主要介绍的年金是普通年金，其现金流量图如图 2.10 所示。

想一想

普通年金与预付年金有什么区别？

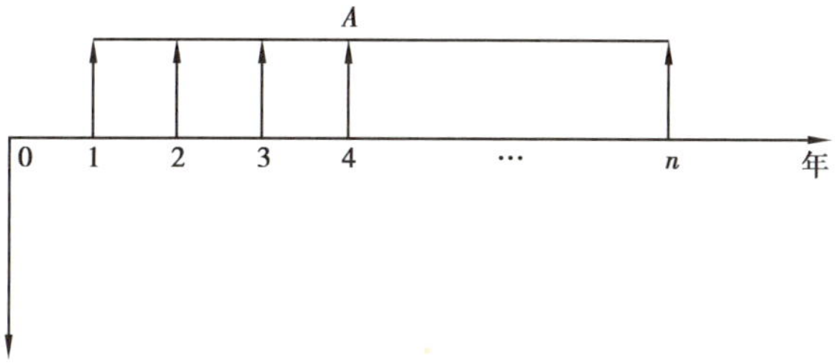

图 2.10　普通年金现金流量图

1）普通年金

（1）普通年金终值（已知普通年金 A，求普通年金终值 F）

资金等值计算（一）

普通年金终值是指一定时期内每期期末等额收付款项的复利终值之和。例如，4 年内每年存入银行 100 元，假设 $i=6\%$，第 4 期期末的普通年金终值的计算如图 2.11 所示。

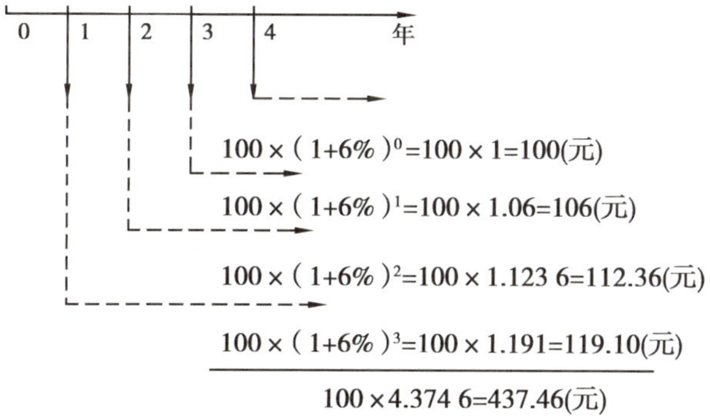

图 2.11　普通年金终值计算示例图

由图 2.11 可知，第 1 期期末的 100 元，有 3 个计息期，其复利终值为 119.10 元；第 2 期期末的 100 元，有 2 个计息期，其复利终值为 112.36元；第 3 期期末的 100 元，有 1 个计息期，其复利终值为 106 元；第 4 期期末的 100 元，没有计息期，其终值仍为 100 元。将以上 4 项加总得 437.46 元，即为 4 期的年金终值。

从上述计算可以看出，通过复利终值计算年金终值比较复杂，但存在一定的规律性，由此可以推导出普通年金终值的计算公式为：

$$F = A\frac{(1+i)^n - 1}{i} = A(F/A,i,n) \tag{2.8}$$

式中，$\frac{(1+i)^n-1}{i}$称为年金终值系数，记作$(F/A,i,n)$，可以通过查“年金终值系数表”获得。

【例 2.14】建筑公司在建设某工程项目时，由于自有资金紧张，在 6 年内每年年末需向银行借款 200 万元，以保证项目的顺利完工，借款利率为 10%。问：该公司在第 6 年年末向银行应付的本利和是多少？

【解】其现金流量图如图 2.12 所示。

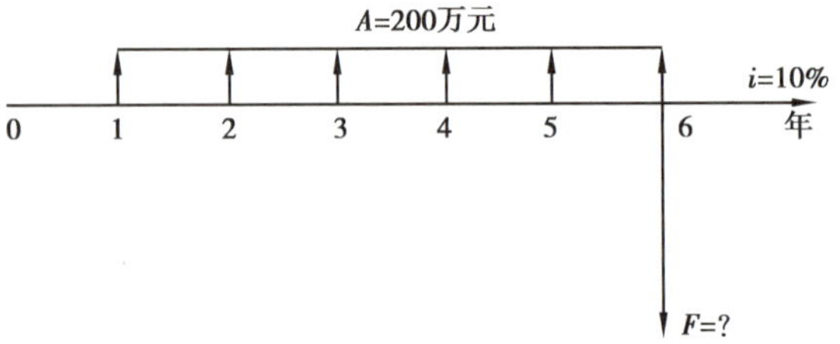

图 2.12 现金流量图

按式(2.8)计算，经查表$(F/A,10\%,6)=7.715\ 6$，可得

$$F = A(F/A,i,n) = 200(F/A,10\%,6)$$
$$= 200 \times 7.715\ 6 = 1\ 543.12(\text{万元})$$

资金等值计算（二）

(2)偿债基金(已知普通年金终值 F，求普通年金 A)

偿债基金是指为了在约定的未来某一时点清偿某笔债务或者积累一定数额的资金而必须分次等额形成的存款准备金。由于每次形成的等额存款准备金类似年金存款，因而同样可以按复利计算利息，所以在债务上实际等于年金终值，每年提取的偿债基金等于年金 A。也就是说，偿债基金的计算实际上是年金终值的逆运算。其计算公式为：

$$A = F\frac{i}{(1+i)^n - 1} = F(A/F,i,n) \tag{2.9}$$

式中，$\frac{i}{(1+i)^n-1}$称为偿债基金系数，记作$(A/F,i,n)$，可通过查“偿债基金系数表”或通过年金终值系数的倒数求得。

【例 2.15】某项目的资金收益率为 30%，为了在第 6 年年末得到 1 000 万元资金。问：从现在起每年应将多少资金投入生产？

【解】其现金流量图如图 2.13 所示。

按式(2.9)计算，经查表$(A/F,30\%,6)=0.078\ 4$，可得

$$A = F(A/F,i,n) = 1\ 000(A/F,30\%,6)$$
$$= 1\ 000 \times 0.078\ 4 = 78.4(\text{万元})$$

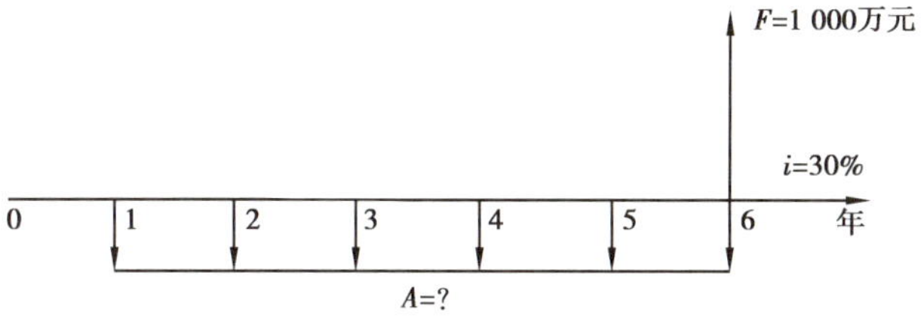

图 2.13　现金流量图

从现在起每年应将 78.4 万元投入生产。

(3) 普通年金现值(已知普通年金 A,求普通年金现值 P)

资金等值
计算(三)

普通年金现值是指一定时期内每期期末收付款项的复利现值之和。例如,4 年内每年存入银行 100 元,假设 $i=6\%$,其普通年金现值的计算如图 2.14 所示。

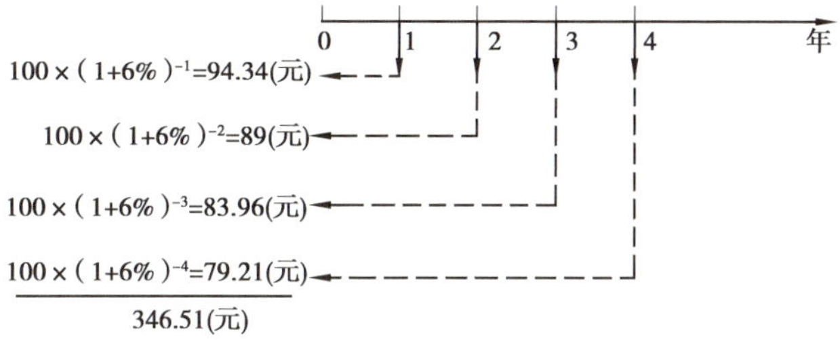

图 2.14　普通年金现值计算示例图

由图 2.14 可知,第 1 期期末的 100 元到第 1 期初,经历了 1 个计息期,其复利现值为94.34元;第 2 期期末的 100 元到第 1 期初,经历了 2 个计息期,其复利现值为 89.00 元;第 3 期期末的 100 元到第 1 期初,经历了 3 个计息期,其复利现值为 83.96 元;第 4 期期末的 100 元到第 1 期初,经历了 4 个计息期,其复利现值为 79.21 元。将以上 4 项加总得 346.51 元,即为 4 期的年金现值。

从上述计算可以看出,通过复利现值计算年金现值比较复杂,但存在一定的规律性,由此可以推导出普通年金现值的计算公式为:

$$P = A\frac{1-(1+i)^{-n}}{i} = A(P/A,i,n) \tag{2.10}$$

式中,$\frac{1-(1+i)^{-n}}{i}$称为年金现值系数,记作$(P/A,i,n)$,可通过查"年金现值系数表"获得。

【例 2.16】某企业购置机械设备,该机械设备的经济寿命为 10 年,预计年净收益为 100 万元,残值为 0,若企业要求收益率至少为 10%,则该企业最多愿意出多少钱购买该设备?

【解】其现金流量图如图 2.15 所示。

按式(2.10)计算,经查表$(P/A,10\%,10)=6.144\ 6$,可得

$$\begin{aligned} P &= A(P/A,i,n) = 100(P/A,10\%,10) \\ &= 100\times 6.144\ 6 = 614.46(\text{万元}) \end{aligned}$$

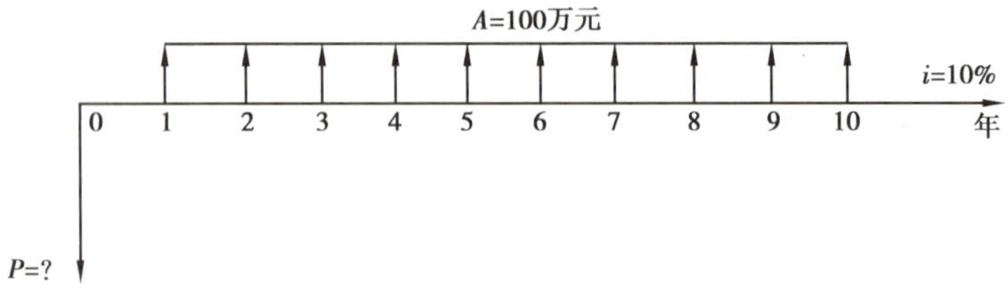

图 2.15　现金流量图

资金等值计算（四）

(4)年资本回收额(已知年金现值 P,求年金 A)

年资本回收额是用于研究期初借到的一笔款项,在每个计息期末等额偿还本利和,求每期期末应偿还的数额。例如,房地产购买中的抵押贷款就是一个很好的例子。它的实质是已知 P、i、n,求 A,是年金现值的逆运算。其计算公式为:

$$A = P\frac{i}{1-(1+i)^{-n}} = P(A/P,i,n) \tag{2.11}$$

式中,$\frac{i}{1-(1+i)^{-n}}$称为资本回收系数,记作$(A/P,i,n)$,可通过查"资本回收系数表"或利用年金现值系数的倒数求得。

【例 2.17】某建筑公司从银行借得 1 000 万元资金,年利率为 5%,要求在借款后的 10 年内每年等额偿还本利和,求每年偿还的金额。

【解】其现金流量图如图 2.16 所示。

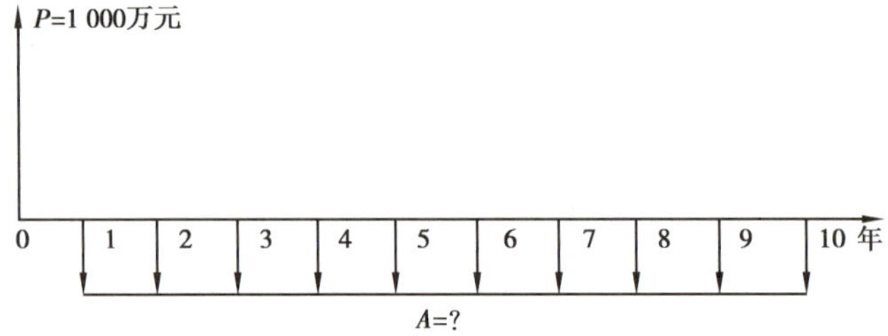

图 2.16　现金流量图

按式(2.11)计算,经查表$(A/P,5\%,10)=0.129\ 5$,可得

$$A = P(A/P,i,n) = 1\ 000(A/P,5\%,10)$$
$$= 1\ 000 \times 0.129\ 5 = 129.5(\text{万元})$$

根据上述复利计算公式可知,等值基本公式相互关系见表 2.4。

特别提示

需理论联系实际,灵活运用公式,如将商业保险投资、车辆与房屋贷款的分析与表 2.4 中的公式结合起来。

表 2.4　等值基本公式相互关系

系数名称	已知	求解	表示
一次支付终值系数	P	F	$(F/P,i,n)$
一次支付现值系数	F	P	$(P/F,i,n)$
年金终值系数	A	F	$(F/A,i,n)$
偿债基金系数	F	A	$(A/F,i,n)$
年金现值系数	A	P	$(P/A,i,n)$
资金回收系数	P	A	$(A/P,i,n)$

2) 预付年金

预付年金是指从第 1 期起，在一定时期内每期期初等额收付系列款项的年金，又称为先付年金、即付年金。

(1) 预付年金终值(已知预付年金 A，求终值 F)

对于等额收付 n 次的预付年金而言，其终值指的是各期等额收付金额在第 n 期期末的复利终值之和。等额收付 3 次的预付年金终值的计算，如图 2.17 所示。

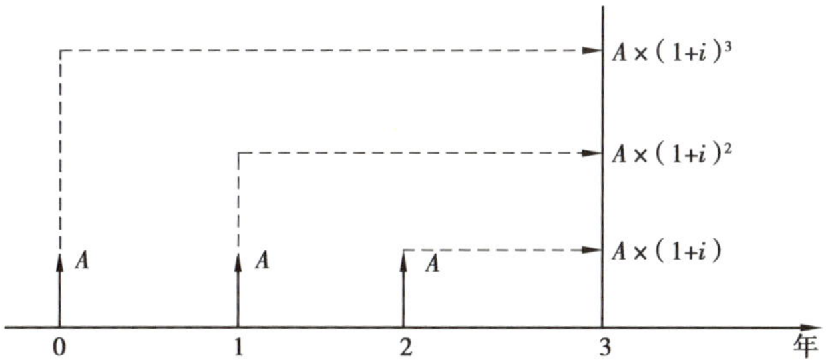

图 2.17　预付年金终值现金流量图(1)

方法 1：计算期向前延伸 1 年，利用同期普通年金的终值公式再乘以 $(1+i)$ 计算。

如图 2.18 所示，预付年金终值的计算公式为：

$$F = A(F/A,i,n)(1+i) \tag{2.12}$$

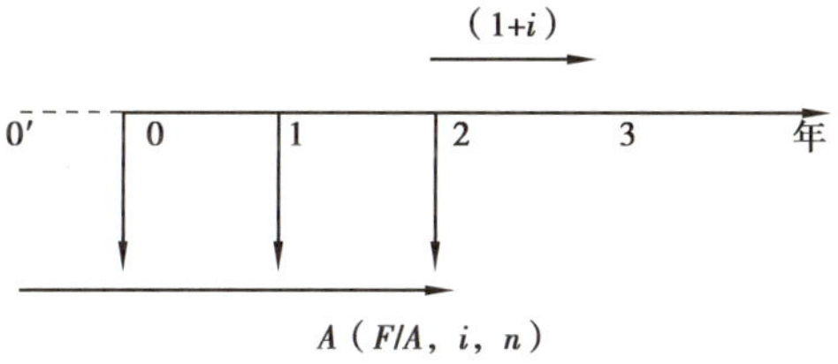

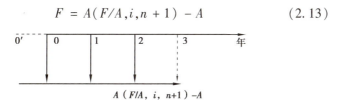

图 2.18　预付年金终值现金流量图(2)

方法 2：计算期数加 1 的方法。

如图 2.19 所示，预付年金终值的计算公式为：

$$F = A(F/A,i,n+1) - A \tag{2.13}$$

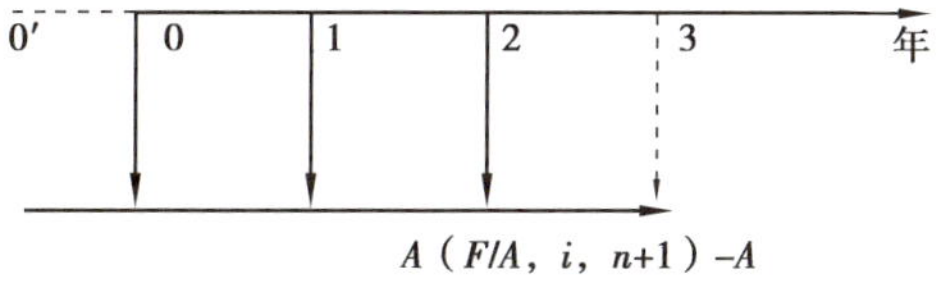

图 2.19　预付年金终值现金流量图(3)

【例 2.18】某建筑公司和设备租赁公司达成协议，每年年初支付租金 50 000 元，年利率为 8%，该设备计划租赁 6 年，需支付的租金是多少？

【解】其现金流量图如图 2.20 所示。

提示

想办法把预付年金与普通年金联系起来，才能套用普通年金等值换算公式。

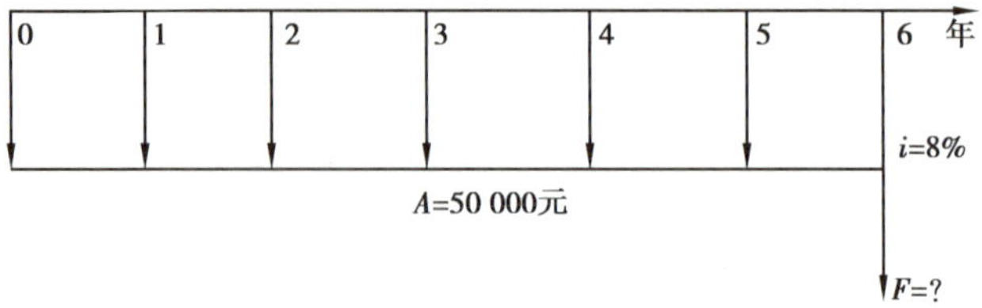

图 2.20　现金流量图

方法 1：按式（2.12）计算，经查表（F/A,8%,6）=7.335 9，可得

$$F = A(F/A,i,n)(1+i)$$
$$= 50\ 000(F/A,8\%,6)(1+8\%)$$
$$\approx 396\ 140(元)$$

方法 2：按式（2.13）计算，经查表（F/A,8%,7）=8.922 8，可得

$$F = A(F/A,i,n+1) - A$$
$$= 50\ 000(F/A,8\%,7) - 50\ 000$$
$$= 396\ 140(元)$$

（2）预付年金现值（已知预付年金 A，求现值 P）

预付年金现值是指预付年金中各期等额收付金额在第一期期初（0 时点）的复利现值之和。等额收付 3 次的预付年金如图 2.21 所示。对于等额收付 3 次的预付年金而言，等额收付发生的时点为第一期期初（0 时点）、第二期期初（1 时点）、第三期期初（2 时点）。

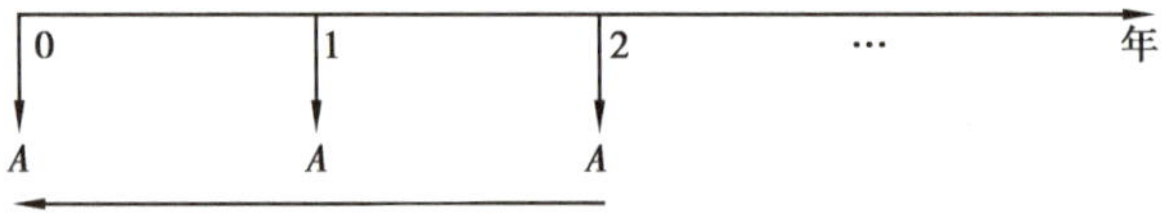

图 2.21　预付年金现值现金流量图（1）

方法 1：利用同期普通年金的现值公式乘以（$1+i$）计算。

如图 2.22 所示，预付年金现值的计算公式如下：

$$P = A(P/A,i,n)(1+i) \qquad (2.14)$$

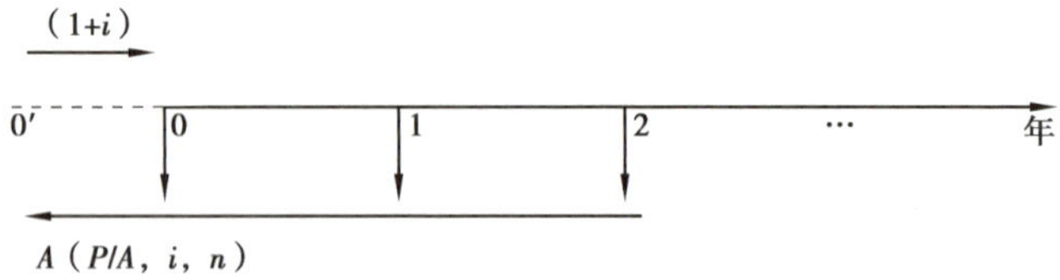

图 2.22　预付年金现值现金流量图（2）

方法 2：计算期数减 1 的方法。

如图 2.23 所示，预付年金现值的计算公式如下：

$$P = A(P/A,i,n-1) + A \qquad (2.15)$$

注意

n 指等额收付的次数，即 A 的个数。

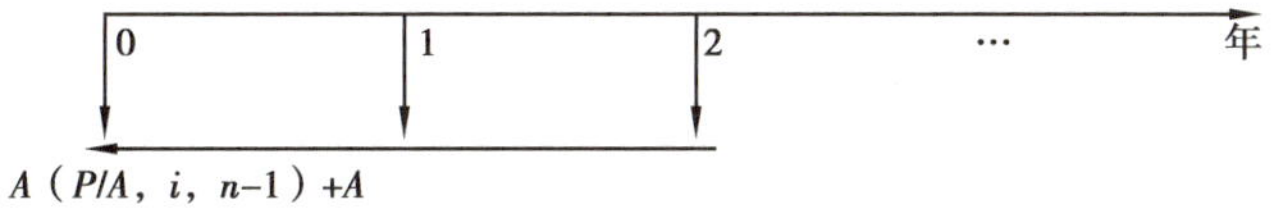

图 2.23　预付年金现值现金流量图(3)

【例 2.19】某建筑企业拟购买一大型建筑设备，预计该设备的使用年限为 5 年，在寿命期内每年年初能产生净收益 50 万元，若该企业要求的最低收益率为 15%，问该企业能接受的设备价格是多少？

【解】其现金流量图如图 2.24 所示。

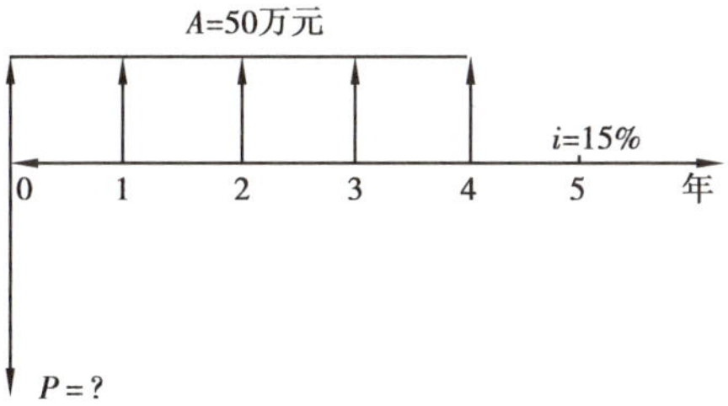

图 2.24　现金流量图

方法 1：按式(2.14)计算，经查表$(P/A,15\%,5)=3.352\ 2$，可得

$$\begin{aligned}P&=A(P/A,i,n)(1+i)\\&=50(P/A,15\%,5)(1+15\%)\\&\approx 192.75(\text{万元})\end{aligned}$$

方法 2：按式(2.15)计算，经查表$(P/A,15\%,4)=2.855$，可得

$$\begin{aligned}P&=A(P/A,i,n-1)+A\\&=50(P/A,15\%,4)+50\\&=192.75(\text{万元})\end{aligned}$$

3)递延年金

递延年金是指第一次收付款发生时间是在第 2 期或者第 2 期以后的年金。它是普通年金的特殊形式，凡不是从第 1 期开始的年金都是递延年金。

(1)递延年金终值

递延年金终值的计算方法与普通年金终值的计算方法相似，其终值的大小与递延期限无关。

(2)递延年金现值

递延年金现值是自若干时期后开始每期款项的现值之和。其现值计算方法有以下两种：

①方法 1：

第 1 步：把递延年金看成 n 期普通年金，计算出递延期末的现值。

第 2 步：将已计算出的现值折现到第 1 期期初。

②方法 2：

第 1 步：计算出$(m+n)$期的年金现值。

提示

现金流量图的绘制依然是关键。

第2步:将计算出的$(m+n)$期年金现值扣除递延期m的年金现值,得出n期年金现值。

【例2.20】某基建投资项目,预计前两年没有收益,从第3年起连续4年每年末有收益100万元。假设银行利率为6%,问该项目建造时的总投资应控制在多少万元?

【解】其现金流量图如图2.25所示。

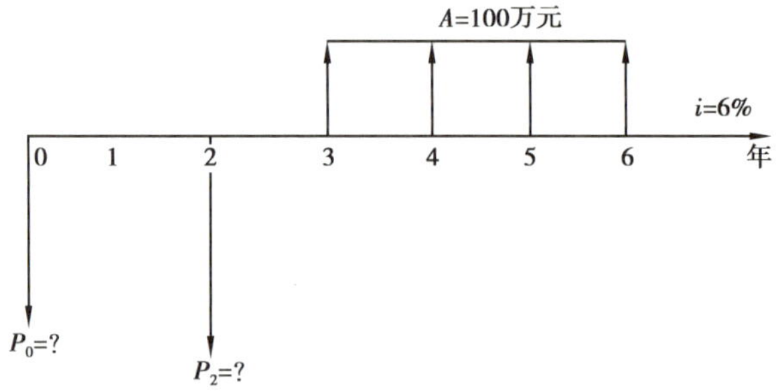

图2.25 现金流量图

(1)方法1

第1步:计算4期的普通年金现值。

$P_2=A(P/A,i,n)=100(P/A,6\%,4)=100\times 3.465\ 1$

$=346.51$(万元)

第2步:将已计算的普通年金现值折现到第1期期初。

$P_0=P_2(P/F,i,m)=346.51(P/F,6\%,2)=346.51\times 0.890\ 0$

≈ 308.39(万元)

(2)方法2

$P_{m+n}=A(P/A,i,m+n)=100(P/A,6\%,2+4)=100\times 4.917\ 3$

$=491.73$(万元)

$P_n=A[(P/A,i,m+n)-(P/A,i,m)]$

$=100[(P/A,6\%,6)-(P/A,6\%,2)]=308.39$(万元)

4)永续年金

永续年金是指无限期支付的年金,如优先股股利。由于永续年金持续期无限,没有终止时间,所以没有终值,只有现值。永续年金可视为普通年金的特殊形式,即期限趋于无穷的普通年金,其现值的计算公式可由普通年金现值计算公式推出:

$$P=A\frac{1-(1+i)^{-n}}{i}$$

当$n\to\infty$时,因为$(1+i)$大于1,所以$(1+i)^n$为无穷大。

因为 $$(1+i)^{-n}=\frac{1}{(1+i)^n}$$

所以,当$n\to\infty$时,$(1+i)^{-n}=0$,$\frac{1-(1+i)^{-n}}{i}=\frac{1}{i}$。

永续年金现值计算如下:

$$P = \frac{A}{i} \qquad (2.16)$$

【例 2.21】拟建立一项永久性的奖学金，每年计划颁发 10 000 元奖金。若年利率为 5%，现在应存入多少钱？

【解】其现金流量图如图 2.26 所示。

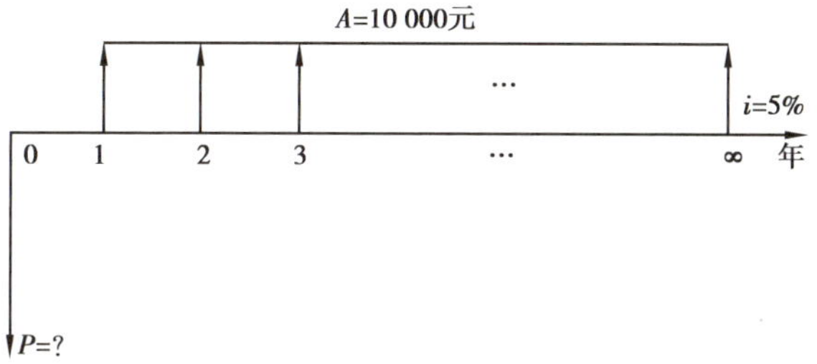

图 2.26 现金流量图

由式(2.14)计算，可得

$$P = 10\ 000/5\% = 200\ 000(\text{元})$$

2.3.4 名义利率和实际利率的计算

1)名义利率和实际利率的概念

在经济分析中，复利计算通常以年为计息周期。但在实际经济活动中，计息周期有半年、季、月、周、日等多种。当利率的时间单位与计息期不一致时，就出现了名义利率和实际利率(有效利率)的区别。在经济活动中，区别名义利率和实际利率至关重要。是赔是赚不能看名义利率，而要看实际利率。

(1)名义利率(r)

名义利率是指按年计息的利率，即计息周期为一年的利率。它是以一年为计息基础，等于每一计息期的利率与每年的计息期数的乘积。

(2)实际利率(i)

实际利率又称为有效利率，是把各种不同计息期的利率换算成以年为计息期的利率。

想一想

(1)假设名义利率为 6%，求半年复利一次的年实际利率。

(2)某人将 1 万元存入银行，两年以后的本利和是多少？

2)名义利率和实际利率的计算

名义利率和实际利率的计算需要分以下几种情况。

(1)实际利率时间单位与计息期一致

$$i = \frac{r}{m} \qquad (2.17)$$

【例 2.22】假设名义利率为 6%，每季度复利一次，求每季度的实际利率。

【解】每季度计息期的实际利率：$i = \frac{6\%}{4} = 1.5\%$

【例 2.23】假设名义利率为 6%，半年复利一次，求每半年的实际利率。

注意

(年)名义利率 = 每一计息期的有效利率 × 一年中计息期数

如例 2.23 中(年)名义利率为 3% ×2 =6%

【解】每半年计息期的实际利率：$i=\frac{6\%}{2}=3\%$

则 3% 为(半年)有效利率。

(2)实际利率时间单位与计息期不一致

$$i=\left(1+\frac{r}{m}\right)^{m}-1 \tag{2.18}$$

式中 r——名义利率；

m——每年计息次数；

i——实际利率。

名义利率和实际利率的计算

【例 2.24】假设名义利率为 6%，半年复利一次，求年实际利率。

【解】$i=\left(1+\frac{r}{m}\right)^{m}-1=\left(1+\frac{6\%}{2}\right)^{2}-1=6.09\%$

当实际利率时间单位与计息期不一致时，也可以采用另一种方法计算本利和。即不计算实际利率，而是相应调整有关指标，将利率变为 r/m，计息期变为 $m\cdot n$（n 为计息年数，m 为一年内的计息次数），则本利和计算公式为：

$$F=P\left(1+\frac{r}{m}\right)^{m\cdot n} \tag{2.19}$$

或者

$$F=P\left(F/P,\frac{r}{m},m\cdot n\right) \tag{2.20}$$

$$P=F\left(P/F,\frac{r}{m},m\cdot n\right) \tag{2.21}$$

【例 2.25】假设名义利率为 6%，某人将 10 000 元存入银行，半年复利一次，求两年以后的本利和是多少？

【解】方法 1：先将名义利率转换为实际利率，然后按实际利率计算资金的时间价值。

$$i=\left(1+\frac{r}{m}\right)^{m}-1=\left(1+\frac{6\%}{2}\right)^{2}-1=6.09\%$$

$$F=P(1+i)^{n}=10\ 000\times(1+6.09\%)^{2}\approx 11\ 255.09(\text{元})$$

方法 2：根据式(2.19)，将利率变为 r/m，计息期数变为 $m\cdot n$，计算本利和。

$$F=P\left(1+\frac{r}{m}\right)^{m\cdot n}=10\ 000\times\left(1+\frac{6\%}{2}\right)^{2\times 2}\approx 11\ 255.09(\text{元})$$

或者

$$\begin{aligned}F&=P\left(F/P,\frac{r}{m},m\cdot n\right)\\&=10\ 000\left(F/P,\frac{6\%}{2},4\right)=10\ 000\times 1.125\ 5\\&=11\ 255(\text{元})\end{aligned}$$

【例 2.26】设名义利率为 $r=10\%$，则半年、季度、月、日的年实际利率为多少？

【解】$i_{\text{半年}}=\left(1+\frac{10\%}{2}\right)^{2}-1=10.25\%$

$$i_{季度} = \left(1+\frac{10\%}{4}\right)^4 - 1 \approx 10.38\%$$

$$i_{月} = \left(1+\frac{10\%}{12}\right)^{12} - 1 \approx 10.47\%$$

$$i_{日} = \left(1+\frac{10\%}{365}\right)^{365} - 1 \approx 10.52\%$$

【例 2.27】某企业年初存款 10 万元，年利率为 10%，半年复利一次，到第 10 年末，该企业可得到的本利和为多少？

【解】方法 1：先将名义利率转换为实际利率，然后按实际利率计算资金的时间价值。

$$i = \left(1+\frac{r}{m}\right)^m - 1 = \left(1+\frac{10\%}{2}\right)^2 - 1 = 10.25\%$$

$$F = P(1+i)^n = 10 \times (1+10.25\%)^{10} \approx 26.53(万元)$$

方法 2：根据式(2.19)，将利率变为 r/m，计息期数变为 $m \cdot n$，计算本利和。

$$F = P\left(1+\frac{r}{m}\right)^{m \cdot n} = 10 \times \left(1+\frac{10\%}{2}\right)^{2\times10} \approx 26.53(万元)$$

【例 2.28】某工程项目为了筹集资金，决定向银行贷款，甲银行年利率为 16%，每年复利一次；乙银行年利率为 15%，每月复利一次，比较哪个银行的贷款对项目有利？

【解】计算两银行的实际利率。

$$i_{甲} = 16\%$$

$$i_{乙} = \left(1+\frac{r}{m}\right)^m - 1 = \left(1+\frac{15\%}{12}\right)^{12} - 1 \approx 16.075\%$$

显然 $i_{甲} < i_{乙}$，故甲银行的贷款对项目有利。

实际利率代表了所获得的实际效益，因此可用它来比较不同名义利率的效益。

想一想

在名义利率相同的情况下，为什么每年的计息周期越多，年实际利率就越大呢？

实际上，计息周期越多，意味着资金能够投入更多轮的“利滚利”环节，计息越频繁，本金增加得越早越快，产生的利息也越多，则年实际利率也就越大。

复习思考题

1. 单选题

(1)若名义利率一定，则年实际利率与一年中计息次数的关系为(　　)。

A. 计息次数增加，年实际利率不变

B. 计息次数增加，年实际利率减少

C. 计息次数增加，年实际利率增加

D. 计息次数减少，年实际利率增加

(2)资金的时间价值是指(　　)。

A. 可用于储蓄或贷款的资金在储蓄或贷款时所产生的利息

B. 资金在生产和流通过程中随时间推移而产生的增值

C. 现在的资金在将来支付时所付出的福利损失

D. 现在的资金在将来使用时所能获得的收益

(3)单利计息和复利计息的区别在于(　　)。

A. 是否考虑先前计息周期累计利息的时间价值

B. 是否考虑本金的时间价值

C. 是否考虑资金的时间价值

D. 是否考虑利率的变化

(4)如果以单利方式借入一笔资金 1 000 元,年利率为 10% ,则第 2 年年末应还的本利和为(　　)元。

A. 1 200　　B. 1 150　　C. 1 210　　D. 1 250

(5)已知某笔贷款的年利率为 15% ,借贷双方约定按季度计息,则该笔贷款的实际利率为(　　)。

A. 15%　　B. 15.53%　　C. 15.87%　　D. 16.5%

(6)对一个系统进行工程经济分析时,通常把该系统在考察期间各时点实际发生的现金流入和流出称为(　　)。

A. 净现金流量 B. 资金流量　　C. 现金流量　　D. 现金流动

(7)现金流量的性质是对特定的人而言的。对投资项目的发起人而言,在横轴下方的箭线表示(　　)。

A. 现金流出　　B. 现金流入

C. 费用　　D. 根据具体情况而不同

(8)资本回收系数$(A/P,i,n)$中的等额支付值 A 每一次支付都发生在每一期的(　　)。

A. 期初　　B. 期末　　C. 期中　　D. 年初

(9)某夫妇估计 10 年后儿子上大学需要一笔大约 5 万元的资金,现需存入(　　)万元,才能保证 10 年后儿子上学所需。(年利率为 3%)

A. 35　　B. 538　　C. 3.72　　D. 2.73

(10)某人从 40 岁开始储蓄养老金,每年年末向银行存入 5 000 元,则 60 岁退休时可提取的退休金为(　　)元。(年利率为 6%)

A. 106 000　　B. 116 543.22

C. 139 872.96　　D. 183 927.96

2. 多选题

(1)资金具有时间价值,两笔等额资金发生在不同时点,则它们在价值上存在(　　)差别。

A. 发生在后的资金价值高

B. 发生在前的资金价值高

C. 发生在后的资金价值低

D. 发生在前的资金价值低

E. 无论何点价值相等

(2)下面关于时间价值的论述,正确的有(　　)。

A. 一般而言,时间价值按复利方式计算

B. 一般而言,时间价值按单利方式计算

C. 同等单位的货币,其现值高于终值

D. 资金投入生产才能增值,因此时间价值是在生产经营中产生的

(3)某企业贷款 5 000 万元,贷款期限 3 年,按每年 8% 的单利计算和复利计算,则到期应还的本利和分别为(　　)万元,(　　)数值大。

A. 8 000　　B. 6 200

C. 6 298.5　　D. 单利法的本利和

E. 复利法的本利和

(4)影响资金等值的因素有(　　)。

A. 资金的数量　　B. 资金的发生时间

C. 利率(或折现率)的大小　　D. 现金流量的表达方式

E. 资金的运动方向

3. 判断题

(1)年利率一定的情况下,计息周期越短,则年实际利率就越大。(　　)

(2)不同时间上发生的不等金额,其货币的价值可能相等。(　　)

(3)资金的时间价值可以理解为对消费者放弃现时消费的一种补偿。(　　)

(4)利率是表示资金时间价值的绝对尺度,利息是表示资金时间价值的相对尺度。(　　)

(5)把某一时点的资金金额换算成另一时点的等值金额的过程,称为“折现”。(　　)

4. 计算题

(1)某人存入银行 10 000 元,年利率为 5%,5 年后还清本利。问按单利和复利法计息,他到期可收到的本利和是多少?

(2)某企业预计在 10 年内每年从银行提取 100 万元,问:从现在起至少应存入多少现金(银行利率为 6%)?

(3)下列等额支付的终值为多少?

①年利率为 6%,每年年末存入银行 100 元,连续存款 5 年。

②年利率为 10%,每年年末存入银行 200 元,连续存款 10 年。

(4)假如你要贷款 100 万元,有两家银行愿意提供贷款,甲银行贷款年利率为 16%,按月计息;乙银行贷款年利率为 17%,按年计息,5 年后本息一起还,问你从哪家银行贷款?

(5)现在存款 2 000 元,年利率为 10%,半年复利一次,则第 3 年

年末存款本利和是多少？（请分别用两种方法计算）

(6)企业借入一笔款项，年利率为 8%，前 10 年不用还本付息，从第 11 年至第 20 年每年年末还本息 4 000 元，则这笔款项的现值是多少？

(7)某企业拟建一个工业项目，第 1、2、3 年年初的投资分别是 100 万元、150 万元和 180 万元；第 3 年至第 10 年获得收益，其中每年的营业收入为 200 万元，经营成本为 80 万元，不考虑税收缴交，投资者希望的收益率为 20%，试问企业投资该项目是否合算？

(8)某企业从银行借款 1 000 万元，在 5 年内以年利率为 6% 还清全部本金和利息，现有 4 种不同的还款方式：

①每年年末偿付所欠利息，本金到第五年年末一次还清。

②第 5 年年末一次还清本息和。

③将所借本金作分期均匀摊还，每年年末偿还本金 200 万元，同时偿还到期利息。

④每年年末等额偿还本息。

试分析各种还款方式每年的债务情况，并说明哪种还款方式最优。

模块 3
建筑工程项目经济效益的评价

【学习目标】

(1)理解工程经济分析的基本要素；

(2)理解静态、动态经济效果评价指标的含义和特点；

(3)掌握静态、动态经济效果评价指标的计算方法和评价准则；

(4)掌握不同类型投资方案适用的评价指标和方法。

工程项目经济效果评价导学

【能力目标】

(1)能够正确运用工程经济分析的基本要素分析项目投资、成本费用的构成及进行各经济要素的估算；

(2)能够将工程经济效果的静态评价指标和动态评价指标的计算与应用准则运用到实际工程中。

【案例引入】

榆林治沙

榆林素有“煤都”之称，但也是一座“塞上森林城”。榆林地处毛乌素沙漠南缘，是全国土地荒漠化和沙化危害严重的地区之一。

自20世纪50年代末，榆林就开始对沙漠进行不间断治理，尤其是进入21世纪，在国家政策引导下，三北防护林、京津风沙源治理等国家林业重点工程，大面积发展防风固沙性能优良的樟子松。从没有一棵到130万亩(1亩≈667.67 m^2)，樟子松成就了毛乌素沙漠最令人惊艳的绿色。

2009年3月拍摄

2018 年 5 月拍摄

榆林市白界樟子松人工造林示范区对比图

截至目前,榆林市沙化土地治理率 93.24% ,860 万亩流动沙地基本得到了固定或半固定治理,实现了从“沙进人退”到“绿进沙退”的历史性飞跃。榆林市将农村产业结构调整和群众脱贫致富贯穿防治荒漠化全过程,由原来只关注生态效益,不关注经济效益,被动治沙,转变成现在的生态效益与经济效益并重的治沙模式,实现了生态环境和经济发展的双赢。

启示:任何事情不可能一蹴而就,更不可能一劳永逸。保持耐力是实现理想目标的必备要素。榆林市持之以恒地防沙治沙,坚持不懈地脱贫致富,实现了从“荒漠之城”到“绿色之城”、从“穷县遍布”到“人人脱贫”的华丽转身。

工程项目的建设是一项投资活动,投资、费用、收益、利润和税金是工程建设项目经济分析的基本要素,如何在有限的资源下获得生态环境与工程项目的平衡共生? 习近平总书记强调:“建设生态文明,功在当下,利在千秋。”在工程项目建设过程中,我们不能盲目追求利益而牺牲有限的生态资源。工程项目的经济效果评价在项目筹划期间为投资决策提供依据,需要用到静态和动态的评价方法,并从多角度评价项目的经济性。

3.1 工程经济分析的基本要素

通过本节学习,掌握投资、成本、收入、折旧与利润的有关概念;熟悉工程项目投资的构成;明确工程项目成本、收入与利润之间的关系;掌握固定资产折旧的计算方法及折旧的范围;掌握降低工程成本的途径;熟悉经营成本、固定成本和变动成本、机会成本、沉没成本的概念;掌握利润总额、所得税的计算。

3.1.1 工程项目投资及构成

工程项目的建设首先是一项投资活动,必须对其经济效益与社会效益进行分析与评价,作为投资主体而言,都不想亏本,都想从投资活动中获得利润。为了防止损失,进而取得良好的经济效益,投资方在立项前必须进行可行性研究。投资、费用、收益、利润和税金是工程建设项目经济分析的基本要素，下面详细介绍。

1）投资的概念

投资是技术经济分析中重要的经济概念之一，是拉动经济增长的“三驾马车”之一。投资一般有广义和狭义之分。广义的投资是指一切为了获得收益或避免风险而进行的资金经营活动；狭义的投资是所有投资活动中最基本的，也是最重要的投资，是指投放的资金，是为了保证项目的投产和生产经营活动的正常进行而投入的物化劳动和活劳动的价值总和，即为了未来获得报酬而预先垫付的资金。投资活动包括投资主体、投资环境、资金投入、投资产出、投资目的等要素。

实质

投资的实质：只有付出，才可能有回报；没有付出，就一定没有回报。

2）投资的构成

投资的构成极其复杂。建设工程项目的投资也称为总投资，是用于工程项目全过程（建设阶段及经营阶段）的全部物化劳动和活劳动的投资总和。建设项目总投资是指为完成工程项目建设并达到使用要求或生产条件，在建设期内预计或实际投入的总费用，包括工程造价、增值税、资金筹措费和流动资金。图3.1所示为建设项目总投资费用项目组成图。

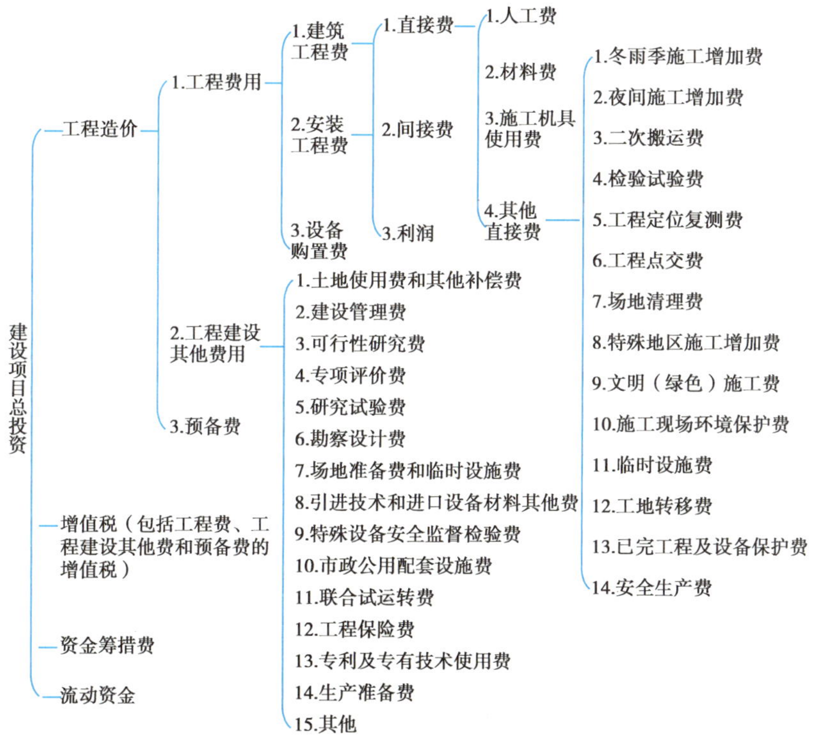

图3.1　建设项目总投资费用项目组成图

（1）工程造价

工程造价是指工程项目在建设期预计或实际支出的建设费用，包括工程费用、工程建设其他费用和预备费。

● 工程费用

工程费用是指建设期内直接用于工程建造、设备购置及其安装的费用,包括建筑工程费、安装工程费和设备购置费。

①建筑工程费和安装工程费:建筑工程费是指建筑物、构筑物及与其配套的线路、管道等的建造、装饰费用;安装工程费是指设备、工艺设施及其附属物的组合、装配、调试等费用。建筑工程费和安装工程费包括直接费、间接费和利润。

工程项目的投资与构成

A. 直接费是指施工过程中耗费的构成工程实体或独立计价措施项目的费用,以及按综合计费形式表现的措施费用。直接费包括人工费、材料费、施工机具使用费和其他直接费。

a. 人工费是指直接从事建筑安装工程施工作业的生产工人的薪酬,包括工资、社会保险费、住房公积金、职工福利费、工会经费、职工教育经费及特殊情况下发生的工资等。

b. 材料费是指工程施工过程中耗费的各种原材料、半成品、构配件的费用,以及周转材料等的摊销、租赁费用。

c. 施工机具使用费是指施工作业所发生的施工机械、仪器仪表使用费或其租赁费,包括施工机械使用费和施工仪器仪表使用费。

Ⅰ. 施工机械使用费是指施工机械作业发生的使用费或租赁费。

施工机械使用费以施工机械台班耗用量与施工机械台班单价的乘积表示。施工机械台班单价由折旧费、检修费、维护费、安拆费及场外运费、人工费、燃料动力费及其他费组成。

Ⅱ. 施工仪器仪表使用费是指工程施工所发生的仪器仪表使用费或租赁费。

施工仪器仪表使用费以施工仪器仪表台班耗用量与施工仪器仪表台班单价的乘积表示。施工仪器仪表台班单价由折旧费、维护费、校验费和动力费组成。

d. 其他直接费是指为完成建设工程施工,发生于该工程施工前和施工过程中的按综合计费形式表现的措施费用。其内容包括冬雨季施工增加费、夜间施工增加费、二次搬运费、检验试验费、工程定位复测费、工程点交费、场地清理费、特殊地区施工增加费、文明(绿色)施工费、施工现场环境保护费、临时设施费、工地转移费、已完工程及设备保护费、安全生产费等。

B. 间接费是指施工企业为完成承包工程而组织施工生产和经营管理所发生的费用。其内容包括管理人员薪酬、办公费、差旅交通费、施工单位进退场费、非生产性固定资产使用费、工具用具使用费、劳动保护费、财务费、税金,以及其他管理性费用。

C. 利润是指企业完成承包工程所获得的盈利。

②设备购置费:是指购置或自制的达到固定资产标准的设备、工器具及生产家具等所需的费用。设备购置费分为外购设备费和自制设备费。

A. 外购设备是指设备生产厂制造的符合规定标准的设备。

B. 自制设备是指按订货要求,并根据具体的设计图纸自行制造的设备。

● 工程建设其他费用

工程建设其他费用是指建设期发生的与土地使用权取得、整个工程项目建设以及未来生产经营有关的,除工程费用、预备费、增值税、资金筹措费、流动资金以外的费用。它主要包括以下费用:

①土地使用费和其他补偿费:

A. 土地使用费是指建设项目使用土地应支付的费用,包括建设用地费和临时土地使用费,以及由于使用土地发生的其他有关费用,如水土保持补偿费等。

a. 建设用地费是指为获得工程项目建设用地的使用权而在建设期内发生的费用。取得土地使用权的方式有出让、划拨和转让 3 种。

b. 临时土地使用费是指临时使用土地发生的相关费用,包括地上附着物和青苗补偿费、土地恢复费以及其他税费等。

B. 其他补偿费是指项目涉及的对房屋、市政、铁路、公路、管道、通信、电力、河道、水利、厂区、林区、保护区、矿区等不附属于建设用地的相关建构筑物或设施的补偿费用。

②建设管理费:是指为组织完成工程项目建设,在建设期内发生的各类管理性费用。它包括建设单位管理费、代建管理费、工程监理费、招标投标费、设计评审费、特殊项目定额研究及测定费、其他咨询费、印花税等。

③可行性研究费:是指在工程项目投资决策阶段,对有关建设方案、技术方案或生产经营方案进行的技术经济论证,以及编制、评审可行性研究报告等所需的费用。

④专项评价费:是指建设单位按照国家规定委托有资质的单位开展专项评价及有关验收工作发生的费用。它包括环境影响评价及验收费、安全预评价及验收费、职业病危害预评价及控制效果评价费、地震安全性评价费、地质灾害危险性评价费、水土保持评价及验收费、压覆矿产资源评价费、节能评估费、危险与可操作性分析及安全完整性评价费,以及其他专项评价及验收费。

⑤研究试验费:是指为建设项目提供和验证设计参数、数据、资料等进行必要的研究和试验,以及设计规定在施工中必须进行试验、验证所需要的费用。它包括自行或委托其他部门的专题研究、试验所需人工费、材料费、试验设备及仪器使用费等。

⑥勘察设计费：

A. 勘察费是指勘察人根据发包人的委托，收集已有资料、现场踏勘、制定勘察纲要、进行勘察作业，以及编制工程勘察文件和岩土工程设计文件等收取的费用。

B. 设计费是指设计人根据发包人的委托，提供编制建设项目初步设计文件、施工图设计文件、非标准设备设计文件、竣工图文件等服务所收取的费用。

⑦场地准备费和临时设施费：

A. 场地准备费是指为使工程项目的建设场地达到开工条件，由建设单位组织进行的场地平整等准备工作而发生的费用。

B. 临时设施费是指建设单位为满足施工建设需要而提供的未列入工程费用的临时水、电、路、讯、气等工程和临时仓库等建（构）筑物的建设、维修、拆除、摊销费用或租赁费用，以及铁路、码头租赁等费用。

⑧引进技术和进口设备材料其他费：是指引进技术和设备发生的但未计入引进技术费和设备材料购置费的费用。它包括图纸资料翻译复制费、备品备件测绘费、出国人员费用、来华人员费用、银行担保及承诺费、进口设备材料国内检验费等。

⑨特殊设备安全监督检验费：是指对在施工现场安装的列入国家特种设备范围内的设备（设施）检验检测和监督检查所发生的应列入项目开支的费用。

⑩市政公用配套设施费：是指使用市政公用设施的工程项目，按照项目所在地政府有关规定建设或缴纳的市政公用设施建设配套费用。

⑪联合试运转费：是指新建或新增生产能力的工程项目，在交付生产前按照批准的设计文件规定的工程质量标准和技术要求，对整个生产线或装置进行负荷联合试运转所发生的费用净支出。它包括试运转所需材料、燃料及动力消耗，低值易耗品、其他物料消耗，机械使用费，联合试运转人员工资，施工单位参加试运转人工费，专家指导费，以及必要的工业炉烘炉费。

⑫工程保险费：是指在建设期内对建筑工程、安装工程、机械设备和人身安全进行投保而发生的费用。它包括建筑安装工程一切险、工程质量保险、进口设备财产保险和人身意外伤害险等。

⑬专利及专有技术使用费：是指在建设期内取得专利、专有技术、商标、商誉和特许经营的所有权或使用权而发生的费用。它包括：工艺包费、设计及技术资料费、有效专利、专有技术使用费、技术保密费和技术服务费等；商标权、商誉和特许经营权费；软件费等。

提示

专利和专有技术是典型的无形资产。

⑭生产准备费：是指在建设期内，建设单位为保证项目正常生产

而发生的人员培训、提前进厂费,以及投产使用必备的办公、生活家具用具及工器具等的购置费用。

⑮其他费用:是指除以上费用外,根据工程建设需要必须发生的其他费用。

• 预备费

预备费是指在建设期内因各种不可预见因素的变化而预留的可能增加的费用,包括基本预备费和价差预备费。它包括以下费用:

①在设计和施工过程中,在批准的初步设计和概算范围内所额外增加的工程费用;

②由于一般自然灾害造成的损失和预防自然灾害所采取的预防措施费用;

③竣工验收时,竣工验收组织为鉴定工程质量,必须开挖和修复隐蔽工程的费用;

④基本预备费和涨价(价差)预备费。

基本预备费是指在初步设计及概算内难以预料的工程费用;涨价(价差)预备费是指建设项目在建设期内由于价格等变化引起工程造价变化的预测预留费用。不可预见费以上述各项费用的3% ~7% 估算。但应当注意以下 3 种不属于不可预见费:一是因技术政策、地质条件发生重大变化,需对原批准的初步设计做全面修改而增加的工程费用;二是建设项目施工过程中,发生不可抗拒的重大自然灾害所造成的损失;三是因管理不善或设计、施工质量低劣造成的返工、窝工等费用。这些费用不构成工程成本,由责任单位承担。

(2)增值税(应计入建设项目总投资内的增值税额)

增值税是以商品(含应税劳务)在流转过程中产生的增值额作为计税依据而征收的一种流转税。从计税原理上说,增值税是对商品生产、流通、劳务服务中多个环节的新增价值或商品的附加值征收的一种流转税。

增值税是对销售货物或者提供加工、修理修配劳务以及进口货物的单位和个人就其实现的增值额征收的一个税种。增值税已经成为我国最主要的税种之一,增值税的收入占我国全部税收收入的 60% 以上,是最大的税种。增值税由国家税务总局负责征收,税收收入中 50% 为中央财政收入,50% 为地方收入。进口环节的增值税由海关负责征收,税收收入全部为中央财政收入。

(3)资金筹措费

资金筹措费是指在建设期内应计的利息和在建设期内为筹集项目资金发生的费用。它包括各类借款利息、债券利息、贷款评估费、国外借款手续费及承诺费、汇兑损益、债券发行费用及其他债务利息支出或融资费用。

实质

增值税是向最终消费者征收的,有增值才征税,没增值不征税。

建设期间的贷款利息，也称为资本化利息。建设期贷款利息包括向国内银行和其他非银行金融机构贷款、出口信贷、外国政府贷款、国际商业银行贷款以及在境内发生的债券等在建设期内应偿还的借款利息。按我国财务制度规定，在筹建期间应计利息支出，计入开办费。与购建固定资产或者无形资产、递延资产有关的，在资产尚未交付使用或已投入使用但尚未办理竣工决算之前，计入购建固定资产、无形资产、递延资产的价值；在生产期间，计入财务费用；在清算期间，计入清算损益。

(4)流动资金

流动资金是指运营期内长期占用并周转使用的营运资金，不包括运营中需要的临时性营运资金。项目投产后为维持正常经营，要有用于购买原材料、燃料动力、支付工资等必不可少的周转资金。

流动资金＝流动资产－流动负债

①流动资产。流动资产是指企业可以在一年内或超过一年的一个营业周期内变现或者运用的资产，包括现金及各项存款、存货、应收及预付款项、短期投资等。

a. 现金：指企业的库存现金，其中包括企业内部各部门周转使用的备用金。

b. 各项存款：指企业的各种不同类型的银行存款。

c. 存货：指企业的库存材料、在产品、产成品、商品等。

d. 应收账款：指企业因销售商品、提供劳务等，应向购货和受益单位收取的款项，是购货单位所欠企业的短期债务。

e. 预付款：指企业按照购货合同规定预付给销货单位的购货定金或部分货款，以及企业预交的各种税、费等。

f. 短期投资：指企业购入的各种能随时变现、持有时间不超过一年的投资，包括不超过一年的股票、债券等。

②流动负债。流动负债是指将在一年内(含一年)或者超过一年的一个营业周期内偿还的债务，包括短期借款、应付票据、预收账款、应付工资、应付福利费、应付股利、应缴税金、其他暂收应付款项、预提费用和一年内将要到期的长期借款等。

3)投资的来源

建设项目的投资来源从国别上，分为国外投资和国内投资；从资金来源的性质，分为投入资金和借入资金，其中投入资金形成建设项目的资本金，借入资金形成项目的负债。资金总额的构成如图3.2所示。

资本金可以通过争取国家财政预算投资、发行股票、自筹资金和利用外资直接投资等方式获取；借入资金可以通过银行贷款、发行债券、设备租赁、国际金融组织贷款、国外商业银行贷款，以及吸收外国

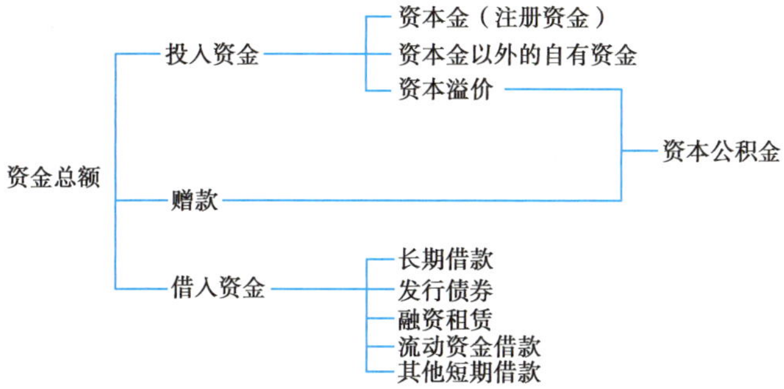

图 3.2　资金总额的构成

银行、企业和私人存款及利用出口信贷等渠道取得。

4) 投资估算

投资估算主要包括固定资产投资估算和流动资金投资估算。固定资产投资估算方法有扩大指标估算法和详细估算法两种，如图 3.3 所示。

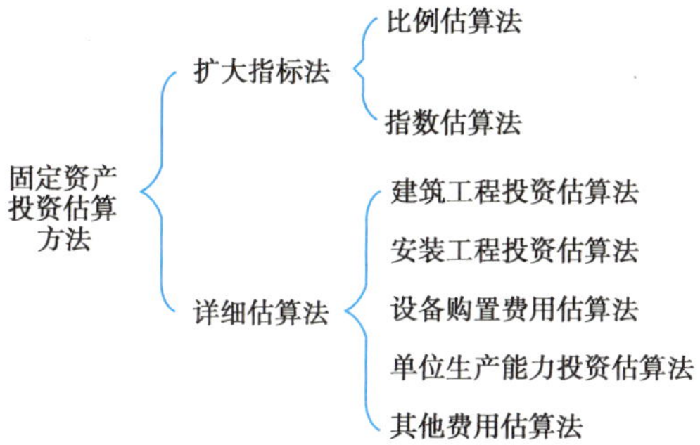

图 3.3　固定资产投资估算方法

流动资金投资估算方法主要有扩大指标法和分项详细法两种，如图 3.4 所示。

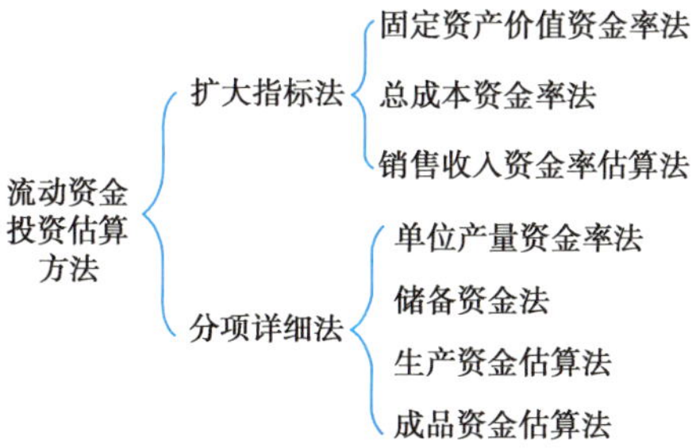

图 3.4　流动资金投资估算方法

3.1.2　工程项目生产经营期成本费用

1) 成本和费用的概念及意义

成本是指企业为生产产品、提供劳务而发生的各种耗费。成本是商品生产中所耗费的物化劳动和活劳动的货币表现。它保证简单再生产能够顺利进行下去，是将成本从价值的货币形态中划分出来的理论基础。

特别提示

资本公积金是指投资者或者他人投入企业，所有权归属于投资者，并且投入金额超过法定资本部分的资本。

想一想

投资估算和预算有什么不同？

狭义的费用概念将费用限定于获取收入过程中发生的资源耗费;广义的费用概念则同时包括了经营成本和非经营成本。我国现行制度采用的是狭义的费用概念,即企业为销售商品、提供劳务等日常活动所发生的经济利益的流出,包括计入生产经营成本的费用和计入当期损益的期间费用。

成本和费用可以综合反映企业生产经营活动的管理水平、技术水平、资金利用效率、劳动生产率等。掌握了工程项目生产的成本和费用,对改进经营管理工作、降低工程成本、提高经济效益有着重要意义。

2)成本和费用的联系与区别

(1)联系

①企业一定时期(月、季、年)内所发生的费用是构成产品成本的基础;产品成本是企业为生产一定种类和数量的产品所发生的生产费用的归集,是对象化了的费用。二者在经济内容上是一致的,都是企业除偿债性支出和分配性支出以外的支出的构成部分。

②费用和成本都是企业为达到生产目的而发生的支出,都需要企业在生产经营过程中实现的收入来补偿。

③费用和成本在一定情况下可以相互转化,如产品成本在销售以前是以其制造成本列为资产,在销售以后其制造成本转化为当期费用。

(2)区别

二者区别:费用一般与一定的会计期间相联系,而成本一般与一定种类和数量的具体产品相关联,而不论费用是否发生在当期。企业在一定会计期间发生的费用构成企业本期完工产品的成本,但是本期完工的产品成本并不都是由本期发生的费用组成的,它可能包括以前期间所发生而由本期产品负担的费用,如待摊销费;也可能包括本期尚未发生,但应由本期产品成本负担的费用,如预提费用。另外,企业本期投入生产的产品,本期不一定完工;本期完工的产品成本,也可能是以前期间投入生产的。因此,本期完工产品的成本可能还包括部分期初结转的未完工产品成本,即以前期间发生的费用。同样,本期发生的费用也不都形成本期完工产品成本,它还包括一些结转到下期的未完工产品的支出,以及一些不由具体产品负担的期间费用。期间费用包括营业费用(销售费用)、管理费用、财务费用。企业一定要合理划分期间费用和成本的界限,期间费用应当直接计入当期损益,冲减当期实现的收入。同时,企业还应当将已销售的产品或已提供的劳务的成本转入当期费用,直接冲减当期实现的收入;而没有销售的产品成本不能转化成当期费用,就不能冲减当期实现的收入。

3)总成本

总成本是指企业生产某种产品或提供某种劳务而发生的总耗费,

即在一定时期内(财务、经济评价中按年计算)为生产和销售所有产品而花费的全部费用。总成本记作 TC(total cost)。

项目总成本费用是指工程项目在一定时期内为生产而耗费的全部成本和费用。总成本费用包括生产成本和期间费用。生产成本又包括直接材料费用、直接工资、其他直接支出,以及制造费用;期间费用包括管理费用、财务费用、销售费用。总成本费用的构成如图 3.5 所示。

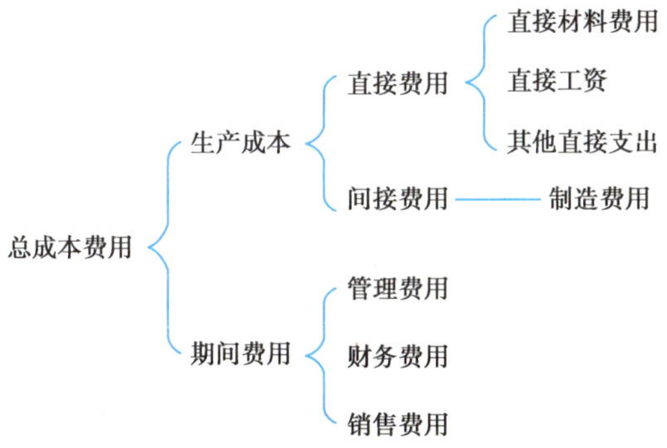

图 3.5　总成本费用的构成

4)工程产品成本的分类

(1)按成本的作用划分

在工程经济分析中,最常用的就是按成本的作用将工程产品成本划分为预算成本、计划成本和实际成本。

预算成本是根据已完工(或已结算)工程实物量和预算单价等资料计算的工程成本。计划成本是在工程项目建设施工前预计的将要发生的成本总额。实际成本是将工程施工过程中发生的施工费用,按各项成本项目进行归集和分配,从而计算出各个工程项目在一定时期及自开工至竣工期间所发生的工程成本。

在这 3 种成本中,预算成本是控制工程成本的最高限额,以其作为中间结算的依据,同时用来预测成本的发生额和作为考核工程活动经济效果、降低工程成本的依据。计划成本反映的是企业的成本水平,是企业内部进行经济评价和考核工程活动经济效果的依据。实际成本和计划成本比较,可作为企业内部考核的依据,能够较准确地反映工程活动和企业经营管理水平。

(2)按成本与工程量的习性划分

按成本与工程量的习性划分,工程产品成本可分为固定成本和变动成本。

固定成本是指成本总额在一定时期和一定产量范围内,不受产量增减变动影响的成本,如固定资产折旧费等。在实践中,固定成本还可以根据其支出数额是否能改变,进一步分为酌量性固定成本和约束性固定成本两类。变动成本是指成本总额随着产量变化而变化的成本,如直接工人的工资、直接材料费用等。

(3)按经营决策的需要划分

按经营决策的需要划分,成本可分为边际成本、机会成本、经营成本和沉没成本。

①边际成本是指在一定产量水平上,产量每增加一个单位时总成本的增加量。

②机会成本是指资源用于某种用途而放弃其他用途所付出的最大代价。机会成本和财务管理的成本不同,它是经济分析与决策中的概念,并非实际的支出或收益。比如:甲用自己的500万元办工厂,如果甲把这笔钱借出去,每年可得利息25万元,则甲的机会成本就是25万元。

③经营成本是指项目从总成本中扣除折旧费、维简费、摊销费和利息支出以后的成本,即:

经营成本=总成本费用-折旧费-维简费-摊销费-利息支出

特别提示

维简费是企业从成本中提取,专项用于维持简单再生产的资金,在煤炭生产企业用得比较多,该部分资金相当于折旧。

经营成本涉及产品生产、销售、企业管理过程中的人力、物力投入,能准确地反映企业生产和管理水平,与同类产品(服务)的生产企业具有可比性,是经济分析的重要指标。

经营成本中不包括折旧费、维简费、摊销费和贷款利息的原因是:

a.现金流量表反映项目在计算期内逐年发生的现金流入和流出。与常规会计方法不同,现金收支何时发生,就何时计算,不作分摊。由于投资已按其发生的时间作为一次性支出被计入现金流出,所以不能再以折旧费、维简费和摊销费的方式计为现金流出,否则会发生重复计算。因此,作为经常性支出的经营成本中不包括折旧费和摊销费,同理也不包括维简费。

b.全部投资现金流量表以全部投资作为计算基础,不分投资资金来源,利息支出不作为现金流出,而自有资金现金流量表中已将利息支出单列,因此经营成本中也不包括利息支出。

④沉没成本是指以往发生的,但与当前决策无关的费用。如一个项目过去的投资,对于现在投资决策就是沉没成本。举个例子,A公司投资某项目,2022年曾聘请财务咨询机构进行决策分析,支付咨询费10万元,认为该项目没有投资价值,因此该项目被搁置。2024年经济状况发生了变化,需要对是否投资该项目进行重新评估,预计未来现金流量时,2022年支付的10万元咨询费是无关成本,因为不管是否投资该项目,这10万元的支出已经发生了,不影响以后的现金流量,所以这10万元咨询费就是沉没成本。经济学上在进行投资决策时常以沉没成本为出发点,不考虑过去实际发生的损益情况。

5)成本和费用的估算

成本和费用的估算是制定经营决策的必然要求。成本和费用估算的误差大小对于决策及项目的经济效益有着重要意义。

成本的估算方法总体上分为两类：定量估算法和定性估算法。其中，定量估算法主要应用的有两种：一是概略估算法，二是详细估算法。概略估算法一般用于项目的初步可行性研究。实践中采用的大致有以下3种：分项类比法，即按照相关产品的类似程度及分项费用的比例关系估算产品的生产成本；差额调整法，即比较两种工程产品的差异，然后确定成本修正系数，以修正系数和可比实例的乘积作为估算成本；统计估算法，即通过收集工程产品的成本统计资料，计算成本与某些参数的相互关系，然后以工程项目的相应参数要求估算。

收入、成本费用、税金、利润

详细估算法，即按照成本和费用的构成项目，根据有关规定和详细的资料逐项进行估算。其具体估算方法如下。

(1)建筑工程费

建筑工程费通常采用单位综合指标(每 m^2、m^3、m、km 的造价)估算法进行估算。

(2)安装工程费

安装工程费 = 设备原价 × 安装费率

安装工程费 = 设备吨位 × 每吨安装费

(3)设备及工器具购置费

设备购置费 = 设备原价(进口设备到岸价) + 设备运杂费

工器具及生产家具购置费 = 设备购置费 × 费率

①国产设备原价的确定，包括国产标准设备原价的确定和国产非标准设备原价的确定。

②进口设备到岸价是指进口设备的原价，即抵达买方边境港口或边境车站，且交完关税等税费后形成的价格。进口设备到岸价的构成与进口设备的交货类别有关。

A. 进口设备的交货类别。

进口设备的交货类别可分为内陆交货类、目的地交货类和装运港交货类。

a. 内陆交货类，即卖方在出口国内陆的某个地点交货。在交货地点，卖方及时提交合同规定的货物和有关凭证，并负担交货前的一切费用和风险；买方按时接受货物，交付货款，负担接货后的一切费用和风险，并自行办理出口手续和装运出口。货物的所有权也在交货后由卖方转移给买方。

b. 目的地交货类，即卖方在进口国的港口或内地交货，主要有目的港船上交货价、目的港船边交货价和目的港码头交货价(关税已付)及完税后交货价(进口国的指定地点)等几种。它们的特点是，买卖双方承担的责任、费用和风险是以目的地约定交货点为分界线的，只有当卖方在交货点将货物置于买方控制下才算交货，才能向买方收取货款。这种交货类别对卖方来说承担的风险较大，在国际贸易中卖方一般不愿采用。

c.装运港交货类，即卖方在出口国装运港交货，主要有装运港船上交货价（FOB）。特点是：卖方按照约定的时间在装运港交货，只要卖方把合同规定的货物装船后提供货运单据便完成交货任务，可凭单据收回货款。

装运港船上交货价（FOB）也称为离岸价格，是我国进口设备采用最多的一种交货价。采用船上交货价时，卖方的责任是：在规定的期限内，负责在合同规定的装运港口将货物装上买方指定的船只，并及时通知买方；负担货物装船前的一切费用和风险；负责办理出口手续，提供出口国政府或有关方面签发的证件；负责提供有关装运单据。买方的责任是：负责办理保险及支付保险费，办理在目的港进口和收货手续，接受卖方提供的有关装运单据，并按合同规定支付货款。

B.进口设备原价的构成及计算。

进口设备原价＝FOB＋国际运费＋运输保险费＋银行财务费用＋外贸手续费＋关税＋（消费税）＋进口设备增值税＋（海关监管手续费）＋车辆购置附加费

设备FOB价分为原币货价和人民币货价。原币货价一律折算为美元表示；人民币货价按原币货价乘以外汇市场美元兑换人民币汇率中间价确定。FOB价按有关生产厂商询价、报价、订货合同价计算。

C.设备运杂费的计算。

设备运杂费＝设备原价（进口设备到岸价）×费率

（4）工程建设其他费用

工程建设其他费用按各项费用科目的费率或者取费标准估算。

（5）预备费

基本预备费＝（设备及工器具购置费＋建筑安装工程费＋工程建设其他费用）×基本预备费率

涨价预备费：

$$\text{PC} = \sum_{t=1}^{n} I_t\left[(1+f)^m(1+f)^{0.5}(1+f)^{t-1} - 1\right] \tag{3.1}$$

式中 PC——涨价预备费；

I_t——第 t 年的建筑工程费、安装工程费、设备及工器具购置费之和；

f——建设期价格平均上涨率；

n——建设期；

m——建设前期年限。

（6）建设期贷款利息

建设期贷款利息包括向国内银行和其他非银行金融机构贷款、出口信贷、外国政府贷款、国际商业银行贷款以及境内外发行的债券等在建设期间内应偿还的贷款利息。建设期贷款利息按复利计算。

建设期贷款利息的计算方法分为两种情况：

①当总贷款是分年均衡发放时，建设期贷款利息的计算按当年贷款在年中支用考虑，即当年贷款按半年计息，上年贷款按全年计息。计算公式为：

$$q_j = \left(P_{j-1} + \frac{1}{2}A_j\right) \times i \tag{3.2}$$

式中　q_j——建设期第 j 年应计贷款利息；

P_{j-1}——建设期第 $(j-1)$ 年末贷款累计金额与利息累计金额之和；

A_j——建设期第 j 年贷款金额；

i——年利率。

【例 3.1】某建设项目，建设期为 3 年，分年均衡发放贷款。第一年贷款 3 000 万元，第二年贷款 6 000 万元，第三年贷款 4 000 万元，年利率为 12%，建设期内贷款利息只计息不支付，求建设期间贷款利息。

【解】在建设期初，各年贷款利息计算如下：

第 1 年：1/2 ×3 000 ×12% =180(万元)

第 2 年：(3 000 +180 +1/2 ×6 000) ×12% =741.6(万元)

第 3 年：(3 180 +6 000 +741.6 +1/2 ×4 000) ×12% =1 430.592(万元)

因此，建设期贷款利息 =180 +741.6 +1 430.592 =2 352.192(万元)

②贷款总额一次性贷出且利率固定的贷款利息，其计算公式为：

$$I = F - P \tag{3.3}$$

式中　I——利息；

F——复利计算后的本利和；

P——本金。

3.1.3　收入与税金

1) 收入

收入是指企业在销售商品、提供劳务及让渡资产使用权等日常活动中所形成的经济利益的总流入，不包括为第三方或者客户代收的款项。

企业应当根据收入的性质，按照收入确认的原则，合理地确认和计量各项收入。

建设项目产品销售收入是指建设项目提供劳务或销售产品取得的收入，主要包括产品销售收入和其他销售收入。产品销售收入包括销售产成品、半成品、自制半成品，提供工业性劳务等取得的收入；其他销售收入包括材料销售、资产出租、外购商品销售、无形资产转让及提供非工业性劳务等取得的收入。

销售收入的计算公式为：

$$S = \sum_{i=1}^{n} P_i \cdot X_i \tag{3.4}$$

式中 S——销售收入；

P_i——第 i 种产品的单位售价；

X_i——第 i 种产品的销售量。

对于施工企业而言，其收入是指企业承包工程、销售商品、提供服务、让渡资产使用权等日常活动中所形成的经济利益的总流入。

收入可按不同的标准进行分类：

①按照收入和性质，分为工程结算收入、商品销售收入、劳务收入、让渡资产使用权收入等。

②按照企业经营业务的主次，分为主营业务收入和其他业务收入。不同行业的主营业务收入所包含的内容不同，施工企业的主营业务收入主要是建造合同收入，而其他业务收入主要包括销售商品、销售材料、提供机械作业和运输作业、出租固定资产、出租无形资产等取得的收入。主营业务收入一般占企业收入的比重较大，对企业的经济效益影响较大。

2）税金

（1）税金的概念

税金是指企业应缴纳的除企业所得税和允许抵扣的增值税以外的各项税金及其附加。即企业按规定缴纳的消费税、增值税、城乡维护建设税、关税、资源税、土地增值税、房产税、车船税、土地使用税、印花税、教育费附加等产品销售税金及附加。

特别提示

税收是一种非常重要的政策工具，它具有强制性、无偿性、固定性3个特征。

税金是国家凭借其政治权力，用法律强制手段，参与国民收入的分配与再分配的一种形式。税金是国家依法向有纳税义务的单位或个人征收的财政资金。工程项目应按规定计算并缴纳税金。税金在经济分析中是一种现金流出，在国民经济分析中是一种转移支付。

现行税收制度包括几十个税种。企业缴纳的税收主要有流转类的增值税和消费税，所得税类有企业所得税和外商投资企业所得税及外国企业所得税等。

建筑安装工程税金是指国家依照法律条例规定，向从事建筑安装工程的生产经营者征收的税金。建筑工程计量与计价中所提及的“税金”是建筑安装工程费用的构成部分，是指国家税法规定的应计入建筑安装工程造价内的增值税、城市维护建设税、教育费附加及地方教育附加等。税金由承包人负责缴纳。

（2）增值税

增值税是对发生应税销售行为过程中实现的增值额征收的一种税，是我国现阶段税收收入规模最大的税种。

应纳税额 = 当期销项税额 − 当期进项税额
= 不含税销售额 × 增值税税率 − 当期进项税额
= 含税销售额 ÷ (1+增值税税率) ×增值税税率− 当期进项税额

一般纳税人适用的税率有13%、9%、6%、0%等。小规模纳税人适用征收率为3%,见表3.1。

表3.1 增值税税率和征收率

基本税率13%	①销售或者进口货物,除税法规定适用9%税率的外; ②销售加工、修理修配劳务; ③销售有形动产租赁服务
低税率9%	(1)货物 ①粮食等农产品、饲料、农机、农药、农膜、化肥、沼气; ②自来水、暖气、石油液化气、天然气、食用植物油、冷气、热水、煤气、居民用煤炭制品、食用盐; ③图书、报纸、杂志、音像制品、电子出版物; ④二甲醚
	(2)服务 ①交通运输服务; ②邮政服务; ③基础电信服务; ④建筑服务; ⑤不动产租赁服务; ⑥销售不动产; ⑦转让土地使用权
低税率6%	①增值电信服务; ②金融服务; ③生活服务; ④现代服务(租赁服务除外); ⑤销售无形资产(转让土地使用权除外)
零税率	跨境应税行为
征收率3%	小规模纳税人

建筑服务是指各类建筑物、构筑物及其附属设施的建造、修缮、装饰,线路、管道、设备、设施等的安装以及其他工程作业的业务活动,包括工程服务、安装服务、修缮服务、装饰服务和其他建筑服务。

凡是建筑业一般纳税人签署合同属于这个范围内的,一般适用9%的税率。建筑服务增值税计税方法分为一般计税和简易计税,简易计税按3%征收率计税。

①建筑业的小规模纳税人采用的是3%的征收率;

②(一般纳税人的简易征收)建筑业的一般纳税人,在一些特殊情况下,也可能采用3%的征收率:

a.一般纳税人以清包工方式提供的建筑服务,可以选择适用简易

特别提示

以清包工方式提供建筑服务,是指施工方不采购建筑工程所需的材料或只采购辅助材料,只收取人工费、管理费或者其他费用的建筑服务。

所谓甲供工程,是指全部或部分设备、材料、动力由工程发包方自行采购的建筑工程。

计税方法计税；

b.一般纳税人为甲供工程提供的建筑服务，可以选择适用简易计税方法计税；

c.一般纳税人为建筑工程老项目提供的建筑服务，可以选择适用简易计税方法计税；

d.一般纳税人销售自产机器设备的同时提供安装服务，应分别核算机器设备和安装服务的销售额，安装服务可以按照甲供工程选择适用简易计税方法计税。

特别提示

建筑工程老项目，是指：

①建筑工程施工许可证注明的合同开工日期在2016年4月30日前的建筑工程项目；

②未取得建筑工程施工许可证的，建筑工程承包合同注明开工日期在2016年4月30日前的建筑工程项目。

提供建筑服务时，往往还会涉及一些辅助服务，适用税率为6%。比如工程勘察勘探服务，属于现代服务中的研发和技术服务，适用现代服务的6%税率；工程造价鉴证属于现代服务中的鉴证咨询服务，也适用于鉴证服务的6%税率。

(3)销售税金及附加

销售税金及附加包括教育费附加和城乡维护建设税。销售税金及附加以流转税为基数征收，在税制分类中属于特别行为税。

销售税金及附加 = 增值税 × 相应税率

(4)企业所得税

企业所得税是指国家对境内实行独立经营核算的各类企业，来源于我国境内、境外的生产、经营所得和其他所得依法征收的一种税。

纳税人应纳所得税额，是按应纳税所得额和适用税率计算。

应纳税额 = 应纳税所得额 × 适用税率(如25%)

应纳税所得额 = 销售收入 − 总成本 − 销售税金及附加 − 弥补以前年度亏损

(5)其他税

其他税包括房产税、土地使用税、车船使用税和印花税等，这些税通常计入营销成本的其他费用中。

3.1.4 固定资产折旧

1)固定资产概述

固定资产

(1)固定资产的概念

固定资产是指使用期限较长，单位价值较高，并且能在使用过程中保持原有实物形态的资产。对于生产经营中使用的固定资产，只要使用期限在一年以上，就可以认为是固定资产，而对单位价值不加以限制；对于非生产领域中的固定资产，使用期限要长于两年，单位价值在一定标准以上，两个条件同时满足才能被认定为固定资产。

(2)固定资产的分类

①按照固定资产的使用情况分类。

a.使用中的固定资产：包括季节性停用和大修理停用的固定资产，也包括经营性租出的固定资产。

b.未使用的固定资产：指已经完工但尚未交付使用的固定资产。

c. 不需用的固定资产：指本企业多余或不适用的固定资产。

②综合分类。

a. 生产经营用固定资产；

b. 非生产经营用固定资产；

c. 租出固定资产；

d. 不需用固定资产；

e. 未使用固定资产；

f. 土地：指过去已经估价单独入账的土地，其不存在损耗，故不提折旧；

g. 融资租入固定资产。

③按照固定资产的所有权划分。

A. 租入固定资产：

a. 融资租入固定资产：视为自有固定资产，计提折旧。

b. 经营租入固定资产：不计提折旧。

B. 自有固定资产：指拥有所有权的固定资产，计提折旧。

④按照固定资产的经济用途划分。

按照固定资产的经济用途划分，可分为生产经营用固定资产和非生产经营用固定资产。

2）固定资产折旧

（1）折旧的概念

折旧是指在固定资产的使用过程中，随着资产损耗而逐渐转移到产品成本费用中去的那部分价值。折旧费计入成本费用是企业回收固定资产的一种手段，按照国家规定的折旧制度，企业把已发生的资本性支出转移到产品成本费用中去，然后通过产品的销售，逐步回收初始的投资费用。固定资产的损耗分为有形损耗和无形损耗两种。有形损耗指固定资产在使用过程中由于使用和自然力的影响而引起的使用价值和价值上的损耗；无形损耗指由于科学技术进步、劳动生产率的提高而使原有固定资产再使用已不再经济或其生产出的产品已失去竞争力而引起的价值损失。

（2）折旧的性质

固定资产长期参与生产经营而保持原有形态不变，其价值不是一次性转入产品成本或费用，而是随着固定资产的使用逐渐转移的，转移的价值就是通过计提折旧的形式形成折旧费用，计入各期成本或费用，并从当期收入中得到补偿。因此，折旧是对固定资产由于损耗而转移到产品成本或企业费用部分价值的补偿。从本质上讲，折旧也是一种费用，只不过这一费用没有在计提期间实际付出货币资金，属于非付现费用。不计提折旧或不正确地计提折旧，都将对企业计算产品成本（或营业成本）、计算损益产生错误影响，因此必须正确地计提折旧。

想一想

固定资产计提折旧的原因是什么？

(3)影响折旧的因素

固定资产折旧的过程,实际上是一个持续的成本分配过程,即公司采用合理而系统的分配方法将固定资产的取得成本(原始成本)逐渐分配于各受益期。通常,企业计算各期折旧额的依据或者说影响折旧的因素主要有以下 3 个方面:

①固定资产原价。《企业会计准则》规定,企业的固定资产折旧以固定资产账面原价为计算依据。

②固定资产的净残值。固定资产的净残值是指固定资产报废时预计可以收回的残值收入扣除预计清理费用后的数额。固定资产的账面原价减去预计净残值即为固定资产应提折旧总额。

在计算折旧时,对固定资产的残余价值和清理费用只能人为估计,不可避免地存在主观性。为了避免人为调整净残值数额,从而人为地调整计提折旧额,根据我国现行企业财务制度的规定,固定资产的预计净残值一般应为固定资产原值的 3% ~5%,由企业自行确定;由于情况特殊,需调整残值比例的,应报主管财政机关备案。

③预计使用年限。固定资产预计使用年限是指固定资产预计经济适用年限,即折旧年限,它通常短于固定资产的实物年限。以经济使用年限作为固定资产的折旧年限,是因为企业在计算折旧时,不仅需要考虑固定资产的有形损耗,还要考虑固定资产的无形损耗。由于固定资产的有形损耗和无形损耗也很难准确估计,因此固定资产的使用年限也只能预计,同样具有主观随意性。企业应根据国家的有关规定,结合本企业的具体情况合理地确定折旧年限,作为计算折旧的依据。

固定资产折旧方法

(4)固定资产折旧的方法

因为折旧率和折旧基数的确定方法不同,所以折旧的方法也不同。目前我国会计上常用的有直线(折旧)法、工作量法、双倍余额递减法、年数总和法等。下面主要介绍直线(折旧)法、工作量法及年数总和法。

①直线(折旧)法。直线法又称为平均年限法,是根据固定资产的原值、预计净残值率和规定的预计使用年限平均计算固定资产折旧额的一种方法。采用这种方法计算的每期折旧额均是等额的。

折旧率按个别固定资产单独计算,即某项固定资产在一定期间的折旧额与该项固定资产原价的比率。

$$\text{年折旧额}=(\text{固定资产原值}-\text{预计净残值})/\text{预计使用年限}$$

$$\text{年折旧率}=\text{年折旧额}/\text{固定资产原值}$$

$$=(1-\text{预计净残值率})/\text{预计使用年限}\times 100\%$$

$$\text{月折旧率}=\text{年折旧率}\div 12$$

$$\text{月折旧额}=\text{固定资产原价}\times\text{月折旧率}$$

【例 3.2】某建筑设备的原价为 200 000 元,预计使用年限为 5 年,预计净残值为 2 000 元。按直线法计提折旧。

【解】年折旧率 =［(1 − 2 000 ÷ 200 000) ÷ 5］×100% = 19.8%

年折旧额 = 200 000 × 19.8% = 39 600(元)

采用平均年限法计算固定资产折旧虽然比较简单，但也存在着一些明显的局限性。首先，固定资产在不同使用期提供的经济效益是不同的。一般来讲，固定资产在其使用前期，工作效率相对较高，所带来的经济利益也较多；而在其使用后期，工作效率一般呈下降趋势，因此所带来的经济利益也就逐渐减少。平均年限法不考虑这一事实，明显不合理。其次，固定资产在不同使用期发生的维修费用也不一样，固定资产的维修费用将随其使用时间的延长而不断增大，而平均年限法也没有考虑这一因素。

当固定资产各期的负荷程度相同，各期应分摊相同的折旧费，这时采用平均年限法计算折旧是合理的。但是，若固定资产各期负荷程度不同，采用平均年限法计算折旧时，则不能反映固定资产的实际使用情况，提取的折旧数与固定资产的损耗程度也不相符。

②工作量法。工作量法是指根据设备实际工作量计提折旧的一种方法。这种方法弥补了平均年限法只重时间，不考虑使用强度的缺点。工作量法主要包括行驶里程折旧法、工作台班折旧法、工作时数折旧法 3 种。

a. 行驶里程折旧法是根据运输设备实际行驶的里程计算各期折旧额的方法。它只适用于运输设备。其计算公式为：

单位里程折旧额 = 固定资产原值 ×(1 − 预计净残值率)/预计的总行驶里程数

月折旧额 = 月实际行驶里程 × 单位里程折旧额

【例 3.3】某建筑公司有一辆运输汽车，原值为 150 000 元，预计净残值率为 5%，预计总行驶里程为 600 000 km，当月行驶 5 000 km，则月计提折旧额为多少？

【解】单位里程折旧额 =［150 000 ×(1 − 5%)］÷ 600 000
= 0.237 5(元/km)

本月折旧额 = 0.237 5 × 5 000 = 1 187.50(元)

b. 工作台班折旧法是指根据固定资产实际工作的台班数计算各期折旧额的方法。它主要适用于大型建筑工程机械等按工作台班计算工作量的固定资产。其计算公式为：

每台班折旧额 = 固定资产原值 ×(1 − 预计净残值率)/预计的总工作台班数

月折旧额 = 月实际工作台班数 × 每台班折旧额

c. 工作时数折旧法是指根据固定资产实际工作的小时数量计算各期折旧额的方法。它主要适用于加工、修理设备等按工作小时数计算工作量的固定资产。其计算公式为：

每工作小时折旧额 = 固定资产原值 × (1 − 预计净残值率)/预计的总工作小时数

月折旧额 = 月实际工作小时数 × 每工作小时折旧额

工作量法也是直线法的一种，只不过不是以时间来计算折旧额，而是以工作量来计算。其优点是简单明了，容易计算，而且计算的折旧额与固定资产的使用程度相联系，符合配比原则，充分考虑了固定资产有形损耗的影响；其缺点是忽视了无形损耗对固定资产的影响，同时在实务中要准确地预计固定资产的总工作量也比较困难。

③年数总和法。年数总和法又称为总和年限法（折旧年限积数法、年数比率法、级数递减法或年限合计法），是以固定资产的原值减去净残值后的净额为基数，以一个逐年递减的分数为折旧率，计算各年固定资产折旧额的一种方法。其优点是计提折旧的基数是固定不变的，折旧率依据固定资产的使用年限来确定，且各年折旧率呈递减趋势，因此计算出的年折旧额也呈递减趋势。

计算时，折旧率的分子代表固定资产尚可使用的年数，分母代表使用年数的逐年数字总和。其计算公式如下：

年折旧率 = (预计使用年限 − 已使用年限)/年数总和 × 100%

年数总和 = 预计的折旧年限 × (预计的折旧年限 + 1)/2

月折旧率 = 年折旧率 ÷ 12

年折旧额 = (固定资产原值 − 预计净残值) × 年折旧率

月折旧额 = (固定资产原值 − 预计净残值) × 月折旧率

【例 3.4】某建筑公司购入设备一台，原值 600 000 元，预计净残值率为 5%，预计使用 5 年，采用年数总和法计算固定资产折旧。

【解】该项资产各年计提折旧的基数为 600 000 × (1 − 5%) = 570 000(元)，年折旧率的分母计算为 1 + 2 + 3 + 4 + 5 = 15 或根据公式 5 × (1 + 5)/2 = 15，每年的折旧额计算如表 3.2 所示。

表 3.2　每年折旧额的计算　　单位：元

年次	原值 − 净残值	折旧率	折旧额	累计折旧额	期末账面净值
1	570 000	5/15	190 000	190 000	410 000
2	570 000	4/15	152 000	342 000	258 000
3	570 000	3/15	114 000	456 000	144 000
4	57 000	2/15	76 000	532 000	68 000
5	57 000	1/15	38 000	570 000	30 000

④双倍余额递减法。双倍余额递减法是在不考虑固定资产残值的情况下，用直线法折旧率的 2 倍作为固定的折旧率，乘以逐年递减的固定资产期初净值，得出各年应提折旧额的方法。与年数总和法类

似，可在第一年折减较大金额。双倍余额递减法是加速折旧法的一种，是假设固定资产的服务潜力在前期消耗较大，在后期消耗较少，为此在使用前期多提折旧，后期少提折旧，从而相对加速折旧。

双倍余额递减法的计算公式为：

年折旧率 = 2 ÷ 预计的折旧年限 × 100%

年折旧额 = 固定资产期初账面净值 × 年折旧率

月折旧率 = 年折旧率 ÷ 12

月折旧额 = 固定资产期初账面净值 × 月折旧率

固定资产期初账面净值 = 固定资产原值 − 累计折旧

由于折旧率中不考虑预计净残值，这样会导致在固定资产预计使用期满时已提折旧总额超过应提折旧额，所以在固定资产使用年限到期前的两年内，将固定资产账面净值扣除预计净残值后的余额平均摊销。

想一想

直线法和加速折旧法提取的折旧总额是一样的吗？

【例 3.5】某建筑企业有施工设备一台，其账面原价为 500 000 元，预计净残值为 20 000 元，规定折旧年限为 5 年，采用双倍余额递减法计提折旧。

【解】各年的折旧额计算如下：

年折旧率 = 2 ÷ 5 = 40%

第 1 年应提折旧额 = 500 000 × 40% = 200 000(元)

第 2 年应提折旧额 = (500 000 − 200 000) × 40% = 120 000(元)

第 3 年应提折旧额 = (500 000 − 200 000 − 120 000) × 40% = 72 000(元)

第 4 和第 5 年应提折旧额 = (500 000 − 200 000 − 120 000 − 72 000 − 20 000) ÷ 2 = 44 000(元)

3.1.5　建设产品的利润

1) 利润的概念

利润是指企业在一定会计期间的经营成果，即企业在一定时期内从事生产经营活动所取得的财务成果。它能够综合反映企业生产经营各方面的情况，通常用利润总额和利润率来反映企业的水平。利润总额包括销售利润、投资净收益和营业外收支净额。

利润率是一定时期利润额与相关指标的比率，用来反映工程项目经济效益的综合水平。

企业利润率主要包括产值利润率、销售利润率、成本利润率、资本金利润率 4 种。

2) 利润的意义和作用

利润作为企业经营成果的综合反映，是企业经营效果的具体体现。利润的意义和作用主要体现在以下几个方面：

①利润是反映企业经营业绩的最重要指标。利润的高低直接反映了企业的经营效率和市场竞争力的强弱，是企业内部管理和外部市场环境共同作用的结果，是评价企业经营成果的重要标准。

②利润是企业投资与经营决策的重要依据。通过对利润的分析，企业可以评估投资项目的可行性，调整经营策略，优化资源配置，以确保企业的长期稳定发展。

③利润是企业和社会积累与扩大再生产的重要源泉。通过实现利润，企业能够进行资本积累，为扩大生产规模、引进新技术或开拓新市场提供资金支持，从而推动经济的发展和社会的进步。

综上所述，利润对于企业而言，不仅是其经营活动的直接成果，也是推动企业和社会发展的重要动力。它关系到企业的生存与发展，是衡量企业经营状况和市场竞争力的关键指标。

3）建设产品利润的来源及计算

对于工程项目来讲，利润的构成是相对简单的。按现行财务制度规定，建筑企业的产品利润即工程结算利润，是建筑施工企业的劳动者为社会和集体劳动创造的价值。其计算公式为：

工程结算利润 = 工程结算收入 − 工程实际成本 − 工程结算税金及附加

营业利润 = 工程结算利润 + 其他业务利润

利润总额 = 营业利润 + 投资净收益 + 营业外收支净额 + 补贴收入

工程结算利润指施工企业向工程发包单位办理工程价款结算而形成的利润，等于施工企业已结算的价款收入减去结算工程的实际成本和流转税金及附加后的余值。

工程结算收入是指企业承包工程实现的工程价款结算收入，以及向发包单位收取的除工程价款以外的按规定列作营业收入的各种款项，如临时设施费、劳动保险费、施工机械调迁费等以及向发包单位收取的各种索赔款。

其他业务利润是指其他业务收入减去其他业务成本及应负担的税金及附加后的净值。

投资净收益主要指对外投资所得的股利、债券利息、所分利润等。

营业外收入指与企业营业收入相对应的，和企业的生产经营活动没有因果关系，但与企业有一定联系的收入。

营业外支出指与企业生产经营没有直接关系，但却是企业必须负担的各项支出，如固定资产盘亏、非季节性停工损失、赔偿金、违约金等。

补贴收入是企业收到的各种补贴收入，包括国家拨入的亏损补贴、退还的增值税等。

3.2　建筑工程项目投资方案的经济评价指标

工程项目的分析与评价可以根据不同的评价目标、方案的特点和获得的数据情况，选用不同的评价指标。只有选取正确的评价指标体系，财务评价的结果才能与客观实际情况相吻合，才具有实际意义。一般来说，项目的经济评价指标不是唯一的。

在工程经济分析中，按计算评价指标时是否考虑资金的时间价值，将评价指标分为静态评价指标和动态评价指标，这是最常用的评价指标，如图 3.6 所示。

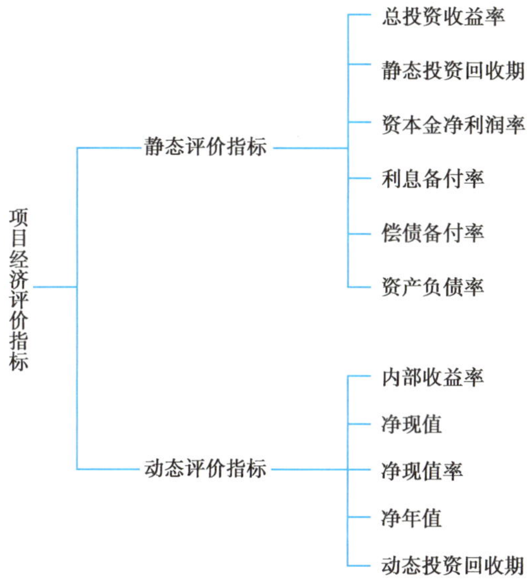

图 3.6　按是否考虑资金的时间价值划分指标体系

按照项目经济评价的性质，可分为盈利能力分析指标、偿债能力分析指标和财务生存能力分析指标，如图 3.7 所示。

按照指标本身的经济性质，可分为时间性指标、价值性指标和比率性指标，如图 3.8 所示。

三类指标从不同角度考虑项目的经济性，适用范围不同。

3.2.1　静态评价指标

静态评价方法是指在评价和选择方案时，不考虑资金时间价值因素对投资效果产生影响的一种分析方法。

1) 静态投资回收期

(1) 定义

投资回收期又称为投资返本期或投资偿还期，是指工程项目从开始投资（或开始生产或达产）到全部投资收回所经历的时间，有静态和动态之分。

静态投资回收期（一）

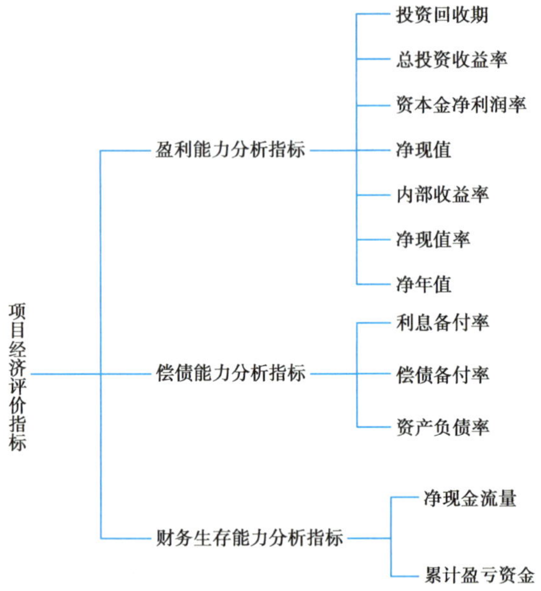

图3.7　按项目经济评价的性质划分指标体系

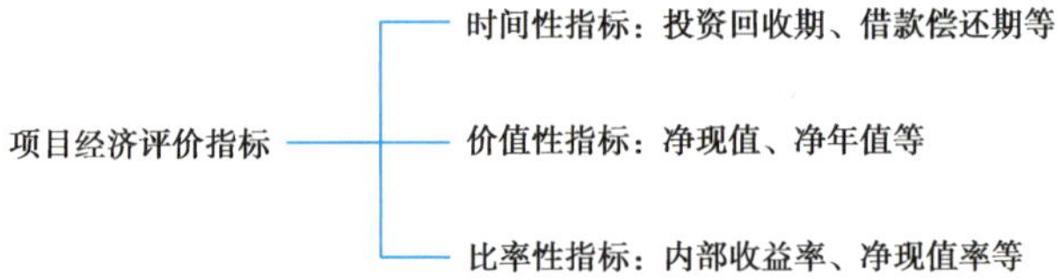

图3.8　按经济性质划分指标体系

静态投资回收期是指在不考虑资金的时间价值的情况下，以方案的净收益回收其总投资所需要的时间。静态投资回收期是反映项目方案在财务上投资回收能力的重要指标，一般以年为单位。其计算表达式为：

$$\sum_{t=0}^{P_t}(CI-CO)_t=0 \tag{3.5}$$

式中　P_t——静态投资回收期，年；

CI——现金流入量；

CO——现金流出量；

$(CI-CO)_t$——第 t 年的净现金流量。

(2)判别准则

将计算出的静态投资回收期 P_t 与所确定的基准投资回收期 P_c 进行比较：

①若 $P_t \leq P_c$，表明项目投资能在规定的时间内收回，则方案可以考虑接受；

②若 $P_t > P_c$，表明方案是不可行的。

(3)计算

①直接计算。当项目建成后各年的净收益相同，如图3.9所示，

则静态投资回收期的计算公式为：

$$P_t = \frac{I}{A} \tag{3.6}$$

式中 I——技术方案总投资；

A——技术方案每年的净收益。

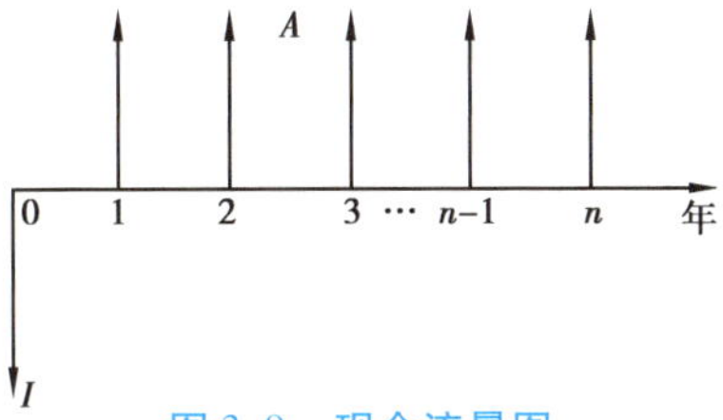

图3.9 现金流量图

【例3.6】某技术方案估计总投资500万元，技术方案实施后预计各年净收益为50万元，求该技术方案的静态投资回收期。

【解】由式(3.6)计算可得：

$$P_t = \frac{I}{A} = 500 \div 50 = 10(\text{年})$$

则该方案的静态投资回收期为10年。

②累计计算。当项目建成后各年的净收益不同时，须采用累计计算法。其计算公式为：

$$P_t = (\text{累计净现金流量开始出现正值的年份数} - 1) + \frac{\text{上年累计净现金流量的绝对值}}{\text{当年的净现金流量}} \tag{3.7}$$

【例3.7】某技术方案投资现金流量表的数据如表3.3所示，计算该技术方案的静态投资回收期。

表3.3 现金流量表　　单元：万元

计算期	0	1	2	3	4	5	6	7
现金流入	—	—	—	450	700	700	700	700
现金流出	20	500	100	300	450	450	450	450

【解】列出该投资方案的累计净现金流量，如表3.4所示。

表3.4 现金流量表　　单位：万元

计算期	0	1	2	3	4	5	6	7
现金流入	—	—	—	450	700	700	700	700
现金流出	20	500	100	300	450	450	450	450
净现金流量	−20	−500	−100	150	250	250	250	250
累计净现金流量	−20	−520	−620	−470	−220	30	280	530

$$P_t' = 5 - 1 + \left| \frac{-220}{250} \right| = 4.88(\text{年})$$

则该方案的静态投资回收期为4.88年。

(4)优缺点

①优点:静态投资回收期概念清晰,简单易用,可反映项目风险的大小;通过与基准投资回收期比较,能够判别投资方案是否可行,并且能够判别方案的优劣程度;投资回收期越短,说明项目能在较短的时间内收回投资额,在未来承担的风险也就越小;被广泛用作项目评价的辅助性指标。

静态投资回收期(二)

②缺点:没有考虑资金的时间价值;由于舍弃了方案在回收期以后的收入和支出情况,故不能全面反映项目在寿命期内的真实效益,难以对不同方案的比较选择做出正确判断。因此,静态投资回收期不是全面衡量建设项目的理想指标,它只能用于粗略评价或作为辅助评价指标。

试一试

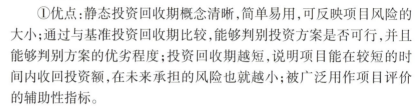

某生产性建设项目有甲、乙两个备选方案,它们的现金流量如图3.10和图3.11所示,基准投资回收期 P_c =7年,问:哪个方案更优?

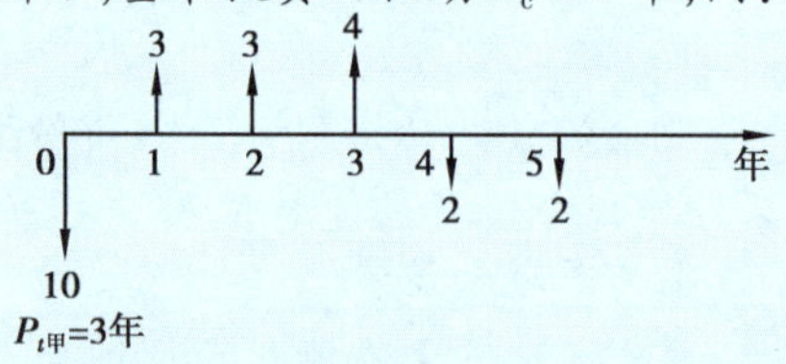

图3.10 甲方案现金流量图(单位:万元)

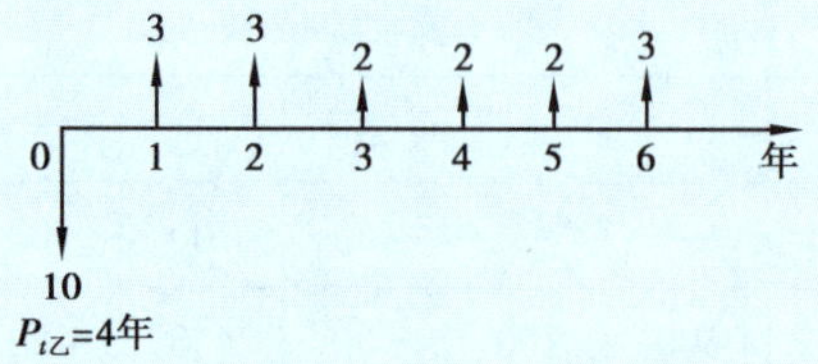

图3.11 乙方案现金流量图(单位:万元)

特别提示

筹资费:包括委托金融机构代理发行股票、债券而支付的注册费和代理费等,向银行贷款而支付的手续费等。

资金的使用费:包括使用发行股票筹集的资金,要向股东支付的红利;使用发行债券和银行贷款借入的资金,要向债权人支付的利息等。

2)基准收益率和投资收益率

(1)基准收益率

基准收益率又称为基准折现率,是企业或行业投资者以动态的观点所确定的,可接受技术方案最低标准的收益水平,通常用 i_c 表示。

①确定基准收益率时主要考虑的因素。

a.资金成本和机会成本。

资金成本是为取得资金使用权所支付的费用,主要包括筹资费和资金的使用费。筹资费是指在筹集资金的过程中发生的各种费用。资金的使用费是指因使用资金而向资金提供者支付的报酬。

投资的机会成本是指投资者将有限的资金用于拟建项目而放弃其他投资机会所能获得的最大收益。机会成本不是实际支出。

资金成本和机会成本用 i_1 来表示。

b. 投资风险。在整个项目计算期内存在着发生不利于项目的环境变化的可能性，因此投资者要冒着风险做决策，通常要以一个适当的风险补贴率 i_2 来提高基准收益率。

c. 通货膨胀。通货膨胀是指由于货币的发行量超过商品流通所需要的货币量而引起的货币贬值和物价上涨现象。通货膨胀率用 i_3 表示。

②基准收益率的确定。

a. 按当年价格预测项目现金流量时

$$i_c = (1 + i_1)(1 + i_2)(1 + i_3) - 1 \approx i_1 + i_2 + i_3 \tag{3.8}$$

式中　i_1——单位资金成本和单位投资的机会成本之和；

i_2——风险补贴率；

i_3——通货膨胀率。

b. 按不变价格预测现金流量时

$$i_c = (1 + i_1)(1 + i_2) - 1 \approx i_1 + i_2 \tag{3.9}$$

c. 政府投资项目采用的行业基准收益率，应根据政府的政策导向进行确定。

d. 企业各类技术方案的经济效果评价中参考选用的行业基准收益率，应在分析一定时期内国家和行业发展战略、产业政策、资源供给、市场需求、资金时间价值、技术方案目标等情况的基础上，结合行业特点、行业资本构成等因素综合测定。

e. 在中国境外投资的技术方案基准收益率的测定，应先考虑国家因素。

(2) 投资收益率

①定义。投资收益率是衡量投资方案获利水平的评价指标。它是投资方案达到设计生产能力后一个正常生产年份的年净收益额与方案投资总额的比率。它表明投资方案在正常生产年份中，单位投资每年所创造的年净收益额。对生产期内各年的净收益额变化幅度较大的方案，可计算生产期年平均净收益额与投资总额的比率。其计算公式为：

$$R = \frac{A}{I} \times 100\% \tag{3.10}$$

式中　R——投资收益率；

A——方案年净收益额或年平均净收益额；

I——总投资(包括建设投资、建设期贷款利息和流动资金)。

②判别准则。设基准收益率为 i_c，则判别准则为：若 $R \geqslant i_c$，则项目可以接受；若 $R < i_c$，则项目应予以拒绝。

基准收益率

特别提示

对单方案进行评价时，若基准收益率定得过低，可能使一些实际效益不好的项目入选；反之，若基准收益率定得过高，又会放弃一些本身效益不错的项目。

③投资收益率的分类。

a. 总投资收益率。总投资收益率(ROI)表示总投资的盈利水平,其计算公式为:

$$ROI = \frac{EBIT}{TI} \times 100\% \tag{3.11}$$

投资收益率

式中　EBIT——项目正常年份的年息税前利润或运营期内年平均息税前利润;

TI——技术方案总投资(包括建设投资、建设期贷款利息和全部流动资金)。

判别准则:技术方案的总投资收益率(ROI)应大于行业的平均投资收益率,表明项目满足盈利能力要求。总投资收益率越高,从技术方案所获得的收益就越多。

b. 资本金利润率。资本金利润率(ROE)是指单位资本金可以实现的净利润,其计算公式为:

$$ROE = \frac{NP}{EC} \times 100\% \tag{3.12}$$

式中　NP——项目正常年份的年净利润或运营期内的年平均净利润;

EC——项目资本金。

判别准则:资本金净利润率(ROE)越高,资本金所取得的利润就越多,技术方案的盈利水平也就越高;反之,则情况相反。

想一想

总投资收益率高于同期银行利率,是否可以适度举债?

④优缺点。投资收益率主要用在项目建设方案制定的早期阶段或研究过程,且适用于计算期较短,不具备综合分析所需详细资料的方案。

投资收益率指标的优点在于计算简便,能直观地衡量项目的经营成果;不足在于没有考虑投资收益的时间因素,忽视了资金的时间价值。该指标的计算主观随意性较大,在计算中对于应该如何投资资金、如何确定利润等都具有一定的不确定性和人为因素。因此,以投资收益率指标作为主要的决策依据不太可靠。

3.2.2　动态评价指标

在工程实施过程中,由于时间和利率的影响,同样的货币面值在不同的时间会有不同的价值。在建设项目经济评价中,应考虑每笔现金流量的时间价值。考虑资金时间价值的评价方法称为动态评价方法。它以等值公式为基础,把投资方案中发生在不同时点的现金流量,转换成同一时点的值或者等值序列,计算出方案的特征值(指标值),然后依据所选定的指标基准值并在满足时间可比的条件下进行评价比较,以确定较优方案。

常用的动态评价指标有净现值、净现值率、费用现值、净年值、费用年值、内部收益率、动态投资回收期等。

1）净现值（NPV）

（1）定义

净现值（NPV）是反映投资方案在计算期内获利能力的动态评价指标。投资方案的净现值是指用一个预定的基准收益率 i_c，分别把整个计算期内各年所发生的净现金流量都折现到建设期初的现值之和。净现值的计算公式为：

净现值（一）

$$NPV = \sum_{t=0}^{n}(CI - CO)_t(1 + i_c)^{-t} \tag{3.13}$$

式中　NPV——净现值；

$(CI - CO)_t$——第 t 年的净现金流量（应注意"+""-"号）；

i_c——基准收益率；

n——方案计算期。

（2）判别标准

①单一方案：

• 若 NPV >0，表示项目实施后，除了能达到基准收益率 i_c 之外，还能得到超额的收益，方案予以接受；

• 若 NPV =0，表示方案正好达到了基准收益率 i_c，方案予以接受；

• 若 NVP <0，表示项目的实际收益率未达到基准收益率 i_c，应拒绝方案。

②多方案比较时：净现值越大的方案相对越优。

（3）计算

净现值（二）

【例3.8】某企业基建项目，初始投资为1 750万元，年销售额为1 500万元，年经营成本为500万元，第三年末工程项目追加投资1 000万元，若计算期为5年，基准收益率 i_c =10%，试用净现值指标判断项目的可行性。

【解】该项目的现金流量如图3.12所示，则

$$\begin{aligned} NPV &= -1\,750 + (1\,500 - 500)(P/A, 10\%, 5) - 1\,000(P/F, 10\%, 3) \\ &= -1\,750 + 1\,000 \times 3.790\,8 - 1\,000 \times 0.751\,3 \\ &= -1\,750 + 3\,790.8 - 751.3 \\ &= 1\,289.5(\text{万元}) > 0 \end{aligned}$$

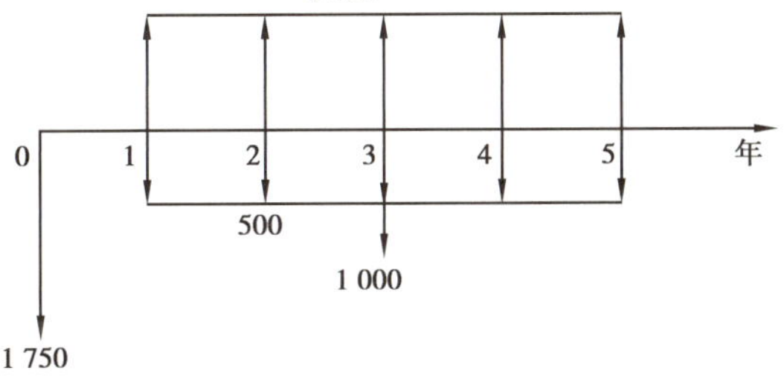

图3.12　某基建项目现金流量图（单位：万元）

因为 NPV >0，所以方案在经济效果上是可行的。

【例 3.9】某建设项目现金流量如图 3.13 所示，基准收益率 i_c = 12%，试用净现值指标判断项目的可行性。

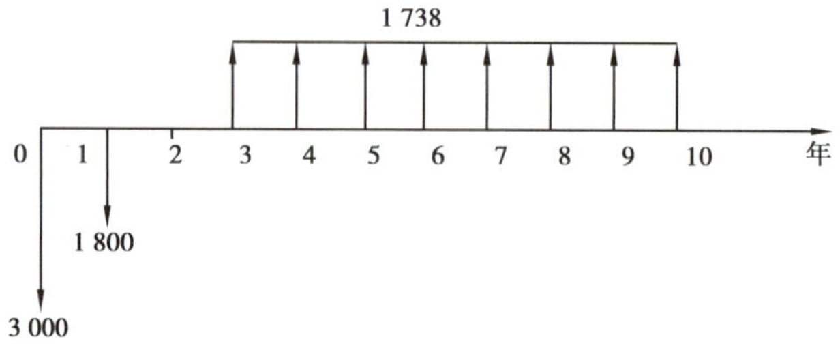

图 3.13　某建设项目的现金流量图(单位:万元)

【解】方法 1：

$$NPV = -3\,000 - 1\,800(P/F,12\%,1) + 1\,738(P/A,12\%,8)(P/F,12\%,2)$$
$$= -3\,000 - 1\,800 \times 0.8\,929 + 1\,738 \times 4.9\,676 \times 0.7\,972$$
$$\approx 2\,276(\text{万元}) > 0$$

方法 2：

$$NPV = -3\,000 - 1\,800 \times (P/F,12\%,1) + 1\,738(F/A,12\%,8)(P/F,12\%,10)$$
$$= -3\,000 - 1\,800 \times 0.892\,9 + 1\,738 \times 12.299\,7 \times 0.322$$
$$\approx 2\,276(\text{万元}) > 0$$

因为 NPV >0，所以方案在经济效果上是可行的。

净现值（三）

(4)优缺点

①优点：

a.考虑了资金的时间价值，并考虑了整个计算期的现金流量，能够直接以货币额表示项目的盈利水平；

b.可以直接说明项目投资额与资金成本之间的关系；

c.计算简便，且计算结果稳定。

②缺点：

a.必须先设定一个符合经济现实的基准收益率，而基准收益率的确定有时是比较复杂的；

b.NPV 用于对寿命期相同的互斥方案的评价时，它偏好于投资额大的方案，不能反映项目单位投资的使用效率，可能出现失误，不能直接说明在项目运营期间各年的经营成果；

c.对于寿命期不同的技术方案，不宜直接使用净现值指标进行评价。

实质

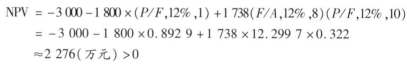

净现值表示的是项目在整个寿命期内获取的超出最低期望盈利的超额净收益现值。

(5)净现值 NPV 与折现率 i 的关系

对于常规项目而言，若投资方案的现金流量已知，则该方案净现值的大小完全取决于折现率的大小，即 NPV 可以看作是 i 的函数。

如图 3.14 所示，从图中可以发现：

①NPV 随 i 的增大而减小。

②当 $i=i^*$ 时，NPV =0；当 $i>i^*$ 时，NPV <0；当 $i<i^*$ 时，NPV >0。

特别提示

折现率 i 的选取和各年净现金流量的估算，对净现值的确定至关重要。

③i^* 称为内部收益率，i^* 取得越高，可选择的方案就越少。关于内部收益率，我们将在本节后面部分详细介绍。

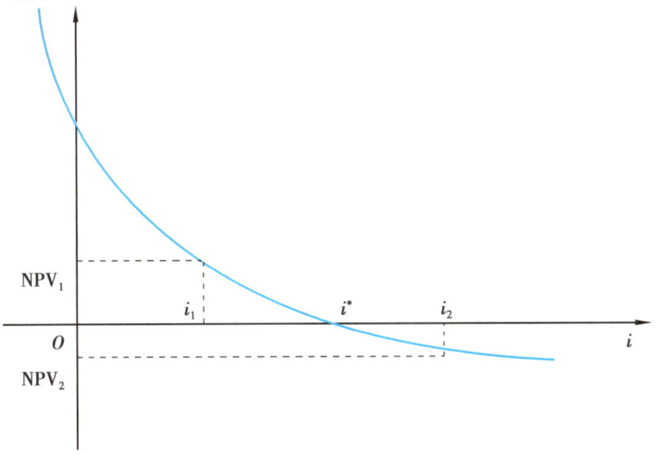

图 3.14　净现值 NPV 与折现率 i 的关系

2）净现值率（NPVR）

净现值率
（一）

（1）定义

净现值率（NPVR）是按基准收益率求得的方案计算期内的净现值与其全部投资现值的比率，它反映了单位投资现值所获得的净现值额。净现值不能直接反映资金的利用效率。为了考察资金的利用效率，可采用净现值率作为净现值的补充指标。其计算公式为：

$$\mathrm{NPVR}=\frac{\mathrm{NPV}}{K_P}\tag{3.14}$$

式中　NPVR——净现值率；

NPV——净现值；

K_P——项目总投资现值。

实质

净现值率反映的是单位投资现值所获得的净现值额。

（2）判别准则

①单一方案：

- 若 NPVR≥0，投资方案则可以接受；
- 若 NPVR＜0，投资方案应予以拒绝。

②多方案比较时：净现值率越大，方案的经济效果越好。

（3）计算

【例 3.10】某建设项目现金流量如图 3.15 所示，基准收益率 $i_c=10\%$，试用净现值率指标判断项目的可行性。

【解】
$$\begin{aligned}\mathrm{NPV}&=-600+80(P/F,10\%,1)+200(P/F,10\%,2)+\\&\quad 300(P/F,10\%,3)+600(P/F,10\%,4)-80(P/F,10\%,3)\\&=-600+80\times0.9091+200\times0.8264+300\times0.7513+\\&\quad 600\times0.683-80\times0.7513\\&=213.094(\text{万元})\end{aligned}$$

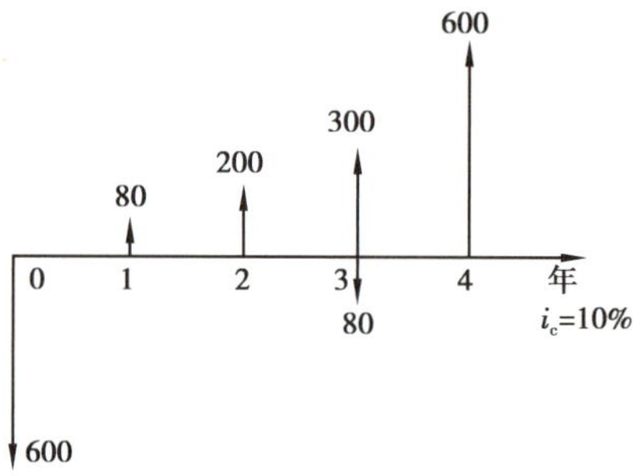

图 3.15　某建设项目现金流量图(单位:万元)

$$K_P = 600 + 80(P/F,10\%,3)$$
$$= 600 + 60.104 = 660.104(\text{万元})$$

$$NPVR = \frac{NPV}{K_P} = \frac{213.094}{660.104} \approx 0.322\,8(\text{万元})$$

因为 NPVR >0,所以该方案可行。

净现值率（二）

【例 3.11】用净现值率法对表 3.5 所示两个方案进行比较。

表 3.5　两方案的现金流量表　　单位:万元

方案	年份		
	0	1~8	8(净残值)
A	-100	35	8
B	-120	40	9

特别提示

当资金不受限制,且寿命期相同时,选择净现值大的方案;当资金受限制且寿命期相同时,选择净现值率大的方案。

【解】$NPV_A = -100 + 35(P/A,10\%,8) + 8(P/F,10\%,8)$
$= 90.5(\text{万元})$

$NPV_B = -120 + 40(P/A,10\%,8) + 9(P/F,10\%,8)$
$= 97.6(\text{万元})$

$$NPVR_A = \frac{90.5}{100} = 0.905 \qquad NPVR_B = \frac{97.6}{120} \approx 0.813$$

因为 $NPVR_B < NPVR_A$,所以 A 方案更优。

3)费用现值

(1)定义

所谓费用现值,就是把不同方案计算期内的各年成本按 i_c 换算成基准年的现值和,再加上方案的总投资现值。其计算公式为:

费用现值

$$PC = \sum_{t=0}^{n} CO_t(P/F,i_c,t) \tag{3.15}$$
$$CO_t = (K + C' - S_v - W)t$$

式中　K——投资总额,包括固定资产投资和流动资金等;

C'——年经营成本;

S_v——计算期末回收的固定资产余值;

W——计算期末回收的流动资金。

(2)判别准则

在多个方案中若产出相同或满足需要相同，根据费用最小的选优原则，费用现值最小的方案为最优。

(3)费用现值的适用条件

①各方案除了费用指标外，其他指标和有关因素基本相同，如产量、质量、收入应基本相同；

②被比较的各方案，特别是费用现值最小的方案，应达到盈利目的；

③费用现值只能用于判别方案优劣，不能用于判断方案是否可行。

(4)计算

【例 3.12】某一项目中，有两种机器可以选用，都能满足生产需要。机器 A：买价 10 000 元，在第 6 年末残值为 4 000 元，前 3 年的年运行费用为 5 000 元，后 3 年为 6 000 元；机器 B：买价8 000元，在第 6 年末残值为 3 000 元，前 3 年的年运行费用为 5 500 元，后 3 年为6 500 元，$i_c = 15\%$。请用费用现值法决策。

【解】首先画出两个方案的现金流量图，如图 3.16 和图 3.17 所示。

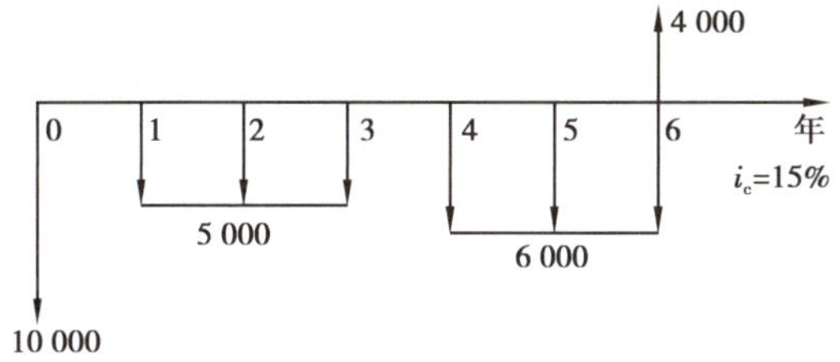

图 3.16　A 方案现金流量图(单位：元)

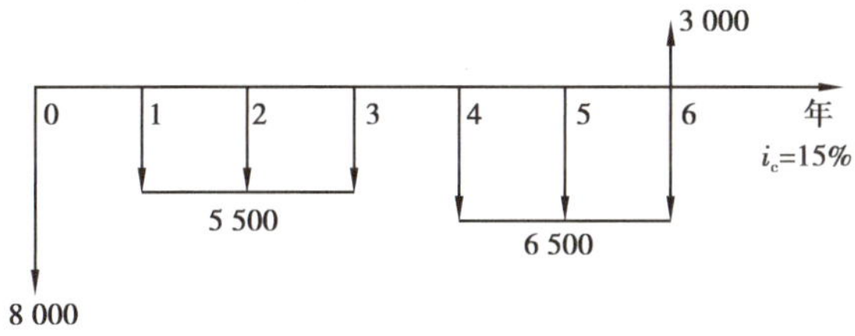

图 3.17　B 方案现金流量图(单位：元)

$$
\begin{aligned}
PC_A &= 10\ 000 + 5\ 000(P/A,15\%,3) + 6\ 000(P/A,15\%,3)(P/F,15\%,3) - 4\ 000(P/F,15\%,6) \\
&= 10\ 000 + 5\ 000 \times 2.283\ 2 + 6\ 000 \times 2.283\ 2 \times 0.657\ 5 - 4\ 000 \times 0.432\ 3 \\
&= 28\ 694.024(\text{元})
\end{aligned}
$$

$$
\begin{aligned}
PC_B &= 8\ 000 + 5\ 500(P/A,15\%,3) + 6\ 500(P/A,15\%,3)(P/F,15\%,3) - 3\ 000(P/F,15\%,6) \\
&= 8\ 000 + 5\ 500 \times 2.283\ 2 + 6\ 500 \times 2.283\ 2 \times 0.657\ 5 - 3\ 000 \times 0.432\ 3 \\
&= 29\ 018.526(\text{元})
\end{aligned}
$$

因为 $PC_A < PC_B$，所以方案 A 最优。

实质

在对多个方案选优时，如果诸方案产出的价值相同或者诸方案能够满足同样需要，但其产出效益难以用价值形态计量时（如环保、教育、保健、国防等），可以通过对各方案费用（成本）现值或费用（成本）年值的比较进行选择，其值越小，说明方案的经济效果越好。

净年值（一）

净年值（二）

4）净年值（NAV）

（1）定义

净年值（NAV）通常称为年值，是指将计算期内的净现金流量，通过基准收益率折算成与其等值的各年年末等额支付序列的年值。其计算公式为：

$$NAV = NPV(A/P, i_c, n) \tag{3.16}$$

式中　NPV——净现值；

$(A/P, i_c, n)$——资金回收系数。

（2）判别准则

①单一方案：

- 当 NAV≥0 时，表示项目在寿命期内除每年获得按 i_c 收益外，还可获得与 NAV 等额的超额净收益，故该方案可行。
- 当 NAV<0 时，方案不可行。

②多方案比较时：净年值越大，方案经济效果越好。

【例 3.13】某投资方案的现金流量如图 3.18 所示，设基准收益率为 $i_c=10\%$，求该方案的净年值，并判断该方案的可行性。

【解】
$$\begin{aligned} NPV &= -8\,000 + 5\,000(P/F, 10\%, 1) + 4\,000(P/F, 10\%, 2) - \\ &\quad 1\,000(P/F, 10\%, 3) + 12\,000(P/F, 10\%, 4) \\ &= -8\,000 + 5\,000 \times 0.909\,1 + 4\,000 \times 0.826\,4 - \\ &\quad 1\,000 \times 0.751\,3 + 12\,000 \times 0.683 \\ &= 7\,295.8(\text{万元}) \end{aligned}$$

$$\begin{aligned} NAV &= 7\,295.8(A/P, 10\%, 4) = 7\,295.8 \times 0.315\,5 \\ &= 2\,301.824\,9(\text{万元}) \end{aligned}$$

因为 NAV>0，所以方案可行。

实质

净年值表示的是项目在寿命期内每年的等额超额净收益。净年值与净现值是等效的评价指标，在评价方案时，结论是一致的。

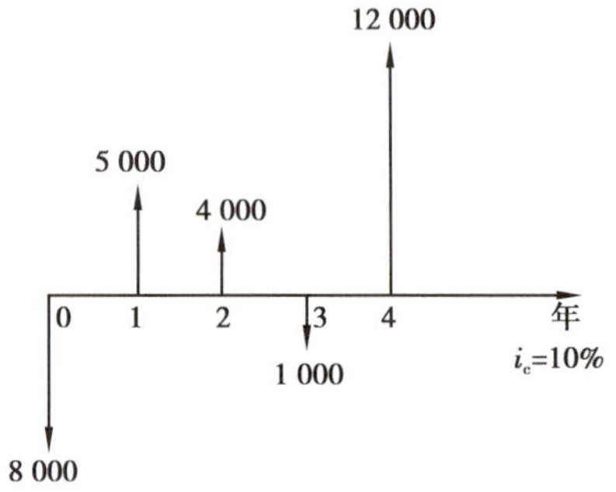

图 3.18　某投资方案的现金流量图（单位：万元）

【例 3.14】某建筑公司欲引进一台混凝土搅拌机，需投资 80 万元，寿命期 10 年，10 年末有残值 1 万元，预计每年收入 28 万元，年成本 10 万元，该公司的期望收益率为 $i_c=10\%$。试用净年值法判断该方案的可行性。

净年值（三）

【解】方法 1：

$$\begin{aligned} NPV &= -80 + (28-10)(P/A, 10\%, 10) + 1(P/F, 10\%, 10) \\ &= -80 + 18 \times 6.144\,6 + 1 \times 0.385\,5 \\ &\approx 30.99(\text{万元}) \end{aligned}$$

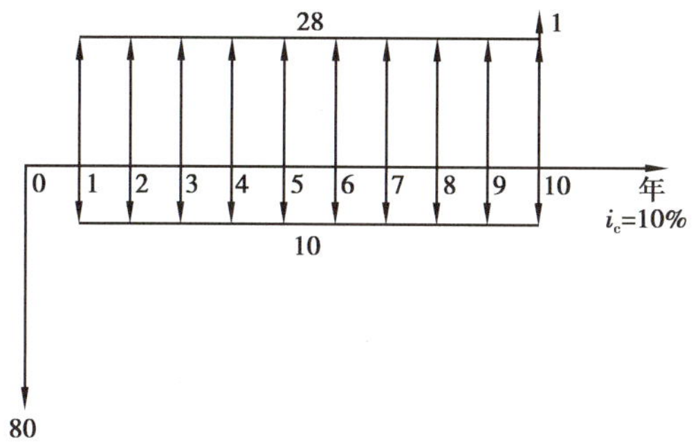

图 3.19　某投资方案的现金流量图(单位:万元)

$NAV = NPV(A/P, 10\%, 10) = 30.99 \times 0.1627 \approx 5.04$(万元)

NAV >0,根据 NAV 判别标准可知该项目可行。

方法 2:

$$\begin{aligned} NAV &= -80(A/P, 10\%, 10) + (28 - 10) + 1(A/F, 10\%, 10) \\ &= -80 \times 0.1627 + 18 + 1 \times 0.0627 \\ &\approx 5.05(\text{万元}) \end{aligned}$$

NAV >0,根据 NAV 判别标准可知该项目可行。

5)费用年值(AC)

(1)定义

与净现值和净年值指标的关系类似,费用年值与费用现值也是一对等效评价指标。费用年值是将方案计算期内不同时点发生的所有支出费用,按基准收益率折算成与其等值的等额支付序列年费用。费用年值(AC)的计算公式为:

$$\begin{aligned} AC &= PC(A/P, i_c, n) \\ &= \sum_{t=0}^{n} CO_t (P/F, i_c, t)(A/P, i_c, n) \end{aligned} \tag{3.17}$$

(2)判别准则

在多个方案中若产出相同或满足需要相同,根据费用最小的选优原则,费用年值越小,方案越优。

(3)计算

【例 3.15】某建设项目有 3 个工艺方案,3 个方案的投资费用数据如表 3.6 所示,A、B、C 3 个方案均能满足同样的生产需求,且寿命期均为 5 年,基准收益率 $i_c = 10\%$,试比较选择最优可行方案。

表 3.6　3 个方案的投资费用数据

机床	投资/万元	年经营费用/万元	净残值/万元	使用寿命/年
A	1 500	500	30	5
B	2 000	450	0	5
C	2 500	400	50	5

想一想

当寿命期不等,投资额相等时,多方案进行比选时用什么方法进行评价?

费用年值

【解】首先画出3个方案的现金流量图，分别如图3.20、图3.21和图3.22所示。

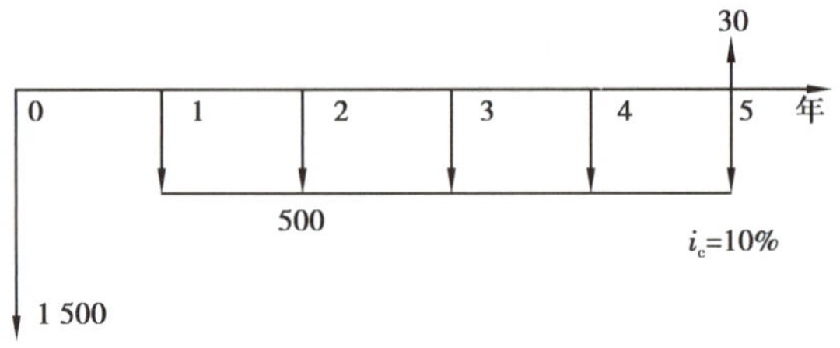

图3.20　A方案现金流量图(单位:万元)

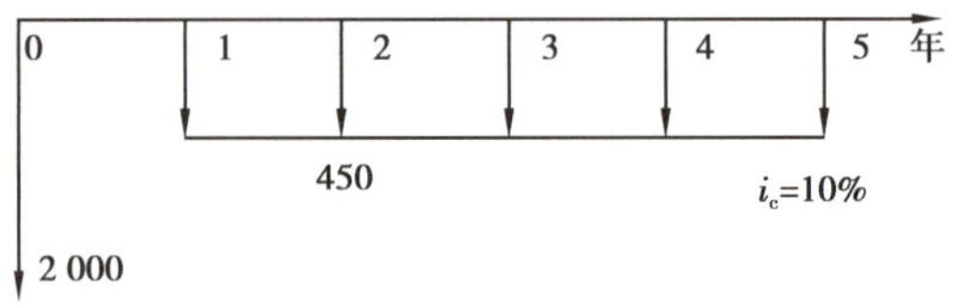

图3.21　B方案现金流量图(单位:万元)

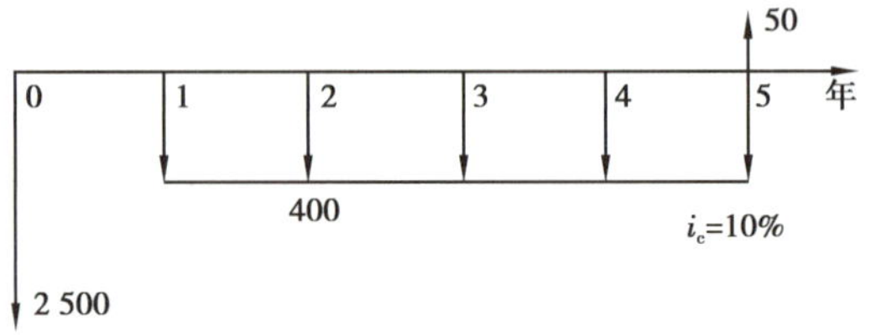

图3.22　C方案现金流量图(单位:万元)

①用费用现值指标判别。

$$PC_A = 1\ 500 + 500(P/A,10\%,5) - 30(P/F,10\%,5)$$
$$= 1\ 500 + 500 \times 3.790\ 8 - 30 \times 0.620\ 9$$
$$= 3\ 376.773(\text{万元})$$

$$PC_B = 2\ 000 + 450(P/A,10\%,5)$$
$$= 2\ 000 + 450 \times 3.790\ 8$$
$$= 3\ 705.86(\text{万元})$$

$$PC_C = 2\ 500 + 400(P/A,10\%,5) - 50(P/F,10\%,5)$$
$$= 2\ 500 + 400 \times 3.790\ 8 - 50 \times 0.620\ 9$$
$$= 3\ 985.275(\text{万元})$$

②用费用年值指标判别。

方法1：

$$AC_A = PC_A(A/P,10\%,5) = 3\ 376.773 \times 0.263\ 8 \approx 890.79(\text{万元})$$
$$AC_B = PC_B(A/P,10\%,5) = 3\ 705.86 \times 0.263\ 8 \approx 977.61(\text{万元})$$
$$AC_C = PC_C(A/P,10\%,5) = 3\ 985.275 \times 0.263\ 8 \approx 1\ 051.32(\text{万元})$$

方法2：

$$AC_A = 1\ 500(A/P,10\%,5) - 30(A/F,10\%,5) + 500$$
$$= 1\ 500 \times 0.263\ 8 - 30 \times 0.163\ 8 + 500$$
$$= 890.786(\text{万元})$$

$$
\begin{aligned}
AC_B &= 2\ 000(A/P,10\%,5) + 450 \\
&= 2\ 000 \times 0.263\ 8 + 450 \\
&= 977.6(\text{万元}) \\
AC_C &= 2\ 500(A/P,10\%,5) - 50(A/F,10\%,5) + 400 \\
&= 2\ 500 \times 0.263\ 8 - 50 \times 0.163\ 8 + 400 \\
&= 1\ 051.31(\text{万元})
\end{aligned}
$$

A 方案费用最低,A 方案最优,可见采用费用年值法更简便。

6) 内部收益率(IRR)

想一想:向银行存款 1 500 万元(复利),此后 3 年每年年末分别取出 900 万元、800 万元和 500 万元,3 年末其存款余额为 0,其现金流量图如图 3.23 所示。问:若要达到上述目的,则银行存款的利率是多少?

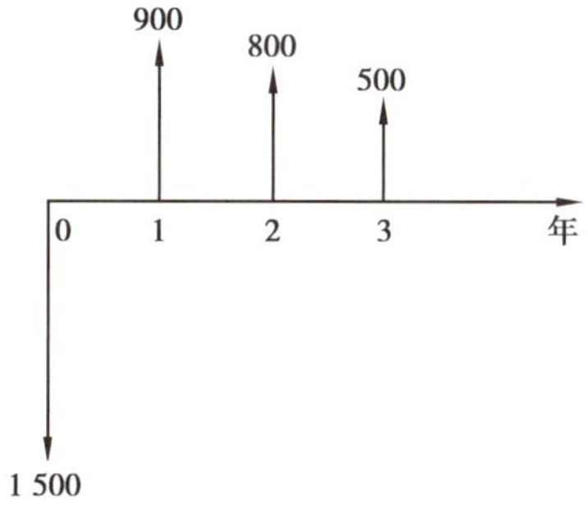

图 3.23　现金流量图(单位:万元)

第 1 年末:$-1\ 500(1+i)+900$

第 2 年末:$[-1\ 500(1+i)+900](1+i)+800$

第 3 年末:$\{[-1\ 500(1+i)+900](1+i)+800\}(1+i)+500$

因为第 3 年末存款余额为零,故有下式成立:

$-1\ 500(1+i)^3+900(1+i)^2+800(1+i)+500=0$(净将来值)

如果用 $(1+i)^2$ 去除上式的两边,得出该方案的净现值,即:

$NPV=-1\ 500+900(1+i)^{-1}+800(1+i)^{-2}+500(1+i)^{-3}=0$

因此,要达到上述目的,需要找到 $NPV=0$ 时的利率 i。

(1) 定义

所谓内部收益率,是指项目在寿命期内可使现金流量的净现值等于零时的折现率(或利率),记为 IRR。从投入的角度讲,IRR 反映项目投资贷款所能承受的最高利率;从产出的角度讲,IRR 代表项目能得到收益的程度。即:

$$NPV(IRR) = \sum_{t=0}^{n}(CI - CO)_t(1 + IRR)^{-t} = 0 \qquad (3.18)$$

(2) 判别准则

①单一方案:

- 当 $IRR \geqslant i_c$ 时,则表明项目的收益率已达到或超过基准收益率水平,项目可行;
- 当 $IRR < i_c$ 时,则表明项目不可行。

实质

对于单个方案的评价,内部收益率(IRR)与净现值(NPV)、净年值(NAV)的评价结果是一致的。

内部收益率(一)

实质

内部收益率的经济含义可以理解为，在项目整个寿命期内按利率 $i=IRR$ 计算，始终存在未能被收回的投资，在寿命期结束时，投资恰好被完全收回。一般来说，内部收益率越高，说明方案的经济效果越好。

②多方案比选：内部收益率最大准则不一定都成立。

(3)内部收益率的求解——试算法

①初估：初始计算值首选 i_c。

②试算：

a. $i_1 < i_2$ 且 i_1 与 i_2 之间一般不超过 2%，最大不超过 5%；

b. $NPV(i_1) > 0, NPV(i_2) < 0$；

c. 如果 i_1 和 i_2 不满足这两个条件，则要重新预估，直至满足条件。

③用线性插值法进行计算（相似三角形原理），如图3.24所示，则其计算公式为：

$$IRR = i_1 + \frac{NPV_1}{NPV_1 + |NPV_2|}(i_2 - i_1) \tag{3.19}$$

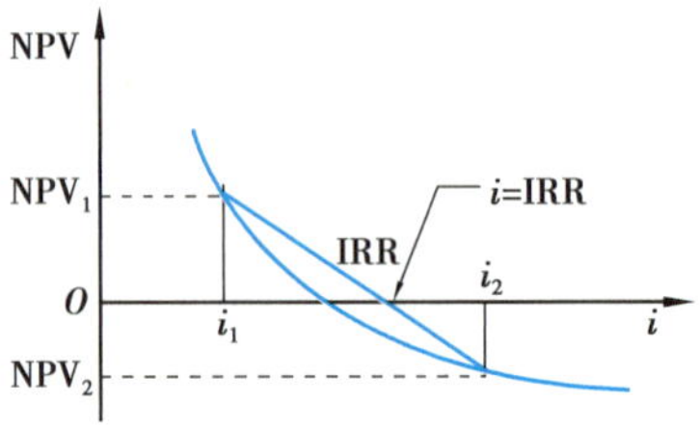

图 3.24 线性插值法计算示意图

(4)计算

【例 3.16】某工程项目的净现金流量如表 3.7 所示，基准收益率为 10%，试用内部收益率法分析方案是否可行。

表 3.7 其工程项目的净现金流量表　　单位：万元

年份	0	1	2	3	4	5	6
净现金流量	−2 600	300	500	500	500	500	1 800

【解】某工程项目的现金流量如图 3.25 所示。

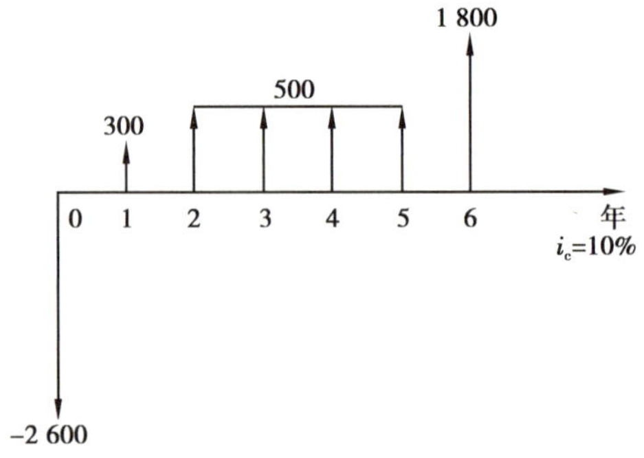

图 3.25 某工程项目的现金流量图（单位：万元）

第 1 步：估算一个适当的试算收益率，令 $i_1 = i_c = 10\%$，计算 NPV_1 的值。

$NPV_1 = -2\ 600 + 300(P/F, 10\%, 1) + 500(P/A, 10\%, 4)(P/F, 10\%, 1) +$

$$1\,800(P/F,10\%,6)$$
$$=-2\,600+300\times0.909\,1+500\times3.169\,9\times0.909\,1+1\,800\times0.564\,5$$
$$\approx129.708(\text{万元})$$

第2步：令 $i_2=12\%$，计算 NPV_2 的值。

$$NPV_2=-2\,600+300(P/F,12\%,1)+500(P/A,12\%,4)(P/F,12\%,1)+1\,800(P/F,12\%,6)$$
$$=-2\,600+300\times0.892\,9+500\times3.037\,3\times0.892\,9+1\,800\times0.506\,6$$
$$\approx-64.247(\text{万元})$$

第3步：用线性内插法算出IRR。

$$IRR=10\%+\frac{129.708\times2\%}{129.708+64.247}\approx11.34\%$$

因为 $IRR=11.34\%>i_c=10\%$，所以该方案可行。

学习提示

内部收益率(IRR)可以理解为在考虑货币时间价值(通货膨胀贬值)下，在项目周期内能承受的最大货币贬值率为多少，更通俗地说就是假设贷款来投资一个项目，所能承受的年最大利率是多少。比如某项目的内部收益率IRR＝20%，说的是该项目最大能承受每年20%的货币贬值率，也就是说贷款投资该项目所能承受的最大贷款年利率为20%，在贷款年利率为20%时投资该项目刚好保本。当实际货币贬值率只有5%时(贷款利率是5%时)，那么剩下的15%将是利润，虽然看上去是失误空间(最多可以失误多少还能保本)、抗风险能力，实际上也可以认为是利润空间、盈利能力。

(5)内部收益率的几种特殊情况

①内部收益率不存在的情况，如图3.26、图3.27和图3.28所示。

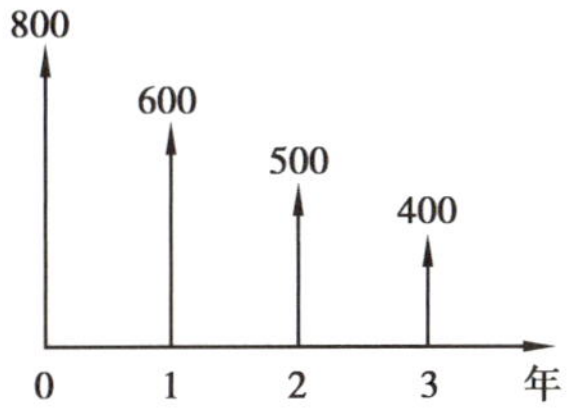

图3.26　只有现金流入的情况(单位：万元)

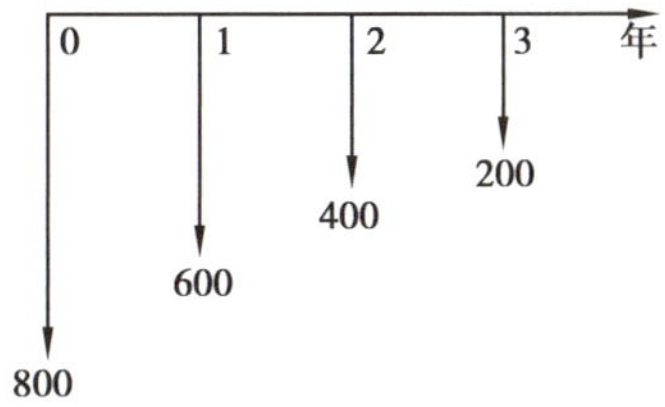

图3.27　只有现金流出的情况(单位：万元)

内部收益率（二）

②非投资情况。非投资情况是一种比较特殊的情况，与常规投资项目相反，即先从项目取得资金，然后偿付项目的有关费用，如图3.29所示。

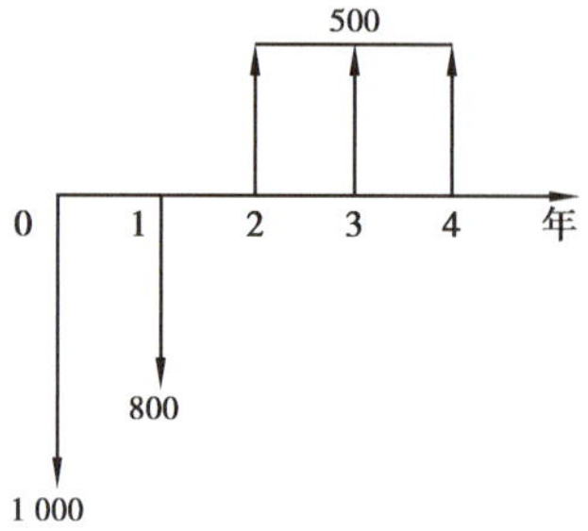

图 3.28　现金流量的代数和小于 0 的情况（单位：万元）

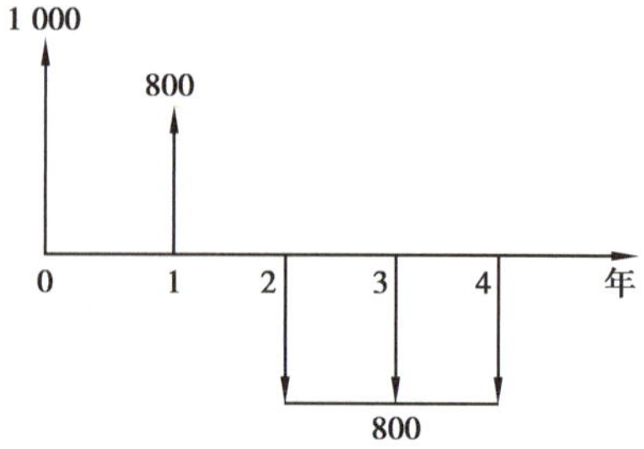

图 3.29　非投资情况（单位：万元）

③有多个内部收益率的情况——当方案的净现金流量的正负号改变不止一次时。

（6）内部收益率的优缺点

①优点：

a. 反映了项目最大可能盈利能力和投资使用效率的水平，概念清晰、明确；

b. 不需要事先确定基准收益率，仅根据工程项目本身的现金流量就可以求出来。

②缺点：

a. 计算起来比较麻烦，需要大量与投资项目有关的数据，每年的收入及年限都需要预估，而且不能在所有情况下给出唯一的确定值；

b. 在进行多方案分析时，一般不能直接用内部收益率法比较和选择。

动态投资回收期（一）

7）动态投资回收期

（1）定义

动态投资回收期是指在考虑资金时间价值的前提下，用项目各年的净收益现值来回收全部投资所需要的期限。其计算表达式为：

$$\sum_{t=0}^{P_t'} (CI - CO)_t (1 + i_c)^{-t} = 0 \qquad (3.20)$$

式中　P_t'——技术方案动态投资回收期；

$(CI-CO)_t$——技术方案第 t 年净现金流量；

i_c——基准收益率。

动态投资回收期的实用公式：

$$P_t' = (\text{累计净现值开始出现正值的年份数} - 1) + \frac{\text{上年累计净现值的绝对值}}{\text{出现正值年份的净现值}} \qquad (3.21)$$

（2）判别标准

将计算出的动态投资回收期 P_t' 与所确定的基准投资回收期 P_c 进行比较。

①若 $P'_t \leq P_c$ 时，说明项目或方案能在要求的时间内收回投资，则项目可以接受；

②若 $P'_t > P_c$ 时，则项目应予以拒绝。

(3)计算

动态投资回收期（二）

【例 3.17】用例 3.7 的数据（见表 3.8），计算该项目的动态投资回收期，设 $i_c = 10\%$，$P_c = 6$ 年。

表 3.8　某项目现金流量表　　　　单元：万元

计算期	0	1	2	3	4	5	6	7
净现金流量	-20	-500	-100	150	250	250	250	250

【解】计算项目净现金流量现值，如表 3.9 所示。

表 3.9　项目净现金流量现值　　　　单元：万元

计算期	0	1	2	3	4	5	6	7
净现金流量	-20	-500	-100	150	250	250	250	250
现值系数	0	0.909 1	0.826 4	0.751 3	0.683	0.620 9	0.564 5	0.513 2
净现金流量现值	-20	-454.6	-82.6	112.7	170.8	155.2	141.1	128.3
累计净现金流量现值	-20	-474.6	-557.2	-444.5	-273.7	-118.5	22.6	150.9

根据公式：

$$P'_t = (\text{累计净现值开始出现正值的年份数} - 1) + \frac{\text{上年累计净现值的绝对值}}{\text{出现正值年份的净现值}}$$

$$= 6 - 1 + \left| \frac{-118.5}{141.1} \right| \approx 5.84(\text{年}) < 6\ \text{年}$$

因此该方案可行。

【例 3.18】某技术方案估计总投资 500 万元，技术方案实施后各年净收益为 50 万元，基准收益率为 5%，试计算该技术方案的静态投资回收期和动态投资回收期。

【解】①该方案的静态投资回收期：

$$P_t = \frac{I}{A} = 500 \div 50 = 10(\text{年})$$

②该方案的动态投资回收期（图 3.30）：

$$\text{NPV} = -500 + 50(P/A, 5\%, n) = 0$$

$$(P/A, 5\%, n) = 10$$

查复利系数表，得 $(P/A, 5\%, 14) = 9.898\ 6$，$(P/A, 5\%, 15) = 10.379\ 7$

特别提示

动态投资回收期要比静态投资回收期长，原因是动态投资回收期的计算考虑了资金的时间价值，这是它与静态投资回收期的根本区别。动态投资回收期就是净现值等于零时的年份。

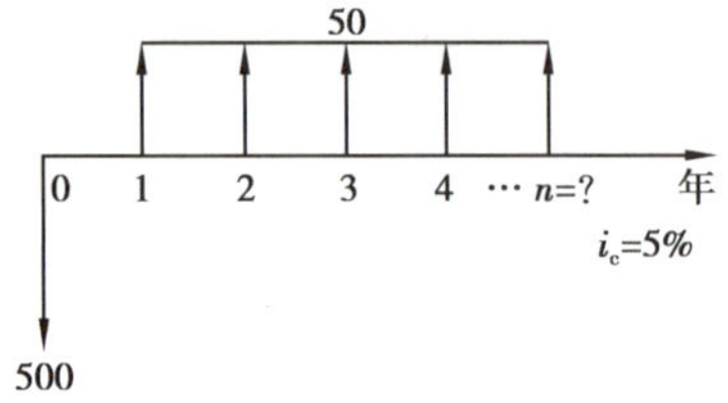

图 3.30 某技术方案现金流量图(单位:万元)

由线性插值法得:$P_t' = 14 + \dfrac{10 - 9.8986}{10.3797 - 9.8986} \times (15 - 14)$

≈ 14.21(年)

(4)优缺点

①优点:容易理解,计算简便,在一定程度上显示了资本的周转速度。

②缺点:只考虑投资回收之前的效果,不能反映投资回收之后的情况,也无法准确衡量方案在整个计算期内的经济效果。

3.3 工程项目方案类型及其比选

在工程经济研究中,投资方案评价是在拟定的工程项目方案、投资估算和融资方案的基础上,对工程项目方案计算期内各种有关技术经济因素和方案投入与产出的有关财务、经济资料数据进行调查、分析、预测,对工程项目方案的经济效果进行计算、评价,以便为投资决策提供可靠的选择依据。

人们在生产实践中逐步体会到工程经济分析的重要性,很多重大工程决策的失误不是科学技术上的原因,而是经济分析上的失算。工程经济分析的作用主要体现在以下几个方面:一是工程项目的方案比较。如随着人们生活水平的不断提高,既节约土地又解决住宅问题的项目方案有建设高层住宅和低层成片开发两种,究竟采用哪一种方案,除了进行社会、环境等因素分析外,主要通过工程经济分析。首先将所有可能量化的指标均量化,再选定统一的评价准则和分析方法,建立相应的数学模型,最终通过分析与评价,提供选择方案。二是具体方案的地址、参数选择。仍以住宅方案为例,如果经初步比较选择了高层住宅方案,又可能存在着地址选择问题,现有两个方案可供选择,方案一是在市中心建造,地价高,但交通方便、房屋售价高;方案二是在市郊建造,地价低,但交通不方便、房屋售价低,显然最终又要通过经济分析与评价的方法才能最后确定选哪一个方案。三是当工程项目大方案确定后,其主要设施和设备的参数选择、施工方法也要进行方案比较,要通过经济比较才能选出最优的形式和参数。综合而言,建设项目前期研究是在建设项目投资决策前,对项目建设的必要性和项目备选方案的工艺技术、运行条件、环境与社会等方面的分析论证和评价工作。经济评价是项目前期研究诸多内容中的重要内容和有机组成部分,对于经济评价,决策者也不能只通过一种指标就能判断项目在财务上或经济上是否可行,而应同时考虑多种影响因素和多个目标的选择,并把这些影响因素和目标相互协调起来,才能实现项目系统优化,进行最终决策。

投资方案的经济分析与评价是针对不同的方案进行的,任何一个严谨的实事求是的决策者,对待所研究的问题必然列出若干个可能的方案来加以分析、比较,以便选用其中的"最佳方案"。这些不同的方案必须具有可比的同一基础,即这些方案必须:

①都能符合国民经济在同一时期和同一地区的发展计划,即可以"互相代替";

②技术上都是现实的、合理的;

③在自然资源利用、环境保护和生态平衡等方面都能符合国家的有关规定;

④采用的原始资料和计算方法基本上具有一致的精度;

⑤对各项共同的参数、计算期、时段、物价等原始数据应采用同一数值。

对于工程建设投资来说,投入即是工程费用,而产出即是工程效益。对于各种不同的投资决策来说,可以归纳为以下 3 种情况:

①投入相同,产出各不相同。即各个可能的方案都有相同的生产成本或工程费用,但产值或工程效益不同。

②产出相同,投入各不相同。即各个可能的技术方案都有相同的产值或工程效益,但生产成本或工程费用不一样。

③投入和产出均不相同。即各个可能的技术方案既有不同的生产成本或工程费用,又有不同的产值或工程效益。

评价经济效果的目的在于进一步提高经济效果,而提高经济效果又是为了增加更多的社会财富。从这一点出发,经济效果最佳的方案就应该是能够为国民经济创造最多净产值或净效益的方案。对照上述 3 种情况,评价方案经济效果的准则应是:

①当投入相同而产出不相同时,产出最大的方案最好;

②当产出相同而投入不相同时,投入最小的方案最好;

③当产出与投入均各不相同时,净产出为最大的方案最好。

3.3.1　投资方案的类型

要想正确评价工程项目方案的经济效果,仅凭对评价指标的计算及判别是不够的,还必须了解工程项目方案所属的类型,从而按照方案的类型确定适合的评价指标,最终为做出正确的投资决策提供科学依据。由于技术经济条件不同,实现同一目的的技术方案也不同。因此，经济效果评价的基本对象就是实现预定目的的各种技术方案。

按方案相互之间的经济类型，可以将方案分为独立型方案、互斥型方案和相关型方案。

(1)独立型方案

独立型方案是指技术方案间互不干扰、在经济上互不相关的技术方案，即这些技术方案是彼此独立无关的，选择或放弃其中一个技术方案，并不影响其他技术方案的选择。例如，兴建京沪高速铁路项目和兴建港珠澳大桥项目之间即为独立型方案。

(2)互斥型方案

互斥型方案是指各个方案之间存在着互不相容、互相排斥的关系。在进行比选时，在各个方案中只能选择一个，其余的均必须放弃，不能同时存在，其经济效果的评价不具有相加性。这类方案在实际工作中最常见。如某块土地的开发方案有建造别墅、建造多层和建造高层 3 种方案等，只能选择其中之一；又如一个建设项目的工厂规模、生产工艺流程、主要设备、厂址的选择，一座建筑物或构筑物的结构类型，一个工程主体结构施工工艺的确定等，对这类问题的决策通常面对的是互斥方案的选择。

(3)相关型方案

相关型方案是指在一组备选方案中，若采纳或放弃某一方案，会影响其他方案的现金流量；或者采纳或放弃某一方案，会影响其他方案的采纳或放弃；或者采纳某一方案必须以采纳其他方案为前提等。某一方案的采用与否会对其他方案的现金流量带来一定影响，进而影响其他方案的采用或拒绝。

3.3.2 独立型方案的经济效果评价

独立型方案经济效果评价选择，其实质就是在“做”与“不做”之间进行选择。因此，独立型方案在经济上是否可接受，取决于技术方案自身的经济性，即技术方案的经济指标是否达到或超过预定的评价标准或水平。为此，只需通过计算技术方案的经济指标，并按照指标的判别准则加以检验即可。这种对技术方案自身的经济性的检验称为“绝对经济效果检验”，若技术方案通过了绝对经济效果检验，就认为技术方案在经济上是可行的，是可以接受、值得投资的；否则，应予以拒绝。

独立型方案的经济效果评价（一）

(1)净现值法

步骤：

①依据现金流量表和确定的基准收益率 i_c 计算方案的净现值(NPV)。

②对方案进行评价：当 NPV ≥0 时，方案在经济上是可行的，可以接受；反之，则不可行。

（2）净年值法

步骤：

①依据现金流量表和确定的基准收益率 i_c 计算方案的净年值（NAV）。

②对方案进行评价：当 NAV≥0 时，方案在经济上是可行的，可以接受；反之，则不可行。

（3）内部收益率法

步骤：

①依据现金流量表计算各方案内部收益率（IRR）。

②对方案进行评价：将 IRR 与基准收益率 i_c 进行比较，当 IRR≥i_c 时，方案在经济上是可行的，可以接受；反之，则不可行。

独立型方案的经济效果评价（二）

（4）净现值率法

步骤：

①依据现金流量表和确定的基准收益率 i_c 计算方案的净现值率（NPVR）；

②对方案进行评价：当 NPVR≥0 时，方案在经济上是可行的，可以接受；反之，则不可行。

【例 3.19】两个独立方案 A 和 B，其现金流量如表 3.10 所示，两个方案的现金流量如图 3.31 所示。试判断两方案在经济上的可行性。$i_c=12\%$。

表 3.10　两方案的现金流量表　　单位：万元

	0	1～10
A	-30	8
B	-40	9

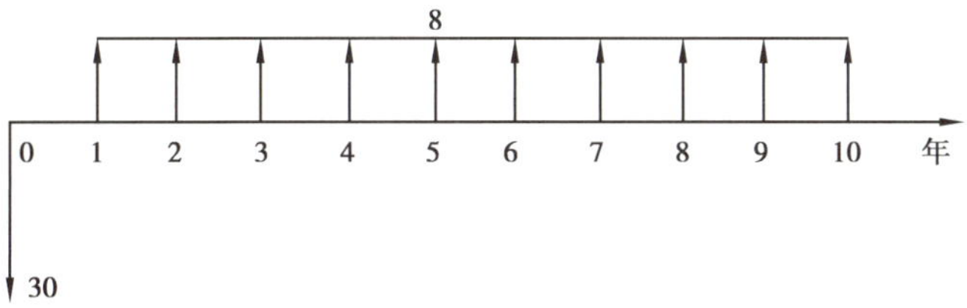

（a）方案A

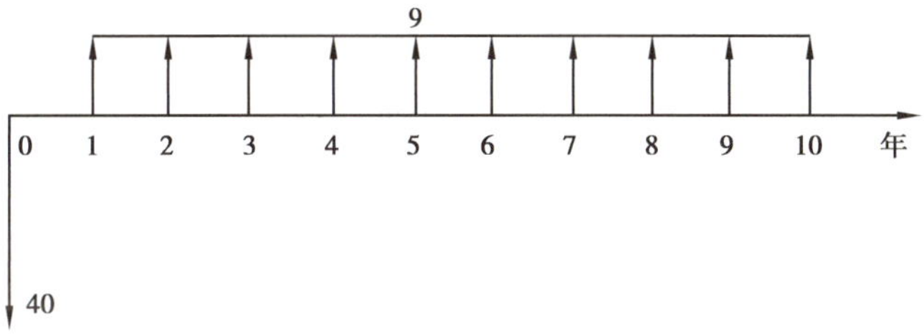

（b）方案B

图 3.31　两个方案的现金流量图（单位：万元）

【解】(1)两方案 NPV 值的计算结果如下:

$NPV_A = -30 + 8(P/A, 12\%, 10) \approx 15.20$(万元)

$NPV_B = -40 + 9(P/A, 12\%, 10) \approx 10.85$(万元)

因为 NPV_A 和 NPV_B 均大于零,所以 A、B 两方案在经济上都是可行的。

(2)两方案 NAV 值的计算结果如下:

$NAV_A = -30(A/P, 12\%, 10) + 8 = 2.69$(万元)

$NAV_B = -40(A/P, 12\%, 10) + 9 = 1.92$(万元)

因为 NAV_A 和 NAV_B 均大于零,所以 A、B 两方案在经济上都是可行的。

(3)两方案 IRR 的计算结果如下:

$NPV_A = -30 + 8(P/A, IRR_A, 10) = 0$,则 $IRR_A \approx 23.53\%$

$NPV_B = -40 + 9(P/A, IRR_B, 10) = 0$,则 $IRR_B \approx 18.3\%$

因为 $i_c = 12\%$,IRR_A 和 IRR_B 均大于 i_c,所以 A、B 两方案在经济上都是可行的。

(4)两方案 NPVR 的计算结果如下:

$$NPVR_A = \frac{NPV_A}{K_{PA}} = \frac{15.20}{30} \times 100\% \approx 50.67\%$$

$$NPVR_B = \frac{NPV_B}{K_{PB}} = \frac{10.85}{40} \times 100\% \approx 27.13\%$$

因为 $NPVR_A$ 和 $NPVR_B$ 均大于零,所以 A、B 两方案在经济上都是可行的。

实质

对独立方案的评价,无论应用哪个评价指标,其结论都是一致的。

3.3.3 互斥型方案的经济效果评价

互斥型方案又称为排他型方案,在若干备选技术方案中,各个技术方案彼此可以相互代替,因此技术方案具有排他性,选择其中任何一个技术方案,则其他技术方案必然被排斥。互斥方案比选是工程经济评价工作的重要组成部分,也是寻求合理决策的必要手段。

方案的互斥性,使我们在若干技术方案中只能选择一个技术方案来实施,由于每一个技术方案都具有同等可供选择的机会,为使资金发挥最大的效益,我们当然希望所选出的这一个技术方案是若干备选方案中经济性最优的。因此,互斥型方案经济效果评价包含两部分内容:一是考察各个技术方案自身的经济效果能否通过评价标准,即进行"绝对经济效果检验";二是考察哪个技术方案相对经济效果最优,即"相对经济效果检验"。两种检验的目的和作用不同,通常缺一不可,从而确保所选技术方案不但可行而且最优。只有在众多互斥方案中必须选择其中之一时才可单独进行相对经济效果检验。但需要注意的是,在进行相对经济效果检验时,不论使用哪种指标,都必须满足方案可比条件。

按服务寿命长短不同,互斥型方案可分为寿命期相等、寿命期不等和无限寿命3种类型。

1）寿命期相等的互斥型方案经济效果评价

对于寿命期相等的互斥方案，由于其计算周期相同，故进行经济效果评价时，在时间上已具备可比性。常用的评价方法有以下几种。

（1）净现值（NPV）法

寿命期相等的互斥型方案经济效果评价（一）

净现值法又分为差额净现值法及净现值最大化准则两种计算方法。

①运用差额净现值（ΔNPV）法进行寿命期相等的互斥方案的评价步骤及判别准则如下：

a. 进行绝对经济效果检验：计算各方案的NPV，并加以检验，若某方案的NPV≥0，则该方案通过了绝对经济效果检验，可以继续作为备选方案，进入下一步的优选；若某方案的NPV<0，则该方案被舍弃。

b. 进行相对经济效果检验：将通过绝对经济效果检验的方案按照投资额由大到小排序，计算两两方案的差额净现值ΔNPV。

若A、B为投资额不等的互斥方案，寿命期均为n，用投资额大的方案（A方案）的现金流量减去投资额小的方案（B方案）的现金流量，得到差额现金流量，求其净现值，称为差额净现值，用符号ΔNPV_{A-B}表示，它体现了差额净现金流量的投资效果（与基准收益率比较）。其计算公式为：

$$\Delta NPV_{A-B} = \sum_{i=0}^{n} [(CI_A - CO_A)_t - (CI_B - CO_B)_t](1 + i_c)^{-t} \quad (3.22)$$

c. 决策准则：以差额净现值优选方案时，决策准则如表3.11所示。

表3.11　以差额净现值优选方案时的决策准则

指标	结果	优选结论
ΔNPV_{A-B}	>0	表明差额投资带来的收益率水平超过基准收益率，投资额大的方案优
	=0	表明差额投资带来的收益率水平等于基准收益率，根据利润最大化原则，投资额大的方案优
	<0	表明差额投资带来的收益率水平小于基准收益率，投资额小的方案优

②运用净现值最大化准则进行寿命期相等的互斥型方案的评价步骤及判别准则如下：

因为$\Delta NPV_{A-B} = NPV_A - NPV_B$，所以当有多个互斥方案时，直接用净现值最大化准则选择最优方案更为便捷，该方法和差额净现值法的结论相一致。

a. 进行绝对经济效果检验：计算各方案的NPV，并加以检验，若某方案的 NPV≥0，则该方案通过了绝对经济效果检验，可以继续作为备选方案，进入下一步的优选；若某方案的 NPV<0，则该方案被舍弃。

b. 进行相对经济效果检验并优选，需满足净现值最大化准则。

c. 判别准则：净现值大于或等于零且净现值最大的方案为最优的可行方案。

【例 3.20】有 3 个互斥型的投资方案，寿命期均为 10 年，各方案的初始投资和年净收益如表 3.12 所示。试选择最佳投资方案。$i_c=10\%$。

表 3.12　互斥方案 A、B、C 的初始投资和年净收益　单位：万元

方案	初始投资	年净收益
A	-170	44
B	-260	59
C	-300	68

【解】方法 1：差额净现值法。

①进行绝对经济效果检验，计算各方案的 NPV。

$NPV_A=-170+44(P/A,10\%,10)\approx100.36$（万元）

$NPV_B=-260+59(P/A,10\%,10)\approx102.53$（万元）

$NPV_C=-300+68(P/A,10\%,10)\approx117.83$（万元）

因为 NPV_A、NPV_B、NPV_C 均大于零，所以 A、B、C 3 个方案均通过了绝对经济效果检验。

②进行相对经济效果检验，按照投资额由大到小排序，计算两两方案的差额净现值 ΔNPV。

$$\Delta NPV_{B-A}=-260-(-170)+(59-44)(P/A,10\%,10)\approx2.17\text{（万元）}$$

因为 $\Delta NPV_{B-A}>0$，即投资额大的 B 方案优于投资额小的 A 方案，所以淘汰 A 方案。

$$\Delta NPV_{C-B}=-300-(-260)+(68-59)(P/A,10\%,10)\approx15.30\text{（万元）}$$

由于 $\Delta NPV_{C-B}>0$，表明投资额大的 C 方案优于投资额小的 B 方案。

3 个方案的优劣顺序是：C 方案最优，B 方案次之，A 方案最差。因此，选择最优的 C 方案为最佳投资方案。

方法 2：净现值最大化准则。

①进行绝对经济效果检验，计算各方案的 NPV。

$NPV_A=-170+44(P/A,10\%,10)\approx100.36$（万元）

$NPV_B=-260+59(P/A,10\%,10)\approx102.53$（万元）

$NPV_C=-300+68(P/A,10\%,10)\approx117.83$（万元）

②进行相对经济效果检验并优选。

因为 $NPV_C > NPV_B > NPV_A$，所以 C 方案最优，B 方案次之，A 方案最差。

因此，选择最优的 C 方案为最佳投资方案。

(2)净年值(NAV)法

应用净年值指标进行寿命期相等的互斥方案评价与净现值法是等效的。运用净年值法进行寿命期相等的互斥方案的评价步骤及判别准则如下：

寿命期相等的互斥型方案经济效果评价（二）

①进行绝对经济效果检验：计算各方案的 NAV，并加以检验，若某方案的 NAV≥0，则该方案通过了绝对经济效果检验，可以继续作为备选方案，进入下一步的优选；若某方案的 NAV<0，则该方案被舍弃。

②进行相对经济效果检验并优选，选择净年值最大的方案为最佳方案。

③判别准则：净年值大于或等于零且净年值最大的方案为最优的可行方案。

【例3.21】条件同例3.20，试用净年值法选择最佳投资方案。

【解】①进行绝对经济效果检验，计算各方案的 NAV：

$$NAV_A = -170(A/P,10\%,10) + 44 \approx 16.34(\text{万元})$$

$$NAV_B = -260(A/P,10\%,10) + 59 \approx 16.70(\text{万元})$$

$$NAV_C = -300(A/P,10\%,10) + 68 \approx 19.19(\text{万元})$$

②进行相对经济效果检验并优选。

因为 $NAV_C > NAV_B > NAV_A$，所以 C 方案最优，B 方案次之，A 方案最差。

因此，选择最优的 C 方案为最佳投资方案。

(3)费用现值(PC)法和费用年值(AC)法

寿命期相等的互斥型方案经济效果评价（三）

在工程经济分析中，对方案所产生的效果相同(或基本相同)，但效果无法或很难用货币直接计量的互斥方案进行比较时，常用费用现值指标或费用年值指标替代净现值指标或净年值指标进行评价。对于仅有或仅需计算费用现金流量的互斥方案，只需进行相对效果检验。

判别准则：费用现值或费用年值最小者为最优方案。

【例3.22】某项目需购买一台设备，现市场上有两种不同型号、功能相同的设备可供选择，经济数据如表3.13所示。若基准收益率为15%，试对两种设备的经济性进行比较。

表3.13　两种设备的经济数据　　单位：万元

设备	价格	年运转费用		第六年末残值
		前三年	后三年	
A	1 000	500	600	400
B	750	600	600	0

【解】①用费用现值法进行比较。

$PC_A = 1\ 000 + 500(P/A, 15\%, 3) + 600(P/A, 15\%, 3)(P/F, 15\%, 3) - 400(P/F, 15\%, 6) \approx 2\ 869.40$（万元）

$PC_B = 750 + 600(P/A, 15\%, 6) = 3\ 020.7$（万元）

②用费用年值法进行比较。

$AC_A = 2\ 869.40(A/P, 15\%, 6) \approx 758.1$（万元）

$AC_B = 3\ 020.7(A/P, 15\%, 6) \approx 798.07$（万元）

结论：因为设备A的费用现值（或费用年值）小于设备B的费用现值（或费用年值），所以设备A优于设备B。

寿命期相等的互斥型方案经济效果评价（四）

（4）差额内部收益率（ΔIRR）法

运用差额内部收益率法进行寿命期相等的互斥方案的评价步骤及判别准则如下：

①进行绝对经济效果检验：计算各方案的IRR，并加以检验，若某方案的IRR$\geqslant i_c$，则该方案通过了绝对经济效果检验，可以继续作为备选方案，进入下一步的优选；若某方案的IRR$< i_c$，则该方案被舍弃。

②进行相对经济效果检验：将通过绝对经济效果检验的方案按照投资额由大到小排序，计算两两方案的差额内部收益率ΔIRR。

特别提示

互斥方案的比选不能直接用内部收益率来对比，必须把绝对经济效果检验和相对经济效果检验结合起来进行。

若A、B为投资额不等的互斥方案，寿命期均为n，用投资额大的方案（A方案）的现金流量减去投资额小的方案（B方案）的现金流量，得到差额现金流量。差额内部收益率ΔIRR是指使两个互斥方案形成的差额现金流量的差额净现值等于零时的折现率，用符号ΔIRR_{A-B}表示。其计算公式为：

$$\sum_{t=0}^{n}(\Delta CI - \Delta CO)_t(1 + \Delta IRR)^{-t} = 0 \tag{3.23}$$

③决策准则：以差额内部收益率优选方案时，决策准则如表3.14所示。

表3.14　以差额内部收益率优选方案时的决策准则

指标	结果	优选结论
ΔIRR_{A-B}	$>i_c$	表明差额投资带来的收益率水平超过基准收益率，投资额大的方案优
	$=i_c$	表明差额投资带来的收益率水平等于基准收益率，根据利润最大化原则，投资额大的方案优
	$<i_c$	表明差额投资带来的收益率水平小于基准收益率，投资额小的方案优

【例3.23】条件同例3.20，试用差额内部收益率法选择最佳投资方案。

【解】①进行绝对经济效果检验，计算各方案的 IRR。

$$-170+44(P/A,\mathrm{IRR}_A,10)=0$$

得：$\mathrm{IRR}_A\approx22.47\%$

$$-260+59(P/A,\mathrm{IRR}_B,10)=0$$

得：$\mathrm{IRR}_B\approx18.49\%$

$$-300+500(P/A,\mathrm{IRR}_C,10)=0$$

得：$\mathrm{IRR}_C\approx18.52\%$

因为 $i_c=10\%$，IRR_A、IRR_B 和 IRR_C 均大于 i_c，所以 A、B、C 三方案通过了绝对经济效果检验。

②按照投资额由大到小排序（C＞B＞A），进行相对经济效果检验，计算两两方案的差额内部收益率 ΔIRR。

根据差额内部收益率的计算公式，有：

$$-(260-170)+(59-44)(P/A,\Delta\mathrm{IRR}_{B-A},10)=0$$

可求出：$\Delta\mathrm{IRR}_{B-A}\approx10.58\%>i_c=10\%$

故方案 B 优于方案 A，保留方案 B，继续进行比较。

将方案 B 和方案 C 进行比较：

$$-(300-260)+(68-59)(P/A,\Delta\mathrm{IRR}_{C-B},10)=0$$

可求出：$\Delta\mathrm{IRR}_{C-B}\approx14.48\%>i_c=10\%$

故方案 C 优于方案 B，选择投资额较大的 C 方案。

寿命期相等的互斥型方案经济效果评价（五）

（5）差额投资回收期（ΔP_t）法

运用差额投资回收期法进行寿命期相等的互斥方案的评价步骤及判别准则如下：

①进行绝对经济效果检验：计算各方案的 P_t，并加以检验，若某方案的 $P_t\leqslant P_c$，则该方案通过了绝对经济效果检验，可以继续作为备选方案，进入下一步的优选；若某方案的 $P_t>P_c$，则该方案被舍弃。

②进行相对经济效果检验：将通过绝对经济效果检验的方案按照投资额由大到小排序，计算两两方案的差额投资回收期 ΔP_t。

若 A、B 为投资额不等的互斥方案，寿命期均为 n，用投资额大的方案（A 方案）的现金流量减去投资额小的方案（B 方案）的现金流量，得到差额现金流量。差额投资回收期 ΔP_t 则是使两方案各年差额现金流量的现值之和等于 0 时的时间点，或者是使两方案净现值相等时的时间点，用符号 $\Delta P_{t(A-B)}$ 表示。其计算公式为：

$$\sum_{t=0}^{\Delta P_t}(\Delta CI-\Delta CO)_t(1+i_c)^{-t}=0 \tag{3.24}$$

③决策准则：以差额投资回收期优选方案时，决策准则如表 3.15 所示。

特别提示

用差额内部收益率评选互斥方案，优点是经济概念清楚，但计算比较烦琐。特别需要指出的是，如果投资方案的差额净现金流量符号变化超过一次，则可能出现内部收益率方程无解或多解的情况，此时内部收益率指标可能失效。因此，在采用内部收益率指标时，要特别注意投资方案的差额净现金流量符号多次变化的情况。

表 3.15　以差额投资回收期优选方案时的决策准则

指标	结果	优选结论
$\Delta P_{t(A-B)}$	$>P_c$	表明差额投资回收期大于基准投资回收期,应选投资额较小的方案
	$=P_c$	表明差额投资回收期等于基准投资回收期,可以接受投资额较大的方案
	$<P_c$	表明差额投资回收期小于基准投资回收期,应选投资额较大的方案

【例 3.24】现有某项目的两个备选方案,A 方案的总投资额为 1 500万元,预计每年净收益为 310 万元;B 方案的总投资额为 2 000 万元,预计每年净收益为 400 万元。基准收益率为 6%,基准投资回收期为 8 年。试确定最优方案。

【解】①进行绝对经济效果检验,计算各方案的 P_t。

A 方案:

$$-1\ 500+310(P/A,6\%,P_{tA})=0$$

得:$P_{tA}\approx 5.9$(年)

B 方案:

$$-2\ 000+400(P/A,6\%,P_{tB})=0$$

得:$P_{tB}\approx 6.1$(年)

因为 $P_{tA}<8$、$P_{tB}<8$,所以两方案均可行。

②按照投资额由大到小排序为 B > A,进行相对经济效果检验,计算两方案的差额投资回收期 $\Delta P_{t(B-A)}$。

$$0=-(2\ 000-1\ 500)+(400-310)(P/A,6\%,\Delta P_{t(B-A)})$$

可求出:$\Delta P_{t(B-A)}\approx 7.2$(年)

因为 $\Delta P_{t(B-A)}\approx 7.2<8$,所以应选择投资额较大的 B 方案。

特别提示

如果两方案均通过了绝对经济效果检验,那么投资回收期较短的方案不一定是最佳方案,必须进一步作相对经济效果检验才能得出正确结论。

2) 寿命期不等的互斥型方案经济效果评价

对于寿命期相等的互斥方案,通常将方案的寿命期设定为共同的分析期(或称计算期),以保证在利用资金等值原理进行经济效果评价时的时间可比性。

对于寿命期不等的互斥方案,同样要求方案间具有时间可比性。满足这一要求需要解决两个方面的问题:一是设定一个合理的共同分析期;二是给寿命期不等于分析期的方案选择合理的方案持续假定或者残值收回假定。常用的方法有净年值法和净现值法。

(1) 净年值法

①含义:净年值法主要采用净年值指标进行方案的比选,当各个方案的效益难以计量或效益相同时,也可采用费用年值指标。在净年值法中,要分别计算各备选方案净现金流量的等额净年值 NAV 或费

用年值 AC,并进行比较。

②计算公式:

$$NAV = \left[\sum_{t=0}^{n}(CI - CO)_t(1 + i_c)^{-t}\right](A/P, i_c, n) \quad (3.25)$$

③判别准则:以净年值大于或等于零且净年值最大(或费用年值 AC 最小)的方案为最优方案。

寿命期不等的互斥型方案经济效果评价(一)

用年值法进行寿命期不等的互斥方案比选,实际上隐含着这样一种假定:各备选方案在其寿命结束时均可按原方案重复实施或用与原方案经济效果水平相同的方案续接。因为一个方案无论重复实施多少次,其年值是不变的,所以年值法实际上假定了各方案可以无限多次重复实施。在这一假定前提下,净年值法是以“年”为时间单位比较各方案的经济效果,从而使计算期不同的互斥方案间具有时间的可比性。在对寿命期不等的互斥方案进行评价时,净年值法是最简便的方法。当备选方案数目众多时,尤其适用。

【例 3.25】现有 3 个互斥方案 A、B、C,寿命期分别为 5 年、7 年、8 年,各方案净现金流量如表 3.16 所示,基准收益率 $i_c = 12\%$,试选择最佳投资方案。

表 3.16　互斥方案 A、B、C 的净现金流量　　单位:万元

寿命期	0	1	2	3	4	5	6	7	8
A	-150	45	45	45	45	45			
B	-200	50	50	50	50	50	50	50	
C	-300	55	55	55	55	55	55	55	55

【解】计算各方案的净年值 NAV。

$NAV_A = -150(A/P, 12\%, 5) + 45 \approx 3.4$(万元)

$NAV_B = -200(A/P, 12\%, 7) + 50 \approx 6.2$(万元)

$NAV_C = -300(A/P, 12\%, 8) + 55 \approx -5.4$(万元)

因为 $NAV_A > 0$、$NAV_B > 0$、$NAV_C < 0$,所以 C 方案应被淘汰;而 $NAV_B > NAV_A$,故 B 方案为最优方案。

【例 3.26】互斥方案 A、B 具有相同的产出,方案 A 寿命期为 10 年,方案 B 寿命期为 15 年。两方案净现金流量如表 3.17 所示,$i_c = 10\%$,试选择最佳方案。

表 3.17　两方案的费用现金流量　　单位:万元

方案	第 0 年费用	第 1 年费用	第 2～10 年费用	第 11～15 年费用
A	100	100	60	—
B	100	140	40	40

【解】计算各方案的费用年值 AC。

$AC_A=[100+100(P/F,10\%,1)+60(P/A,10\%,9)(P/F,10\%,1)](A/P,10\%,10)\approx 82.2$(万元)

$AC_B=[100+140(P/F,10\%,1)+40(P/A,10\%,14)(P/F,10\%,1)](A/P,10\%,15)\approx 65.1$(万元)

因为 $AC_A>AC_B$，所以 B 方案优于 A 方案，应选择 B 方案。

寿命期不等的互斥型方案经济效果评价（二）

(2)净现值法

运用净现值法进行寿命期不等的互斥方案的评价，必须注意：各方案在各自寿命期内的净现值在时间上不具有可比性，因此需要设定一个共同的分析期。常用来设定分析期的方法有以下几种。

①最小公倍数法（又称为方案重复法）。

a. 含义：最小公倍数法是以各备选方案计算期的最小公倍数作为方案比选的共同计算期，并假设各个方案均在这样一个共同的计算期内重复进行，即各备选方案在其计算期结束后，均可按与其原方案计算期内完全相同的现金流量系列周而复始地循环下去，直到共同的计算期，在此基础上计算出各个方案的净现值（费用现值）。

b. 判别准则：以净现值大于或等于 0 且净现值最大（费用现值最小）的方案为最佳方案。

例如有 A、B 两个互斥方案，A 方案计算期为 4 年，B 方案计算期为 6 年，则其共同的计算期即为 12 年(4 和 6 的最小公倍数)。然后，假设 A 方案将重复实施 3 次，B 方案将重复实施 2 次，分别对其净现金流量进行重复计算，计算出共同的计算期内各个方案的净现值（费用现值），以净现值大于或等于 0 且净现值最大（费用现值最小）的方案为最佳方案。

【例 3.27】某项目有 A、B 两个互斥方案可供选择，各方案的有关数据如表 3.18 所示，$i_c=12\%$，试用净现值法选择最佳方案。

表 3.18　A、B 方案的经济数据

方案	投资额/万元	年净收益/万元	寿命期/年
A	800	360	6
B	1 200	480	8

分析：由于两个方案的寿命期不等，须先求出两个方案寿命期的最小公倍数，其值为 24 年。两方案重复后的现金流量图如图 3.32 所示。从现金流量图中可以看出，方案 A 重复 4 次，方案 B 重复 3 次。

【解】$NPV_A=-800-800(P/F,12\%,6)-800(P/F,12\%,12)-800(P/F,12\%,18)+360(P/A,12\%,24)\approx 1\,287.7$(万元)

$NPV_B=-1\,200-1\,200(P/F,12\%,8)-1\,200(P/F,12\%,16)+480(P/A,12\%,24)\approx 1\,856.1$(万元)

因为 $NPV_B>NPV_A$，所以 B 方案优于 A 方案，应选择 B 方案。

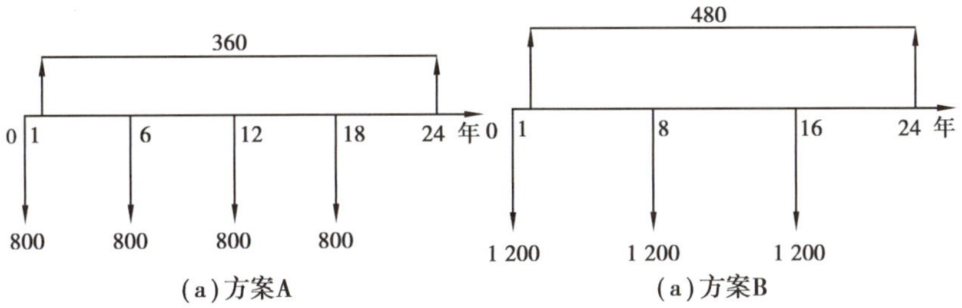

图3.32　两方案重复后的现金流量图(单位:万元)

②研究期法(又称为分析期法)。

利用最小公倍数法有效地解决了寿命期不等的方案之间净现值的可比性问题,但这种方法所依赖的方案可重复实施的假定不是在任何情况下都适用的。对于某些不可再生资源开发型项目,在进行计算期不等的互斥方案比选时,方案可重复实施的假定不再成立,甚至远远超过所需的项目寿命期或计算期的上限,这就降低了所计算方案经济效果指标的可靠性和真实性,故也不适合用最小公倍数法,处理这一类问题的可行办法是研究期法。

a. 含义:所谓研究期法,就是根据对未来市场状况和技术发展前景的预测直接选取一个合适的分析期作为各个方案共同的计算期,假定寿命期短于此方案的重复实施,并对各方案在分析期期末的资产余值进行估价,到分析期结束时回收资产余值。

b. 判别准则:以净现值大于或等于0且净现值最大(费用现值最小)的方案为最佳方案。

c. 研究期的选择视具体情况而定,主要有下面3种情况:

• 以寿命期最短方案的寿命为各方案共同的服务年限,令寿命期较长方案在共同服务年限末保留一定的残值,这种选择目前应用最广。

• 以寿命期最长方案的寿命为各方案共同的服务年限,令寿命期较短方案在寿命终止时,以同种固定资产或其他新型固定资产进行更替,直至达到共同服务年限为止,期末可能尚存一定的残值。

• 统一规定方案的计划服务年限,计划服务年限不一定与各方案的寿命期相同。在达到计划服务年限前,有的方案或许需要进行固定资产更替,服务期满时,有的方案可能存在残值。

想一想

在进行方案比较分析时,哪些评价指标需要取相同的分析期,哪些指标不用?

【例3.28】有A、B两个互斥方案,A方案的寿命期为4年,B方案的寿命期为6年,其现金流量如表3.19所示,基准收益率 $i_c=10\%$。

表3.19　A、B方案的现金流量　　单位:万元

寿命期	0	1	2	3	4	5	6
A	-5 000	3 000	3 000	3 000	3 000	—	—
B	-4 000	2 000	2 000	2 000	2 000	2 000	2 000

寿命期不等的互斥型方案经济效果评价（三）

问题：

①以 A 方案的寿命期 4 年为研究期，B 方案在第 4 年末残值为 1 500万元，试选择最优方案；

②以 B 方案的寿命期 6 年为研究期，A 方案在第 4 年末以同种固定资产更替，更替后第 2 年末的残值为 3 500 万元，试选择最优方案。

③取计划服务年限 10 年为研究期，在达到计划服务年限前，A、B 方案均按同种固定资产进行更替，服务期满时，A 方案残值为 3 500 万元，B 方案残值为 1 500 万元，试选择最优方案。

【解】①以 A 方案的寿命期 4 年为研究期，B 方案在第 4 年末残值为 1 500 万元，现金流量如表 3.20 所示。

表 3.20　A、B 方案的现金流量　　单位：万元

寿命期	0	1	2	3	4
A	-5 000	3 000	3 000	3 000	3 000
B	-4 000	2 000	2 000	2 000	2 000 + 1 500(残值)

$$NPV_A = -5\ 000 + 3\ 000(P/A,10\%,4) = 4\ 509.7(\text{万元})$$

$$NPV_B = -4\ 000 + 2\ 000(P/A,10\%,4) + 1\ 500(P/F,10\%,4) = 3\ 364.3(\text{万元})$$

因为 $NPV_A > NPV_B$，所以 A 方案更优。

②以 B 方案的寿命期 6 年为研究期，A 方案在第 4 年末以同种固定资产更替，更替后第 2 年末的残值为 3 500 万元，现金流量如表 3.21所示。

表 3.21　A、B 方案的现金流量　　单位：万元

寿命期	0	1	2	3	4	5	6
A	-5 000	3 000	3 000	3 000	3 000 - 5 000	3 000	3 000 + 3 500(残值)
B	-4 000	2 000	2 000	2 000	2 000	2 000	2 000

$$NPV_A = -5\ 000 - 5\ 000(P/F,10\%,4) + 3\ 000(P/A,10\%,6) + 3\ 500(P/F,10\%,6) = 6\ 626.65(\text{万元})$$

$$NPV_B = -4\ 000 + 2\ 000(P/A,10\%,6) = 4\ 710.6(\text{万元})$$

因为 $NPV_A > NPV_B$，所以 A 方案更优。

③取计划服务年限 10 年为研究期，在达到计划服务年限前，A、B 方案均按同种固定资产进行更替，服务期满时，A 方案残值为 3 500 万元，B 方案残值为 1 500 万元，现金流量如表3.22所示。

表3.22 A、B方案的现金流量 单位：万元

研究期	0	1	2	3	4	5	6	7	8	9	10
A	-5 000	3 000	3 000	3 000	3 000 - 5 000	3 000	3 000	3 000	3 000 - 5 000	3 000	3 000 + 3 500
B	-4 000	2 000	2 000	2 000	2 000	2 000	2 000 - 4 000	2 000	2 000	2 000	2 000 + 1 500

$$\begin{aligned}NPV_A &= -5\,000 - 5\,000(P/F,10\%,4) - 5\,000(P/F,10\%,8) + \\ &\quad 3\,000(P/A,10\%,10) + 3\,500(P/F,10\%,10) \\ &= 9\,035.55(\text{万元})\end{aligned}$$

$$\begin{aligned}NPV_B &= -4\,000 - 4\,000(P/F,10\%,6) + 2\,000(P/A,10\%,10) + \\ &\quad 1\,500(P/F,10\%,10) = 6\,609.45(\text{万元})\end{aligned}$$

因为 $NPV_A > NPV_B$，所以A方案更优。

3）无限寿命的互斥型方案经济效果评价

想一想

你知道哪些项目属于无限寿命呢？

通常情况下，各备选方案的计算期都是有限的。但在实践中，经常会遇到具有很长服务期（一般寿命大于50年）的工程方案，如铁路、桥梁、运河、大坝、机场等一些公共事业工程项目方案，可以通过大修或反复更新使其寿命延长至很长的年限直到无限。一般而言，经济分析对遥远未来的现金流量是不敏感的，对于服务期限很长的工程方案，均可以近似地当作具有无限服务寿命期来处理。

（1）净现值法

①计算公式：

$$P = \frac{A}{i} \tag{3.26}$$

推导原理：按资金等值原理，已知

$$P = A(P/A,i,n) = A\frac{(1+i)^n - 1}{i(1+i)^n} = A\frac{1}{i}\left[1 - \frac{1}{(1+i)^n}\right]$$

其中，i 为具有实际经济意义的利率（即 $i>0$），当 $n\to\infty$ 时，

$$P = \lim_{n\to\infty}\left\{A\frac{1}{i}\left[1 - \frac{1}{(1+i)^n}\right]\right\} = \frac{A}{i}\lim_{n\to\infty}\left[1 - \frac{1}{(1+i)^n}\right] = \frac{A}{i}$$

②判别准则：以净现值大于或等于0且净现值最大（费用现值最小）的方案为最佳投资方案。

（2）净年值法

①计算公式：

$$A = Pi \tag{3.27}$$

推导原理：根据无限寿命净现值法计算公式 $P = \frac{A}{i}$ 即可推出。

②判别准则：以净年值大于或等于0且净年值最大（费用年值最小）的方案为最佳投资方案。

无限寿命的互斥型方案经济效果评价

【例 3.29】某城市拟修建一座大坝，有 A、B 两处选点方案，两方案的现金流量如表3.23所示，若基准收益率$i_c=10\%$，试选出最优的选址方案。

表 3.23　A、B 两方案的现金流量表　　单位：万元

方案	A	B
一次投资	3 080	2 230
年收入	500	350
再投资	300(每 10 年一次)	100(每 5 年一次)

【解】①采用净现值法：

$$NPV_A=-3\ 080+\frac{500-300(A/F,10\%,10)}{10\%}=1\ 731.9(\text{万元})$$

$$NPV_B=-2\ 230+\frac{350-100(A/F,10\%,5)}{10\%}=1\ 106.2(\text{万元})$$

因为 $NPV_A>NPV_B>0$，所以 A 方案为最优方案。

②采用净年值法：

$$NAV_A=-3\ 080\times10\%+500-300(A/F,10\%,10)=173.19(\text{万元})$$

$$NAV_B=-2\ 230\times10\%+350-100(A/F,10\%,5)=110.62(\text{万元})$$

因为 $NAV_A>NAV_B>0$，所以 A 方案为最优方案。

【例 3.30】为修建某桥，有两处可供选点，选点 A 时需建吊桥，投资 3 000 万元，购地用款 80 万元，年维护费 1.5 万元，桥面每 10 年翻修一次，每次 5 万元。选点 B 时，可建桁架桥，投资 1 200 万元，年维护费 8 000 元，桥面每 3 年粉刷一次，每次 1 万元；每 10 年翻修一次，每次 4.5 万元，购地用款 1 030 万元。若 $i_c=10\%$，寿命期无限，试比较哪个方案更优。

【解】两方案的现金流量如图 3.33 所示。

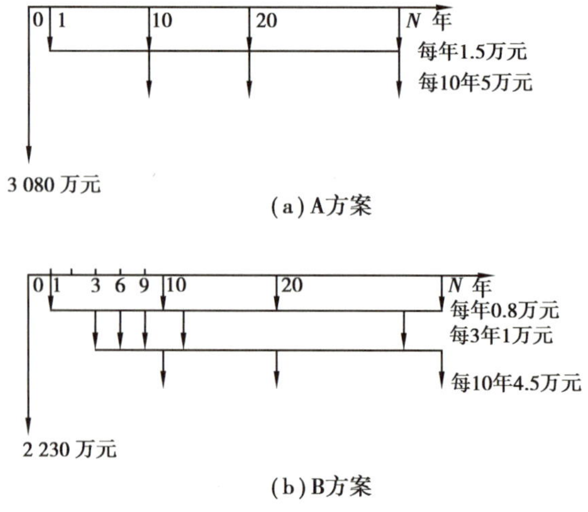

图 3.33　两方案的现金流量图

【解】①采用费用现值法：

$$PC_A = 3\ 080 + \frac{1.5 + 5(A/F,10\%,10)}{10\%} \approx 3\ 098.1(\text{万元})$$

$$PC_B = 2\ 230 + \frac{0.8 + 1(A/F,10\%,3) + 4.5(A/F,10\%,10)}{10\%}$$

$$\approx 2\ 243.8(\text{万元})$$

因为 $PC_A > PC_B$，所以 B 方案优于 A 方案，应选择 B 方案。

②采用费用年值法：

$$AC_A = 1.5 + 5(A/F,10\%,10) + 3\ 080 \times 10\% \approx 309.81(\text{万元})$$

$$AC_B = 0.8 + 1(A/F,10\%,3) + 4.5(A/F,10\%,10) + 2\ 230 \times 10\%$$

$$= 224.38(\text{万元})$$

因为 $AC_A > AC_B$，所以 B 方案优于 A 方案，应选择 B 方案。

3.3.4　相关型方案的经济效果评价

相关型方案可以分为现金流量相关型、资金有限相关型和从属相关型。

1) 现金流量相关型方案的经济效果评价

相关型方案的经济效果评价（一）

现金流量相关型方案是指若干个方案中任一方案的取舍会导致其他方案的现金流量发生变化。例如，有两种在技术上都可行的方案：一种是建造城际高速公路（方案 A），另一种是建造城际高铁（方案 B），A、B 方案并不完全相互排斥，即可以考虑的方案组合分别为方案 A、方案 B 和方案 A + B。任一方案的实施或舍弃都会影响另一方案的收入，从而影响方案经济效果评价的结论。如在 A + B 方案中，方案 A 的收入将因方案 B 的存在而受到影响。

当各个方案的现金流量之间具有相关性且方案之间不完全互斥时，我们不能简单地按照独立方案或互斥方案的评价方法进行决策，而应当用"互斥方案组合法"，即将各方案组合成互斥方案，计算各互斥方案的现金流量，再按互斥方案的评价方法进行方案选择。

【例 3.31】国家拟在中部地区和西部地区之间修建一条铁路项目或一条公路项目，也可能两个项目都立项。经过测算，只上一个项目和两个项目都上时的现金流量如表 3.24 所示。当基准收益率为 10% 时，应如何决策？

表 3.24　方案的现金流量表　　单位：万元

方案	年份			
	0	1	2	3～32
铁路 A	-200	-200	-200	100
公路 B	-100	-100	-100	60
铁路 A + 公路 B	-300	-300	-300	115

【解】铁路项目和公路项目都立项修建的话，由于货运分流的原因，两个项目的收益都将减少。实际上，两个项目的现金流量相关。可将两个相关方案组合成3个互斥方案，决策时即对3个互斥方案进行比选。

$NPV_A = -200 - 200(P/A,10\%,2) + 100(P/A,10\%,30)(P/F,10\%,2) \approx 231.94$（万元）

$NPV_B = -100 - 100(P/A,10\%,2) + 60(P/A,10\%,30)(P/F,10\%,2) \approx 193.87$（万元）

$NPV_{A+B} = -300 - 300(P/A,10\%,2) + 115(P/A,10\%,30)(P/F,10\%,2) \approx 75.24$（万元）

结论：因为 $NPV_A > NPV_B > NPV_{A+B}$，所以修建一条铁路项目是最佳的。

相关型方案的经济效果评价（二）

2）资金有限相关型方案的经济效果评价

资金有限相关型是针对独立方案而言，因为资金短缺可使相互独立的可行方案只能实施其中的某一些，不能满足所有方案的需要，从而使独立方案之间具有相关性。例如，一条江上有4个可行的大桥建设方案，由于资金有限，只能建其中的两座，因此，问题就变成了如何在保证不超过资金概算的前提下取得最大的经济效益。

资金有限相关型方案的选择主要有两种方法：一是互斥方案组合法，二是净现值率排序法。

（1）互斥方案组合法

互斥方案组合法的基本思想是把各个独立方案进行组合，其中每一个组合方案就代表一个相互排斥的方案，然后按照互斥方案的比选方法确定最优的组合方案。对于 m 个独立方案，可以构成 $(2^m - 1)$ 个互斥方案。

互斥方案组合法的优点是在各种情况下均能保证获得最佳组合方案；缺点是在方案数目较多时，其计算比较烦琐。

【例3.32】某公司有3个独立方案A、B、C，寿命期均为10年，期初投资和每年净收益如表3.25所示，当投资限额为800万元时，用互斥方案组合法求最优方案组合。$i_c = 12\%$。

表3.25　独立方案的基本数据表　　单位：万元

方案	A	B	C
期初投资	200	375	400
每年净收益	42	68	75

【解】第1步，对于 n 个独立的方案，列出全部相互排斥的组合方

案，共 $2^3-1=7$ 个。

第 2 步，保留投资额不超过投资限额且净现值或净现值率大于等于 0 的组合方案，淘汰其余组合方案，保留的组合方案中净现值最大的即是最优可行方案。本例中以第 6 组方案的净现值最大，即 A + C 方案为最优方案，净现值为 61.08 万元。组合方案评价结果如表3.26 所示。

表 3.26　组合方案评价结果表

组合号	组合方案	投资/万元	可行与否	NPV/万元
1	100	200	Y	37.31
2	010	375	Y	9.21
3	001	400	Y	23.77
4	110	575	Y	46.52
5	011	775	Y	32.98
6	101	600	Y	61.08
7	111	975	N	—

注："组合方案"中"1"表示方案入选；"0"表示方案不入选。"Y"表示可行；"N"表示不可行。余同。

(2) 净现值率排序法

净现值率排序法是指将净现值率大于或等于 0 的各个方案按净现值率的大小依次排序，并依此次序选取方案，直至所选取的方案组合的投资总额最大限度地接近或等于投资限额为止。

按净现值率排序法原则选择项目方案，其基本思想是单位投资的净现值越大，在一定投资限额内所获得的净现值总额就越大。

净现值率排序法的优点是计算简便，选择方法简明扼要；缺点是由于投资方案的不可分性，不能保证现有资金的充分利用，不能达到净现值最大的目标。

注意

只有在各方案投资占预算的比例很小时，它才可能达到或接近净现值最大的目标。

【例 3.33】有 6 个可供选择的独立方案，各方案初始投资及每年净收益如表 3.27 所示，当资金预算为 3 000 万元时按净现值率排序法对方案作出选择。$i_c=10\%$。

表 3.27　各方案现金流量表　　单位：万元

方案	A	B	C	D	E	F
初始投资	600	640	700	750	720	680
1～10 年净收益	250	280	310	285	245	210

【解】各方案的净现值、净现值率及排序结果如表 3.28 所示。

表 3.28　各方案的净现值、净现值率及排序结果表

方案	第 0 年投资/万元	1～10 年净收益/万元	NPV/万元	NPVR	排序
A	-600	250	936.15	1.56	3
B	-640	280	1 080.49	1.61	2
C	-700	310	1 204.83	1.72	1
D	-750	285	1 001.21	1.33	4
E	-720	245	785.43	1.09	5
F	-680	210	610.37	0.90	6

相关型方案的经济效果评价（三）

由表 3.28 可知，方案的优先顺序为 C—B—A—D—E—F。当资金总额为 3 000 万元时，最优组合方案是 C、B、A、D。

3）从属相关型方案的经济效果评价

从属相关型方案是指如果两个或多个方案之间，某一方案的实施要求以另一方案（或另几个方案）的实施为条件，如果另一方案不能被接受，则该方案也不能被独立接受，那么两个方案之间具有从属性。如某公司的软件系统购置方案一般从属于计算机的购置方案。

若 A、B、C 3 个项目之间的关系为 C 项目从属于 A、B 项目，B 项目从属于 A 项目，则它们可以构成的互斥方案有 A、A + B、A + B + C 共 3 种方案。

【例 3.34】有 6 个方案的数据如表 3.29 所示，设定资金限额为 30 万元，基准收益率为 10%，寿命期为 5 年。现已知 A_1、A_2 互斥，B_1、B_2 互斥，C_1、C_2 互斥；B_1、B_2 从属于 A_1，C_1 从属于 A_2，C_2 从属于 B_1，试选择最优的投资组合方案。

表 3.29　各方案的初始投资与年净收益表　　单位：万元

方案	A_1	A_2	B_1	B_2	C_1	C_2
初始投资	12	16	9	7	8	7
年净收益	4	5	3	2.5	3	2.5

提示：各方案间的从属关系如图 3.34 所示。由各方案间的关系可知，不考虑资金限额的情况下，6 个投资方案共可组成 6 组互斥投资方案：A_1、A_2、$A_1 + B_1$、$A_1 + B_2$、$A_1 + B_1 + C_2$、$A_2 + C_1$。

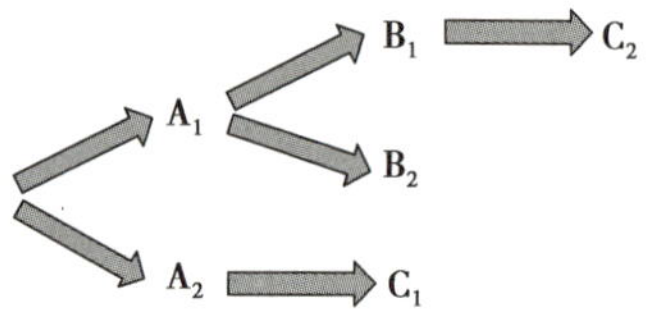

图 3.34　各方案间的从属关系图

【解】①计算各方案的 NPV，分别为：

$$NPV_{A1} = -12 + 4(P/A, 10\%, 5) \approx 3.16(万元)$$

$$NPV_{A2} = -16 + 5(P/A, 10\%, 5) \approx 2.95(万元)$$

$NPV_{B1}=-9+3(P/A,10\%,5)\approx 2.37$（万元）

$NPV_{B2}=-7+2.5(P/A,10\%,5)\approx 2.48$（万元）

$NPV_{C1}=-8+3(P/A,10\%,5)\approx 3.37$（万元）

$NPV_{C2}=-7+2.5(P/A,10\%,5)\approx 2.48$（万元）

②6 个投资方案共可组成 6 组互斥投资方案，组合方案评价结果如表 3.30 所示。

表 3.30　组合方案评价结果表

组合号	组合方案 $A_1A_2B_1B_2C_1C_2$	投资/万元	可行与否	NPV/万元
1	100000	12	Y	3.16
2	010000	16	Y	2.95
3	101000	21	Y	5.53
4	100100	19	Y	5.64
5	101001	28	Y	8.02
6	010010	24	Y	5.85

结论：显然方案 5 的净现值最高，应优先采纳。方案 5 是由 A_1、B_1 及 C_2 3 个投资方案组成，总投资为 28 万元，没有超过资金限额 30 万元，净现值为 8.02 万元。

复习思考题

1. 简答题

(1)简述投资的概念。

(2)简述我国现阶段建设项目总投资的构成。

(3)简述投入资金和借入资金的区别。

(4)简述成本和费用的关系。

(5)简述增值税的计算方法。

(6)简述利润的组成。

(7)固定资产折旧方法有哪几种？

(8)动态评价方法有哪些特点？常用动态评价指标有哪些？

(9)如何对寿命期不等的互斥方案进行经济效果评价与分析？

2. 选择题

(1)关于投资收益率的说法，错误的是(　　)。

A. 在一定程度上反映了技术方案投资效果的优劣，可适用于各种投资规模

B. 考虑了技术方案投资收益的时间因素，体现了资金具有时间价值的理念

C. 指标的计算主观随意性太强，带有一定的不确定性和人为

因素

D. 适用于工艺简单而生产情况变化不大的技术方案的选择和投资经济效果的评价

(2)某技术方案固定资产投资为 5 000 万元,流动资金为 450 万元,该技术方案投产期年息税前利润总额为 900 万元,达到设计生产能力的正常年份年息税前利润总额为1 200万元,则该技术方案正常年份的总投资收益率为(　　)。

A. 17%　　B. 18%　　C. 22%　　D. 24%

(3)某技术方案寿命期为 7 年,各年现金流量如表 3.31 所示,该技术方案的静态投资回收期为(　　)年。

表 3.31　某技术方案各年现金流量表　　单位:万元

寿命期	1	2	3	4	5	6	7
现金流入			900	1 200	1 200	1 200	1 200
现金流出	800	700	500	600	600	600	600

A. 4.8　　B. 4.4　　C. 5.0　　D. 5.4

(4)为了能使资金得到最有效的利用,基准收益率应不低于单位资金成本和单位投资的(　　)。

A. 资本金净利润率　　B. 投资收益率

C. 机会成本　　D. 经营成本

(5)对于一个特定的技术方案,若基准收益率变大,则(　　)。

A. 净现值与内部收益率均减小

B. 净现值与内部收益率均增大

C. 净现值减小,内部收益率不变

D. 净现值增大,内部收益率减小

(6)某技术方案的现金流量为常规现金流量,当基准收益率为 8% 时,净现值为 400 万元。若基准收益率变为 10% 时,该技术方案的 NPV 将(　　)。

A. 大于 400 万元　　B. 等于 400 万元

C. 小于 400 万元　　D. 不确定

(7)反映净现值与投资现值的比率关系的指标是(　　)。

A. 净现值率　　B. 净年值

C. 投资回收期　　D. 总投资收益率

(8)净年值是指把项目寿命期内的净现金流量按设定的折现率折算成与其等值的各年年末的(　　)。

A. 等额净现金流量值　　B. 净现金流量值

C. 差额净现金流量值　　D. 税后净现金流量值

(9)如果技术方案在经济上可行,则下列关系式一定成立的是(　　)。

A. 财务净现值 < 0,财务内部收益率 > 基准收益率
B. 财务净现值 < 0,财务内部收益率 < 基准收益率
C. 财务净现值≥0,财务内部收益率 < 基准收益率
D. 财务净现值≥0,财务内部收益率≥基准收益率

(10)某具有常规现金流量的技术方案,经计算 NPV(17%) = 230 万元、NPV(18%) = −78 万元,则该技术方案的内部收益率为(　　)。
A. 17%　　B. 17.3%　　C. 18%　　D. 17.7%

(11)寿命期不等的互斥方案比较,最简单的方法是直接计算两方案的(　　)。
A. 净现值　　B. 净年值
C. 动态投资回收期　　D. 差额投资内部收益率

(12)总投资有限额的条件下进行多个独立方案比选时,一般应选择(　　)。
A. 投资总额最接近限额的方案组合
B. 净现值之和最大且不超过投资限额的方案组合
C. 净现值率排序最靠前且不超过投资限额的方案组合
D. 内部收益率排序最靠前且不超过投资限额的方案组合

(13)下列关于内部收益率的表述中,不正确的是(　　)。
A. 内部收益率是使净现值为零的收益率
B. 内部收益率是使该项目能够达到的最大收益
C. 内部收益率说明该方案的实际获利水平
D. 内部收益率小于基准收益率时,应该拒绝该项目

(14)有甲、乙两方案,其寿命期甲较乙长,在各自的寿命期内,两方案的净现值大于 0 且相等,则(　　)。
A. 两方案一样　　B. 无法评价
C. 甲方案较优　　D. 乙方案较优

(15)多方案决策中,如果各个投资方案的现金流量是独立的,其中任一方案的采用与否均不影响其他方案是否采用,则方案之间存在的关系为(　　)。
A. 正相关　　B. 负相关　　C. 独立　　D. 互斥

(16)关于互斥项目方案经济比选的方法,下列说法不正确的是(　　)。
A. 寿命期相同的方案,净现值大于或者等于零且净现值最大的方案为优
B. 差额内部收益率法比较时,若差额内部收益率大于基准收益率,则投资额大的方案为优
C. 寿命期不同的方案也可以用差额内部收益率法直接比较
D. 净年值法适用于计算期相同或者计算期不同的方案的比较

(17)3 个投资方案 A、B、C，其投资额由大到小的顺序为 A > B > C，差额投资回收期分别为 $\Delta P_{t(A-B)}=3.4$ 年，$\Delta P_{t(B-C)}=4.5$ 年，$\Delta P_{t(A-C)}=2$ 年，若基准投资回收期为 5 年，则方案从优到劣的顺序为(　　)。

A. A—B—C　　B. B—C—A

C. C—B—A　　D. 不能确定

(18)已知方案 A 的投资额大于方案 B 的投资额，按照差额内部收益率的比选准则，若 $\Delta IRR_{(A-B)} < i_c$，则(　　)。

A. 投资额小的 B 方案为优

B. 投资额大的 A 方案为优

C. 所有方案都不可行

D. 所有方案均可行

(19)某常规项目的现金流量，已知 NPV(10%) = 129.7 万元，NPV(12%) = −64.25 万元。则该方案内部收益率为(　　)。

A. 12%　　B. 10%

C. 11.34%　　D. 12.68%

(20)某公司确定的基准收益率为 15%，现有 1 000 万元资金可用于 A、B、C 3 个项目的投资，各项目所需的投资额和内部收益率如表 3.32 所示。由此可产生的可行互斥方案有(　　)。

表 3.32　各项目的投资额和内部收益率

项目	投资/万元	内部收益率/%
A	400	14.8
B	250	16
C	430	19

A. 2 个　　B. 3 个　　C. 6 个　　D. 7 个

3. 计算题

(1)某固定资产原值为 1 000 万元，预计净残值率为 4%，折旧年限为 5 年，使用平均年限法、双倍余额递减法和年数总和法分别计提折旧。试计算每种折旧方法每年的折旧额为多少？

(2)某项目的现金流量如表 3.33 所示，试计算该项目的静态投资回收期。

表 3.33　某项目的现金流量表　　单位：万元

计算期	0	1	2	3	4	5	6	7
投资	1 200							
收入		400	300	200	200	200	200	200

(3)某工程总投资为4 500万元,投产后每年经营成本为600万元,每年收益为1 400万元,产品的经济寿命期为10年,在第10年末还能回收资金200万元。基准收益率为10%,试用净现值法确定投资方案是否可行。

(4)某机械设备已到更新期,现有A、B两种设备可供选择,数据如表3.34所示,试用费用现值法和费用年值法进行方案优选。($i_c=15\%$)

表3.34 更新设备方案数据表

方案	初始投资/元	年经营费用/元	寿命/年	残值/元
A	20 000	4 500	6	800
B	15 000	6 000	6	400

(5)某项目的现金流量如表3.35所示,基准收益率为10%,基准投资回收期为5年。试用动态投资回收期法判断项目的可行性。项目寿命期为5年。

表3.35 某项目的现金流量 单位:万元

计算期	0	1	2	3	4	5
净现金流量	-700	200	200	200	200	200

(6)一个工程投资20 000万元,寿命期10年,每年净收益2 000万元,残值6 000万元,基准收益率为5%,求该项目的IRR,并判断项目是否可行。

(7)有A、B两个相互独立的方案,其寿命期均为10年,现金流量如表3.36所示,请选择最优方案。($i_c=15\%$)

表3.36 独立方案的现金流量 单元:万元

方案	初始投资	年收入	年支出
A	5 000	2 400	1 000
B	8 000	3 100	1 200

(8)A、B两个互斥方案各年的现金流量如表3.37所示,基准收益率$i_c=10\%$,试用净年值法比选方案。

表3.37 寿命期不等的互斥方案的现金流量

方案	投资/万元	年净收入/万元	残值/万元	寿命期/年
A	-10	3	1.5	6
B	-15	4	2	9

(9)防水布的生产有两种工艺流程可选:第一种工艺的初始成本为35 000元,年运行费为12 000元;第二种工艺的初始成本为50 000元,年运行费为13 000元。第二种工艺生产的防水布收益比第一种工艺生产的每年高7 000元,设备寿命期均为12年,残值为0,若基准收益率为12%,应选择何种工艺流程?(用费用现值法求解)

模块 4
建筑工程项目的不确定性分析

建筑工程项目的不确定性分析导学

【学习目标】

(1)了解不确定性分析的含义、产生原因和方法;

(2)掌握盈亏平衡分析方法;

(3)熟悉敏感性分析的步骤和方法;

(4)熟悉概率分析方法。

【能力目标】

能够运用盈亏平衡分析、敏感性分析、概率分析进行工程项目决策。

【案例引入】

西气东输工程

2000 年 2 月国务院第一次会议批准启动“西气东输”工程,这是拉开“西部大开发”序幕的标志性建设工程。工程在 2000—2001 年先后动工,于 2007 年全部建成。这是中国距离最长、管径最大、投资最多、输气量最大、施工条件最复杂的天然气管道工程。

西气东输一线和二线工程,累计投资超过 2 900 亿元,一、二线工程干支线加上境外管线,长度达到 15 000 多 km。西气东输工程穿越的地区包括新疆、甘肃、宁夏、陕西、河南、湖北、江西、湖南、广东、广西、浙江、上海、江苏、安徽、山东和香港等省(区、市),惠及人口超过 4 亿人。天然气进入千家万户不仅让老百姓免去了烧煤、烧柴和换煤气罐的麻烦,而且对改善环境质量意义重大。仅以一、二线工程每年输送的天然气量计算,就可以少烧煤 1 200 万 t,减少二氧化碳排放 2 亿 t、减少二氧化硫排放 226 万 t。

实施西气东输工程,有利于促进我国能源结构和产业结构调整,带动东部、中部、西部地区经济共同发展,改善管道沿线地区人民生活质量,有效治理大气污染。这一项目的实施,为西部大开发、将西部地区的资源优势变为经济优势创造了条件,对推动和加快新疆及西部地区的经济发展具有重大战略意义。

重大工程的建设具有深度的不确定性。西气东输工程,其建设过程需要经过荒漠、戈壁、黄土塬、水网与山地,高难度施工作业,不仅会刺激相关技术的升级,还将强有力地拉动相关产业,激活东、西及沿途省市钢铁、水泥、土建安装和机械电子等企业的发展潜力,从而形成一条新的经济增长带。

西气东输工程

启示:随着改革开放的不断深入,各种新问题不断出现,社会信息量急剧增长,增加了社会的复杂程度和变化频率,不确定性和风险无处不在,风险与机遇是辩证的统一,风险并不可怕,关键的是面对各种可能发生的风险,应有充分的思想准备和措施准备。

对技术方案经济效果的评价通常都是对技术方案未来经济效果的评价,计算中所使用的数据大都是建立在分析人员对未来各种情况所作的预测与判断基础之上的,因此,不论用什么方法预测或估计,都会包含许多不确定性因素(如投资、产量、价格、成本、利率、汇率、收益、建设期限、经济寿命等),可以说不确定性是所有技术方案固有的内在特性。要做好风险预测和监测工作,准备好各种应对风险、危机的措施和方案。

4.1 项目不确定性分析概述

4.1.1 不确定性分析的含义

不确定性分析是技术方案经济效果评价中的一个重要内容。因为决策的主要依据之一是技术方案经济效果评价,而技术方案经济效果评价都是以一些确定的数据为基础的,如技术方案总投资、建设期、年销售收入、年经营成本、年利率和设备残值等指标,认为它们都是已知的、确定的,即使对某个指标所做的估计或预测,也认为是可靠、有效的。但事实上,对技术方案经济效果的评价通常都是对技术方案未来经济效果的计算,一个拟实施技术方案的所有未来结果都是未知的。因为计算中所使用的数据大都是建立在分析人员对未来各种情况所作的预测与判断基础之上,因此,不论用什么方法预测或估计,都会包含许多不确定性因素,可以说不确定性是所有技术方案固有的内

特别提示

不确定性不同于风险。风险是指不利事件发生的可能性,其中不利事件发生的概率是可以计量的;而不确定性是指人们在事先只知道所采取行动的所有可能后果,而不知道它们出现的可能性,或者两者均不知道,只能对两者做出粗略地估计,因此不确定性是难以计量的。

在特性。只是对不同的技术方案,这种不确定性的程度有大有小。为了尽量避免决策失误,我们需要了解各种内外部条件发生变化时对技术方案经济效果的影响程度,需要了解技术方案对各种内外部条件变化的承受能力。

不确定性分析是指研究和分析当影响技术方案经济效果的各项主要因素发生变化时,拟实施技术方案的经济效果会发生什么样的变化,以便为正确决策服务的一项工作。不确定性分析是技术方案经济效果评价中的一项重要工作,在拟实施技术方案未作出最终决策之前,均应进行技术方案不确定性分析。

4.1.2　不确定性因素产生的原因

产生不确定性因素的原因有很多,一般情况下,主要原因有以下几点:

①所依据的基本数据不足或者统计偏差。这是由原始统计上的误差、统计样本点的不足、公式或模型的套用不合理等造成的误差。比如说技术方案建设投资和流动资金是技术方案经济效果评价的重要基础数据,但在实际中,往往会由于各种原因而高估或低估它的数额,从而影响技术方案经济效果评价的结果。

想一想

为什么要进行不确定性分析?

②预测方法的局限,预测的假设不准确。

③未来经济形势的变化。由于有通货膨胀的存在,会产生物价波动,从而会影响技术方案经济效果评价中所用的价格,进而导致诸如年营业收入、年经营成本等数据与实际发生偏差;同样,由于市场供求结构的变化,会影响产品的市场供求状况,进而对某些指标产生影响。

④技术进步。技术进步会引起产品和工艺的更新替代,这样根据原有技术条件和生产水平估计出的年营业收入、年经营成本等指标就会与实际值发生偏差。

⑤无法定量表示的定性因素的影响。

⑥其他外部影响因素,如政府政策的变化,新的法律、法规的颁布,国际政治经济形势的变化等,均会对技术方案的经济效果产生一定的甚至是难以预料的影响。

当然,还有其他一些影响因素。在项目经济评价中,想全面分析这些因素的变化对项目经济效果的影响是十分困难的,在实际工作中,往往要着重分析和把握那些对技术方案影响大的关键因素,以期取得较好的效果。

4.1.3　不确定性分析的内容

由于上述种种原因,技术方案经济效果计算和评价所使用的计算参数,诸如投资、产量、价格、成本、利率、汇率、收益、建设期限、经济寿命等,总是不可避免地带有一定程度的不确定性。不确定性的直接后果是使技术方案经济效果的实际值与评价值相偏离,从而给决策者带来风险。假定某技术方案的基准收益率 i_c 定为 8%，根据技术方案基础数据求出的技术方案内部收益率为 10%，内部收益率大于基准收益率，根据方案评价准则自然认为技术方案是可行的。但如果凭此就做出决策，则是不够的，因为我们还没有考虑不确定性问题，比如说如果在技术方案实施过程中存在投资超支、建设工期延长、生产能力达不到设计要求、原材料价格上涨、劳务费用增加、产品售价波动、市场需求量变化、贷款利率变动等，都可能使技术方案达不到预期的经济效果，导致内部收益率下降，甚至发生亏损。当内部收益率下降大于 2%，技术方案就会变成不可行，如果不对这些进行分析，仅凭一些基础数据所做的确定性分析来取舍技术方案，就可能会导致决策失误。因此，为了有效地减小不确定性因素对技术方案经济效果的影响，提高技术方案的风险防范能力，进而提高技术方案决策的科学性和可靠性，除对技术方案进行确定性分析以外，还很有必要对技术方案进行不确定性分析。为此，应根据拟实施技术方案的具体情况，分析各种内外部条件发生变化或者测算数据误差对技术方案经济效果的影响程度，以估计技术方案可能承担的不确定性风险及其承受能力，确定技术方案在经济上的可靠性，并采取相应的对策，力争把风险降低到最低限度。这种对影响方案经济效果的不确定性因素进行的分析，称为不确定性分析。

特别提示

在具体应用时，要综合考虑技术方案的类型、特点、决策者的要求，相应的人力、财力以及技术方案对经济的影响程度等来选择具体的分析方法。

4.1.4 不确定性分析的方法

不确定性分析有许多方法，常用的不确定性分析方法有盈亏平衡分析、敏感性分析和概率分析。

1）盈亏平衡分析

盈亏平衡分析也称为量本利分析，就是将技术方案投产后的产销量作为不确定性因素，通过计算技术方案的盈亏平衡点的产销量，据此分析判断不确定性因素对技术方案经济效果的影响程度，说明技术方案实施的风险大小及技术方案承担风险的能力，为决策提供科学依据。根据生产成本及销售收入与产销量之间是否呈线性关系，盈亏平衡分析又可进一步分为线性盈亏平衡分析和非线性盈亏平衡分析。

特别提示

一般来讲，盈亏平衡分析只适用于项目的财务评价，而敏感性分析、概率分析则可同时用于财务评价和国民经济评价。

2）敏感性分析

敏感性分析则是分析各种不确定性因素发生增减变化时，对技术方案经济效果评价指标的影响，并计算敏感度系数和临界点，找出敏感因素。

3）概率分析

概率是指事件的发生所产生某种后果的可能性大小。概率分析是利用概率来研究和预测不确定性因素对项目经济评价指标的影响的一种定量分析方法。

4.2　盈亏平衡分析

4.2.1　盈亏平衡分析概述

盈亏平衡分析是在一定市场、生产能力及经营管理条件下(即假设在此条件下生产量等于销售量),计算分析产量、成本、利润之间的平衡关系,确定盈亏平衡点(Break Even Point,BEP),用以判断项目对市场需求变化适应能力和抗风险能力的一种不确定性分析方法,亦称损益平衡分析或量本利分析。

盈亏平衡点(BEP)是指项目的盈利和亏损的临界点,即当项目达到一定产量(销售量)时,项目收入等于总成本,项目处于不盈不亏状态,即利润为零的一点。

4.2.2　线性盈亏平衡分析的概念及基本假设

线性盈亏平衡分析（一）

线性盈亏平衡分析是指生产成本、销售收入与产销量之间是呈线性关系的。

要确保相互之间的线性关系,须满足下列基本假定条件:

①产量等于销售量,即当年生产的产品当年销售出去;

②产量变化,年固定成本不变,单位产品可变成本不变,从而总成本费用是产量的线性函数,即:

$$C = C_F + C_V \times Q$$

式中　C——年总成本;

C_F——年固定成本;

C_V——单位产品可变成本;

Q——产量(或工程量)。

学习提示

根据成本费用与产量(或工程量)的关系,可以将技术方案总成本费用分解为可变成本、固定成本和半可变(或半固定)成本。

(1)固定成本

固定成本是指在技术方案一定的产量范围内,不受产品产量影响的成本,即不随产品产量的增减发生变化的各项成本费用,如工资及福利费(计件工资除外)、折旧费、修理费、无形资产及其他资产摊销费、其他费用等。

(2)可变成本

可变成本是随技术方案产品产量的增减而成正比例变化的各项成本,如原材料、燃料、动力费,包装费和计件工资等。

(3)半可变(或半固定)成本

半可变(或半固定)成本是指介于固定成本和可变成本之间,随技术方案产量增长而增长,但不成正比例变化的成本,如与生产批量有关的某些消耗性材料费用、工模具费及运输费等，这部分可变成本随产量变动一般呈阶梯形曲线。由于半可变（或半固定）成本通常在总成本中所占比例很小，在技术方案经济效果分析中，为便于计算和分析，可以根据行业特点将产品半可变（或半固定）成本进一步分解成固定成本和可变成本。长期借款利息应视为固定成本；流动资金借款和短期借款利息可能部分与产品产量相关，其利息可视为半可变（或半固定）成本，为简化计算，一般也将其作为固定成本。

综上所述，技术方案总成本是固定成本与可变成本之和，它与产品产量的关系也可以近似地认为是线性关系。

③产销量变化，销售单价不变，销售收入是销售量的线性函数，即：

$$R = P \times Q - T \times Q$$

式中 R——销售收入；

P——单位产品售价；

T——单位产品营业税金及附加（当投入产出都按不含税价格时，T 不包括增值税）；

Q——销量（产量）。

④只生产单一产品，或者生产多种产品，但可以换算为单一产品计算，不同产品的生产负荷率的变化应保持一致。

4.2.3 线性盈亏平衡分析数学模型

为进行盈亏平衡分析，必须将生产成本分为固定成本和可变成本。在一定期间将成本总额分解成固定成本和变动成本两部分后，再同时考虑收入和利润，使成本、产销量和利润的关系统一于一个数学模型。这个数学模型的表达形式为：

$$B = R - C = P \times Q - C_V \times Q - C_F - T \times Q$$

式中 B——利润；

R——销售收入；

C——年总成本；

P——单位产品售价；

Q——产销量；

C_V——单位产品可变成本；

C_F——年固定成本；

T——单位产品营业税金及附加。

4.2.4 盈亏平衡点的计算方法

盈亏平衡点的计算方法包括图解法和公式计算法。

1）图解法

图解法也称为图表法，是指使用图表的形式来表达盈亏平衡的方法。这种图表称为盈亏平衡分析图，通过绘制盈亏平衡图来分析产量、成本和利润的关系，找出盈亏平衡点。

线性盈亏平衡分析（二）

将数学模型表达式的关系反映在直角坐标系中，即成为线性盈亏平衡分析图，如图 4.1 所示。

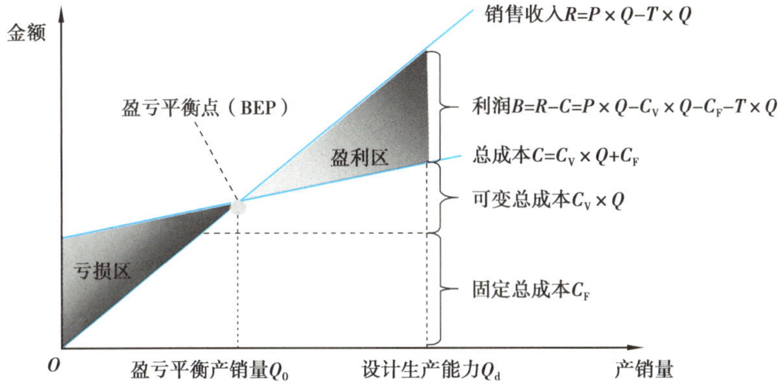

图 4.1　线性盈亏平衡分析图

如图 4.1 所示，用横坐标表示产销量，纵坐标表示金额（生产成本与销售收入）。假定在一定时期内，产品价格不变时，销售收入 R 随产销量的增加而增加，呈线性函数关系，在图形上就是以零为起点的斜线。产品总成本 C 是固定总成本和变动总成本之和，当单位产品的固定成本不变时，总成本也呈线性变化。根据销售收入与成本费用方程，按比例在直角坐标系中绘出固定成本线、总成本线和销售收入线，销售收入线与总成本线的交点就是盈亏平衡点（BEP），也称为保本点，表明技术方案在此产销量下总收入与总成本相等，既没有利润，也不发生亏损，其对应横坐标上的点即为 BEP（Q），对应纵坐标上的点则为 BEP（R）。在此基础上，增加产销量，销售收入超过总成本，收入线与成本线之间的距离为利润值，形成盈利区；反之，形成亏损区。这种用图示表达量本利相互关系的方法，不仅形象直观、一目了然，而且容易理解。

2）公式计算法

盈亏平衡分析是通过计算技术方案达产年盈亏平衡点（BEP），分析技术方案成本与收入的平衡关系，判断技术方案对不确定性因素导致产销量变化的适应能力和抗风险能力。技术方案盈亏平衡点（BEP）的表达形式有多种，可以用绝对值表示，如以实物产销量、单位产品售价、单位产品的可变成本、年固定总成本以及年销售收入等表示的盈亏平衡点；也可以用相对值表示，如以生产能力利用率表示的盈亏平衡点。其中，以产销量和生产能力利用率表示的盈亏平衡点应用最为广泛。

（1）以产销量表示的盈亏平衡点 BEP（Q）

当盈亏平衡时，销售收入等于总成本，利润为零，则数学表达式为：

$$B = R - C = P \times Q - C_V \times Q - C_F - T \times Q = 0$$

则盈亏平衡点产销量 BEP(Q)为：

$$\text{BEP}(Q) = \frac{C_F}{P - C_V - T}$$

式中 BEP(Q)——盈亏平衡点时的产销量；

C_F——固定成本；

C_V——单位产品变动成本；

P——单位产品销售价格；

T——单位产品营业税金及附加。

由于单位产品营业税金及附加常常是单位产品销售价格与营业税金及附加税率的乘积，故上式又可表示为：

$$\text{BEP}(Q) = \frac{C_F}{P(1 - r) - C_V}$$

式中 r——营业税金及附加的税率。

以产销量表示的盈亏平衡点，表明项目不盈不亏时必须达到的最低限度的产销量。BEP(Q)越小，表明项目适应市场变化的能力越强，项目承担风险的能力越强。

注意

运用盈亏平衡点分析技术方案时应注意：盈亏平衡点要按技术方案投产达到设计生产能力后正常年份的产销量、变动成本、固定成本、产品价格、营业税金及附加等数据来计算，而不能按计算期内的平均值计算。正常年份一般选择还款期间的第一个达产年和还款后的年份分别计算，以便分别给出最高和最低的盈亏平衡点区间范围。

【例 4.1】某技术方案年设计生产能力为 10 万台，年固定成本为 1 200万元，产品单台销售价格为 900 元，单台产品可变成本为 560 元，单台产品营业税金及附加为 120 元。试求盈亏平衡点的产销量。

【解】根据公式可得：

$$\text{BEP}(Q) = \frac{12\ 000\ 000}{900 - 560 - 120} \approx 54\ 545(\text{台})$$

计算结果表明，当技术方案产销量低于 54 545 台时，技术方案亏损；当技术方案产销量大于 54 545 台时，技术方案盈利。

(2) 以生产能力利用率表示的盈亏平衡点 BEP(%)

生产能力利用率表示的盈亏平衡点 BEP(%)，是指盈亏平衡点产销量占技术方案正常产销量的比重，即项目的设计生产能力用于维持项目不亏损不盈利的百分比。所谓正常产销量，是指正常市场和正常开工情况下技术方案的产销数量。在技术方案评价中，一般用设计生产能力表示正常产销量。

$$\text{盈亏平衡点生产能力利用率 BEP}(\%) = \frac{\text{BEP}(Q)}{Q_d} \times 100\% = \frac{C_F}{(P - C_V - T) \times Q_d} \times 100\%$$

式中 Q_d——正常产销量或技术方案设计生产能力。

【例 4.2】数据同例 4.1，试计算生产能力利用率表示的盈亏平衡点。

【解】根据公式可得：

$$BEP(\%)=\frac{1\ 200}{(900-560-120)\times10}\times100\%\approx54.55\%$$

计算结果表明，当技术方案生产能力利用率低于54.55%时，技术方案亏损；当技术方案生产能力利用率大于54.55%时，则技术方案盈利。

(3)以销售收入表示的盈亏平衡点BEP(R)

以销售收入表示的盈亏平衡点，是指项目不盈不亏时的销售收入。

$$盈亏平衡点销售收入\ BEP(R)=P\times BEP(Q)=P\times\frac{C_F}{P-C_V-T}$$

(4)以产品单价表示的盈亏平衡点BEP(P)

以产品单价表示的盈亏平衡点，是指当项目达到设计生产能力时，使项目不亏不盈时产品的最低单价。

$$盈亏平衡点单价\ BEP(P)=\frac{C_F}{Q_d}+C_V+T$$

产品单价的盈亏平衡点越低，说明项目适应市场变化的能力越强，项目承受跌价风险的能力越强，项目投产后盈利的可能性越大。

【例4.3】某建设项目年设计生产能力为12万台，年固定成本为1 500万元，单台产品的销售价格为675元，单台产品营业税金及附加为165元，单台产品可变成本为250元。试求盈亏平衡点的产销量、销售收入、生产能力利用率及价格。

【解】①盈亏平衡点产销量为：

$$BEP(Q)=\frac{C_F}{P-C_V-T}=\frac{1\ 500\times10^4}{675-250-165}\approx5.77(万台)$$

②盈亏平衡点销售收入为：

$$BEP(R)=P\times BEP(Q)=675\times5.77=3\ 894.75(万元)$$

③盈亏平衡点生产能力利用率为：

$$BEP(\%)=\frac{BEP(Q)}{Q_d}\times100\%=\frac{5.77}{12}\times100\%\approx48.08\%$$

④盈亏平衡点价格为：

$$BEP(P)=\frac{C_F}{Q_d}+C_V+T=\frac{1\ 500}{12}+250+165=540(元/台)$$

盈亏平衡点反映了技术方案对市场变化的适应能力和抗风险能力。盈亏平衡点越低，达到此点的盈亏平衡产销量就越少，技术方案投产后盈利的可能性就越大，适应市场变化的能力就越强，抗风险能力也越强。

盈亏平衡分析虽然能够从市场适应性方面说明技术方案风险的大小，但并不能揭示技术方案风险的根源。因此，还需要采用其他方法来帮助达到这个目标。

4.2.5　非线性盈亏平衡分析

在实际工作中，常常会遇到产品的年总成本与产量并不成线性关

实质

盈亏平衡分析的关键就是找出项目方案的盈亏平衡点。一般来说，对工程项目的生产能力而言，盈亏平衡点越低，项目盈利的可能性就越大，对不确定性因素变化所带来的风险的承受能力就越强。

特别提示

盈亏平衡点的生产能力利用率一般不应大于75%，表明项目具有足够承担风险的能力；经营安全率一般不应小于25%，经营安全率＝1－BEP(%)。

系，产品的销售也会受到市场和用户的影响，销售收入与产量也不成线性变化，这时就需要进行非线性盈亏平衡分析。产品总成本与产量不再保持线性关系的原因可能是：当生产扩大到一定程度，正常价格的原料、动力已不能保证供应，企业必须付出较高的代价才能获得，正常的生产班次也不能完成生产任务，不得不加班加点，增大了劳务费用，此外设备的超负荷运行带来了磨损的增大、寿命的缩短和维修费用的增加等。因此，成本函数不再为线性，而变成非线性了。造成产品总成本与产量不成比例的原因，还可能是项目达到经济规模导致产量增加，而单位产品的成本有所降低。在产品的销售税率不变的条件下，由于市场需求关系以及批量折扣，也会使销售收入与产量不成线性关系。

确定非线性盈亏平衡点的基本原理与线性盈亏平衡点相同，即运用销售收入等于总成本的方程求解，只是盈亏平衡点有多个，需要判断各区间的盈亏情况。非线性盈亏平衡分析图如图 4.2 所示。

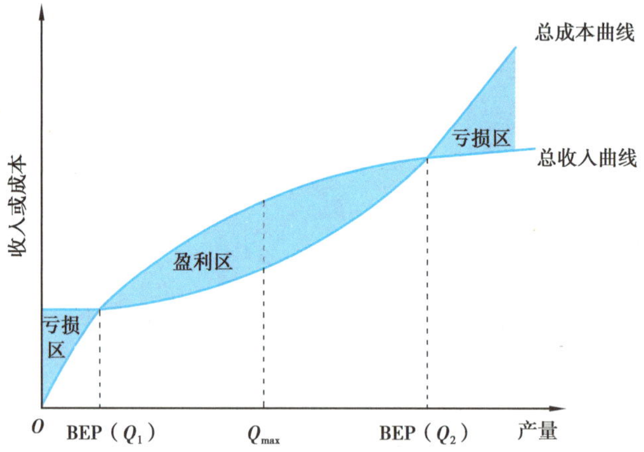

图 4.2　非线性盈亏平衡分析图

从图 4.2 中可以看出，产量小于 Q_1 或大于 Q_2 时，项目处于亏损；$Q_1 < Q < Q_2$ 时才盈利；当 $Q = Q_{max}$ 时，项目盈利最大。

盈利 $B = R(Q) - C(Q)$，根据极值原理，对利润方程求一阶导数（B 对 Q 的导数）并令其等于零，即可求得 Q_{max}。

【例 4.4】某企业投产后，它的年固定成本为 66 000 元，单位变动成本为 28 元，由于原材料整批购买，每多生产一件产品，单位变动成本可降低 0.001 元，单位销售价格为 55 元，销售量每增加一件产品，其售价下降 0.003 5 元。试求盈亏平衡点产量及最大利润时的销售量。

【解】根据题意可知，单位产品的销售价格为：$55 - 0.003\,5Q$；单位产品的变动成本为：$28 - 0.001Q$。

①求盈亏平衡点的产量，令 $R = C$，可得：

$$(55 - 0.003\,5Q)Q = 66\,000 + (28 - 0.001Q)Q$$

$$55Q-0.0035Q^2=66000+28Q-0.001Q^2$$

解方程得：$BEP(Q_1)=3740$（件），$BEP(Q_2)=7060$（件）

②求最大利润时的产量 Q_{max}，根据利润 $B=R-C$，可得：

$$B=(55-0.0035Q)Q-[66000+(28-0.001Q)Q]$$

$$B=-0.0025Q^2+27Q-66000$$

该方程有极大值，利用极值原理，对利润方程求一阶导数（B 对 Q 的导数）并令其等于零，可求得利润最大时的产量：

$$-0.005Q+27=0$$

解得：最佳产量 $Q_{max}=5400$（件）

4.3　敏感性分析

在技术方案经济效果评价中，各类因素的变化对经济指标的影响程度是不相同的。有些因素可能仅发生较小幅度的变化就能引起经济效果评价指标发生大的变动；而另一些因素即使发生了较大幅度的变化，对经济效果评价指标的影响也不是太大。我们将前一类因素称为敏感性因素，后一类因素称为非敏感性因素。决策者有必要把握敏感性因素，分析方案的风险大小。

敏感性分析又称为敏感度分析，它是项目经济决策中一种常用的不确定性分析方法，就是在确定性分析的基础上，通过测定一个或多个不确定性因素的变化，计算各个不确定性因素变化对项目评价指标（如内部收益率、净现值等）的影响程度，从中找出敏感性因素，确定评价指标对该因素的敏感程度和项目对其变化的承受能力，并根据因素的敏感程度大小制订相应的对策，使项目达到预期目标。

一个项目，在其建设与生产经营的过程中，由于项目内部、外部环境的变化，许多因素都会发生变化。一般将产品价格、产品成本、产品产量、主要原材料价格、建设投资、工期、汇率等作为考察的不确定性因素。敏感性分析可以使决策者在缺少资料的情况下，能够弥补和缩小对未来方案预测的误差，了解不确定性因素对评价指标的影响幅度，明确各因素变化到什么程度时才会影响方案经济效果的最优性，从而提高决策的准确性。此外，敏感性分析还可以启发评价者对那些较为敏感的因素重新进行分析研究，以提高预测的可靠性。

> **想一想**
> 进行敏感性分析的目的是什么呢？

敏感性分析有单因素敏感性分析和多因素敏感性分析两种。

单因素敏感性分析是假设各个不确定性因素之间相互独立，每次只考察一个因素变动，其他因素保持不变，以分析这个可变因素对经济效果评价指标的影响程度和敏感程度。单因素敏感性分析是敏感性分析的基本方法。为了找出关键的敏感性因素，通常只进行单因素敏感性分析。

多因素敏感性分析是假设两个或两个以上互相独立的不确定性

因素同时变化时，分析这些变化的因素对经济效果评价指标的影响程度和敏感程度。

4.3.1 敏感性分析的步骤

1)确定分析指标

这里所说的分析指标，就是敏感性分析的具体分析对象。评价一个项目经济效果的指标有多个，如净现值、净年值、净现值率、内部收益率、投资回收期等，它们都可以作为敏感性分析的指标。但是，对于某一个具体的项目而言，没有必要对所有的指标都做敏感性分析，因为不同的项目有不同的特点和要求，各个经济效果指标都有其各自特定的含义，分析、评价所反映的问题也有所不同。因此，分析指标的确定与进行分析的目标和任务有关，一般根据技术方案的特点、实际需求情况和指标的重要程度来选择。

如果主要分析技术方案状态和参数变化对技术方案投资回收快慢的影响，则可选用投资回收期作为分析指标；如果主要分析产品价格波动对技术方案净收益的影响，则可选用净现值作为分析指标；如果主要分析投资大小对技术方案资金回收能力的影响，则可选用内部收益率指标等。

一般在机会研究阶段，主要是对项目的设想和鉴别，确定投资方向和投资机会，此时各种经济数据不完整，可信程度低，深度要求不高，可选用静态评价指标，常采用的指标是投资收益率和投资回收期；若在初步可行性研究和可行性研究阶段，已进入可行性研究的实质性阶段，则需要选用动态评价指标，常用净现值、内部收益率，通常还辅之以投资回收期。

由于敏感性分析是在确定性经济分析的基础上进行的，一般而言，敏感性分析指标的选择应与确定性经济评价指标一致，不应超出确定性经济评价指标范围而另立新的分析指标。如果确定性经济分析中所用指标比较多时，应选择最能够反映该项目经济效益、最能够反映该项目经济合理与否的一个或几个最重要的指标作为敏感性分析的对象。

2)选择需要分析的不确定性因素

影响技术方案经济效果评价指标的不确定性因素有很多，这些因素中的任何一个发生变化，都会引起技术方案经济效果的变动。严格来说，影响技术方案经济效果的因素都在某种程度上带有不确定性，如投资额的变化、施工周期的变化、销售价格的变化、成本的变化等。但在实际工作中，不可能也没有必要对所有的不确定性因素都进行敏感性分析，而应该根据经济评价的要求和项目的特点，将发生变化的可能性比较大、对项目方案经济效果影响比较大的几个主要因素设定为不确定性因素。在选择需要分析的不确定性因素时，主要考虑以下两个原则：

①预计这些因素在其可能变动的范围内对经济效果评价指标的影响较大；

②对在确定性经济效果分析中采用该因素的数据的准确性把握不大。

选择不确定性因素时，应当把这两个原则结合起来进行。对于一般技术方案来说，通常从以下几方面选择敏感性分析中的影响因素：

①从收益方面来看，主要包括产销量与销售价格、汇率。许多产品，其生产和销售受国内外市场供求关系变化的影响较大，市场供求难以预测，价格波动也较大，而这种变化不是技术方案本身所能控制的，因此产销量与销售价格、汇率是主要的不确定性因素。

②从费用方面来看，包括成本（特别是与人工费，原材料、燃料、动力费及技术水平有关的变动成本）、建设投资、流动资金占用、折现率、汇率等。

③从时间方面来看，包括技术方案建设期、生产期，生产期又可考虑投产期和正常生产期。

此外，选择的因素要与选定的分析指标相联系。否则，当不确定性因素变化一定幅度时，并不能反映评价指标的相应变化，达不到敏感性分析的目的。比如，折现率因素对静态评价指标不起作用。

3）分析每个不确定性因素的波动程度及其对分析指标可能带来的增减变化情况

首先，对所选定的不确定性因素，应根据实际情况设定这些因素的变化幅度，其他因素固定不变。因素的变动可以按照一定的变化幅度（如 ±5%、±10%、±15%、±20% 等）改变它的数值。

然后，计算不确定性因素每次变动对技术方案经济效果评价指标的影响。对每一因素的每一次变动，均重复以上计算。

接着，将因素变动及相应指标变动结果用敏感性分析表（表4.1）和敏感性分析图（图 4.3）的形式表示出来，以便于测定敏感因素。

4）确定敏感性因素

敏感性分析的目的在于寻找敏感性因素，可以通过计算敏感度系数和临界点来确定。

（1）敏感度系数（S_{AF}）

敏感度系数表示技术方案经济效果评价指标对不确定性因素的敏感程度。其计算公式为：

$$S_{AF}=\frac{\Delta A/A}{\Delta F/F}$$

式中　S_{AF}——敏感度系数；

$\Delta F/F$——不确定性因素 F 的变化率，%；

$\Delta A/A$——不确定性因素 F 发生 ΔF 变化时，评价指标 A 的相应变化率，%。

计算敏感度系数判别敏感性因素的方法是一种相对测定法，即根据不同因素相对变化对技术方案经济效果评价指标影响的大小，可以得到各个因素的敏感性程度排序。

$S_{AF}>0$，表示评价指标与不确定性因素同方向变化；$S_{AF}<0$，表示评价指标与不确定性因素反方向变化。

$|S_{AF}|$越大，表明评价指标 A 对不确定性因素 F 越敏感；反之，则不敏感。据此可以找出哪些因素是最关键的因素。

敏感度系数提供了各不确定性因素变化率与评价指标变化率之间的比例，但不能直接显示变化后评价指标的值。为了弥补这种不足，有时需要编制敏感性分析表，列出各因素变化率及相应的评价指标值，如表 4.1 所示。

表 4.1　敏感性分析表　　单位：万元

变化幅度	-20%	-10%	0	10%	20%	平均 +1%	平均 -1%
投资额	361.21	241.21	121.21	1.21	-118.79	-9.90	9.90
产品价格	-308.91	-93.85	121.21	336.28	551.34	17.75	-17.75
经营成本	293.26	207.24	121.21	35.19	-50.83	-7.10	7.10

敏感性分析表的缺点是不能连续表示变量之间的关系，为此人们又设计了敏感性分析图，如图 4.3 所示。图中横轴代表各不确定性因素变化百分数，纵轴代表评价指标（以净现值为例）。根据原来的评价指标值和不确定性因素变化后的评价指标值，画出直线。这条直线反映不确定性因素不同变化水平时所对应的评价指标值。每一条直线的斜率反映技术方案经济效果评价指标对该不确定性因素的敏感程度，斜率越大，敏感度越高。一张图可以同时反映多个因素的敏感性分析结果。

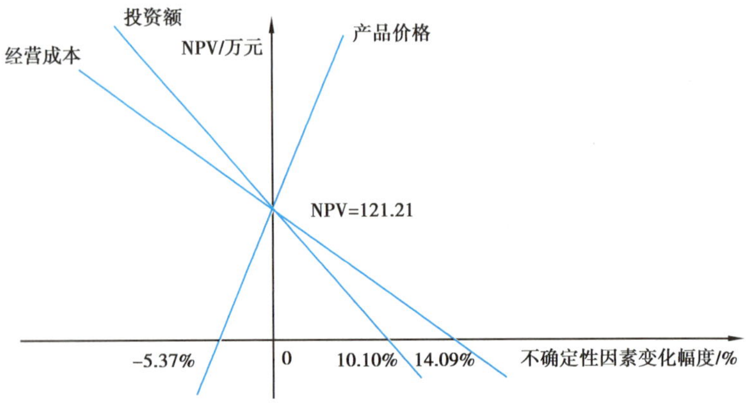

图 4.3　敏感性分析图

由敏感性分析表和敏感性分析图可以看出，在各个变化因素变化率相同的情况下，产品价格每下降1%，净现值下降17.75万元，且产品价格下降幅度超过5.37%，净现值将由正变负，也即项目由可行变为不可行；投资额每增加1%，净现值将下降9.90万元，当投资额增加的幅度超过10.10%时，净现值由正变负，项目变为不可行；经营成本每上升1%，净现值下降7.10万元，当经营成本上升幅度超过14.09%时，净现值由正变负，项目变为不可行。由此可见，按净现值对各个因素的敏感程度来排序，依次是产品价格、投资额、经营成本，最敏感的因素是产品价格。因此，从方案决策的角度来讲，应该对产品价格作进一步更准确的测算。因为从项目风险的角度来讲，如果未来产品价格发生变化的可能性较大，则意味着这一项目的风险性也较大。

学习提示

随着不确定性因素变化率取值的不同，敏感度系数的数值会有所变化，但其数值大小并不是计算该项指标的目的，重要的是各不确定性因素敏感度系数的相对值，借此了解各不确定性因素的相对影响程度，以选出敏感度较大的不确定性因素。因此，虽然敏感度系数有以上缺陷，但在判断各不确定性因素对项目效益的相对影响程度上仍然具有一定的作用。

(2)临界点

临界点是指技术方案允许不确定性因素向不利方向变化的极限值，如图4.4所示。超过极限，技术方案的经济效果指标将不可行。例如，当产品价格下降到某一值时，内部收益率将刚好等于基准收益率，此点称为产品价格下降的临界点，如产品价格因素变化超过该临界点，则项目由可行变为不可行。该临界点表明方案经济效果评价指标达到最低要求所允许的最大变化幅度。把临界点与未来实际可能发生的变化幅度相比较，就可大致分析该项目的风险情况。临界点可用专用软件的财务函数计算，也可由敏感性分析图直接求得近似值。

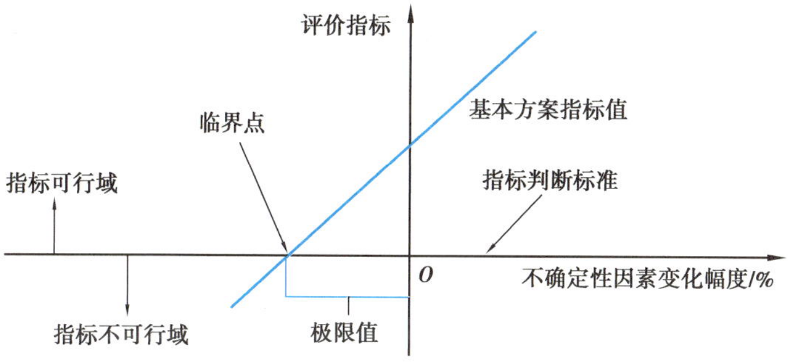

图4.4　敏感性分析临界点示意图

采用图解法时,每条斜线与判断基准线的相交点所对应的不确定性因素变化率即为该因素的临界点。利用临界点判别敏感性因素的方法是一种绝对测定法,技术方案能否被接受的判据是各经济效果评价指标能否达到临界值。

由敏感性分析图可知,每一条斜线的斜率反映经济评价指标对该不确定性因素的敏感程度,斜率越大,敏感度越高。一张图可以同时反映多个因素的敏感性分析结果。每条斜线与横轴的相交点所对应的不确定性因素变化率即为该因素的临界点。

想一想

临界点的高低与什么有关呢?

在实践中,常常把敏感度系数和临界点两种方法结合起来确定敏感性因素。首先,设定有关经济评价指标为其临界值,如令净现值等于零、内部收益率等于基准收益率;然后,分析因素的最大允许变化幅度,并与其可能出现的最大变化幅度相比较,如果某因素可能出现的变化幅度超过最大允许幅度,则表明该因素是方案的敏感性因素。

5)方案选择

方案选择即结合确定性分析进行综合评价,并对项目的风险情况做出判断。根据敏感性因素对方案评价指标的影响程度及敏感性因素的多少,判断项目风险的大小,结合确定性分析的结果做进一步的综合判断,寻求对主要不确定性因素变化不敏感的项目,为项目决策进一步提供可靠的依据。如果进行敏感性分析的目的是对不同的技术方案进行选择,一般应选择敏感度小、承受风险能力强、可靠性高的方案。

4.3.2 单因素敏感性分析

单因素敏感性分析假定每次只考虑一个不确定性因素的变化对项目经济效果的影响,还应求出导致项目由可行变为不可行的不确定性因素变化的临界值。

【例4.5】某投资方案设计年生产能力为10万台,计划项目投产时总投资为1 200万元,其中建设投资为1 150万元,流动资金为50万元,预计产品价格为39元/台,营业税金及附加为销售收入的10%,年经营成本为140万元,方案寿命期为10年,到期时预计固定资产余值为30万元,基准收益率为10%。试就投资额、单位产品价格、经营成本等影响因素对该投资方案进行敏感性分析。

【解】(1)绘制的现金流量图如图4.5所示。

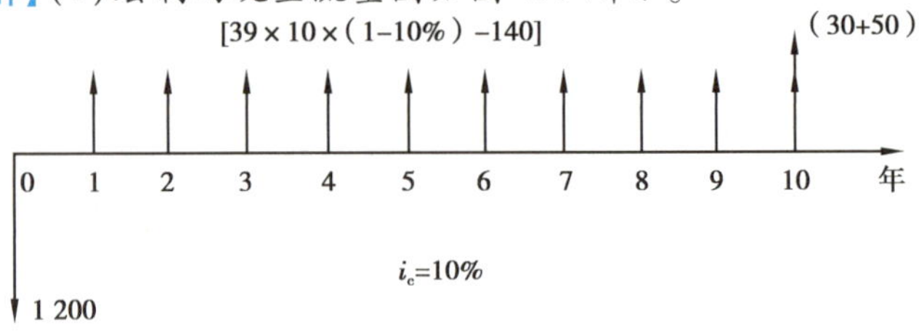

图4.5 现金流量图(单元:万元)

(2)选择净现值为敏感性分析的经济指标,根据净现值的计算公式,可以计算出项目在初始条件下的净现值。

$NPV_0 = -1\ 200 + [39 \times 10 \times (1 - 10\%) - 140](P/A, 10\%, 10) + 80(P/F, 10\%, 10) \approx 127.4$(万元)

因为 $NPV_0 > 0$,所以该项目是可行的。

(3)计算每个不确定性因素发生变化时的经济指标值。

①令投资额的变化率为 k_1,且在 ±20% 以内发生变化,则净现值与 k_1 的函数关系式为:

$$NPV_1 = -1\ 200(1 + k_1) + [39 \times 10 \times (1 - 10\%) - 140](P/A, 10\%, 10) + [30 + 50(1 + k_1)(P/F, 10\%, 10)]$$

令 k_1 = 20%,10%,−10%,−20%,并代入 NPV_1 的计算式,分别计算出对应的 NPV,依次为 −108.8,9.3,245.5,363.6 万元。

②令产品价格的变化率为 k_2,且在 ±20% 以内发生变化,则净现值与 k_2 的函数关系式为:

$NPV_2 = -1\ 200 + [39(1 + k_2) \times 10 \times (1 - 10\%) - 140](P/A, 10\%, 10) + 80(P/F, 10\%, 10)$

令 k_2 = 20%,10%,−10%,−20%,并代入 NPV_2 的计算式,分别计算出对应的 NPV,依次为 558.7,343.0,−88.2,−303.9 万元。

③令经营成本的变化率为 k_3,且在 ±20% 以内发生变化,则净现值与 k_3 的函数关系式为:

$NPV_3 = -1\ 200 + [39 \times 10 \times (1 - 10\%) - 140(1 + k_3)](P/A, 10\%, 10) + 80(P/F, 10\%, 10)$

令 k_3 = 20%,10%,−10%,−20%,并代入 NPV_3 的计算式,分别计算出对应的 NPV,依次为 −44.7,41.3,213.5,299.5 万元。

(4)编制敏感性分析表和绘制敏感性分析图。

根据取定的 3 个因素:投资额、产品价格和经营成本,分别计算相对应的净现值的计算值,结果如表 4.2 和图 4.6 所示。

表 4.2　敏感性分析表　　单位:万元

变化幅度	−20%	−10%	0	+10%	+20%	平均 ±1%	敏感度排序
投资额	363.6	245.5	127.4	9.3	−108.8	−9.27	2
产品价格	−303.9	−88.2	127.4	343.0	558.7	−16.93	1
经营成本	299.5	213.5	127.4	41.3	−44.7	−6.75	3

注:投资额、产品价格、经营成本的单位为万元。

(5)对项目进行敏感性分析。

从表 4.2 和图 4.6 可以看出,在 3 个因素变化率相同的情况下,产品价格每下降 1%,净现值下降16.93 万元,且产品价格下降幅度超过 5.91% 时,净现值将由正变负,即项目由可行变为不可行;投资额

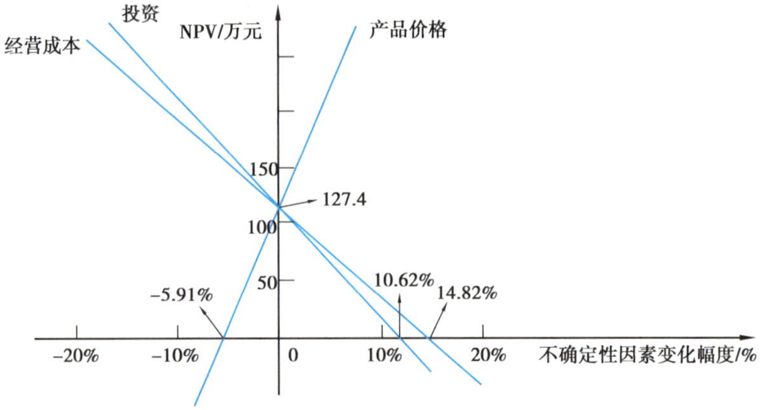

图 4.6　单因素敏感性分析图

单因素敏感性分析

每增加 1%，净现值将下降 9.27 万元，当投资额增加的幅度超过 10.62% 时，净现值由正变负，项目变为不可行；经营成本每上升 1%，净现值下降 6.75 万元，当经营成本上升幅度超过 14.82% 时，净现值由正变负，项目变为不可行。由此可见，按净现值对各个因素的敏感程度来排序，依次是产品价格、投资额、经营成本，最敏感的因素是产品价格。

因此，从方案决策的角度来讲，应该对产品价格作进一步更准确的测算。因为从项目风险的角度来讲，如果未来产品价格发生变化的可能性较大，则意味着这一投资项目的风险性亦较大。

4.3.3　多因素敏感性分析

多因素敏感性分析是指在假定其他不确定性因素不变条件下，计算两种或两种以上不确定性因素同时发生变化时，对项目经济效益值的影响程度，确定敏感性因素及其极限值。多因素敏感性分析一般是在单因素敏感性分析基础上进行，单因素敏感性分析的方法简单，但其不足之处在于忽略了因素之间的相关性。实际上，一个因素的变化，往往也伴随着其他因素的变化。多因素敏感性分析考虑了这种相关性，能反映几个因素同时变化对项目产生的综合影响。但是，多因素敏感性分析需要考虑多种不确定性因素可能发生的不同变化幅度的多种组合，计算起来比单因素敏感性分析要复杂得多，可编制相应的程序，用计算机进行计算。如果需要分析的不确定性因素超过 3 个，而且经济效果指标的计算比较简单，可以采用解析法与作图法相结合的方法进行分析，下面举例说明。

多因素敏感性分析（一）

1) 双因素敏感性分析

双因素敏感性分析是研究两个不确定性因素同时发生变化的情况下，对分析指标的影响程度。

【例 4.6】假设某项目初始投资为 1 000 万元，当年建成并投产，预计可使用 10 年，每年销售收入为 700 万元，年经营费用为 400 万元，设基准收益率为 10%。如果可变因素为初始投资与销售收入，并考虑它们同时发生变化，试通过净现值指标对该项目进行敏感性分析。

【解】假设初始投资变化比例为 x，年销售收入变化比例为 y，则净现值 NPV：

$$NPV = -1\ 000(1+x) + [700(1+y) - 400](P/A,10\%,10)$$

查复利系数表，得 $(P/A,10\%,10) = 6.144\ 6$。则

$$NPV = 843.38 - 1\ 000x + 4\ 301.22y$$

取 NPV 的临界值，即令 NPV = 0，则有：

$$843.38 - 1\ 000x + 4\ 301.22y = 0$$

$$y = 0.233x - 0.196$$

这是一个直线方程，将其在坐标图上画出来，如图 4.7 所示，此直线即为 NPV = 0 的临界线。在临界线上 NPV = 0，在临界线左上方区域 NPV > 0，在临界线右下方区域 NPV < 0，也就是说，如果投资额与销售收入同时变化，只要不超过左上方区域(包括临界线上的点)，方案都可接受。

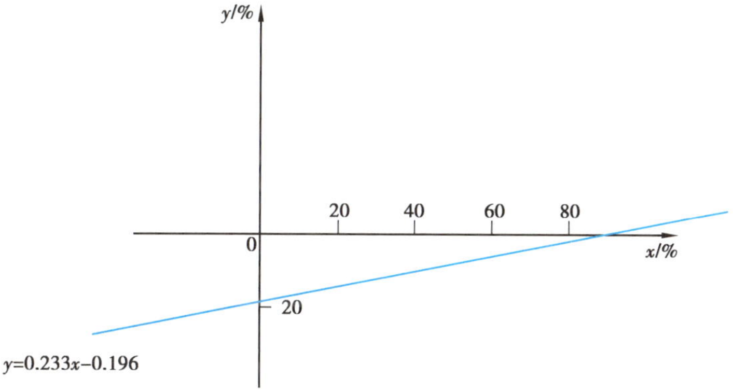

图 4.7　双因素敏感性分析图

2) 三因素敏感性分析

要建立敏感性曲线的三维图示比较困难，但将其中一个参数依次改变，就可得出其他两个参数同时变化构成的一组临界线组。

【例 4.7】假设某项目初始投资为 1 000 万元，当年建成并投产，预计可使用 10 年，每年销售收入为 700 万元，年经营费用为 400 万元，设基准收益率为 10%。试分析初始投资额、年销售收入、年经营成本 3 个因素同时变动对净现值的影响。

多因素敏感性分析（二）

【解】假设初始投资变化比例为 x，年销售收入变化比例为 y，年经营成本变化比例为 z，则净现值 NPV：

$$NPV = -1\ 000(1+x) + [700(1+y) - 400(1+z)](P/A,10\%,10)$$

$$NPV = 843.38 - 1\ 000x + 4\ 301.22y - 2\ 457.84z$$

由于很难处理三维以上敏感性的表达式，为了简化起见，可以按不同的年经营成本变化幅度来研究 3 个参数同时发生变化时的临界

方程的相应变化。

当 $z=20\%$ 时，$y=0.233x-0.082$

当 $z=10\%$ 时，$y=0.233x-0.139$

当 $z=-20\%$ 时，$y=0.233x-0.310$

当 $z=-10\%$ 时，$y=0.233x-0.253$

在坐标图上，这是一组平行线，如图 4.8 所示。这一组平行线描述了初始投资额、年经营成本和年销售收入 3 个因素同时变化对净现值的影响程度。从图中可以看出，年经营成本增大，临界线向左上方移动，可行域变小；若年经营成本减少，临界线向右下方移动，可行域增大。本例中，如年经营成本增加 10%，而年销售收入下降 10%，同时初始投资额增加 10%，则状态点 A 位于 $z=10\%$ 这条线的左上方，方案仍可行。

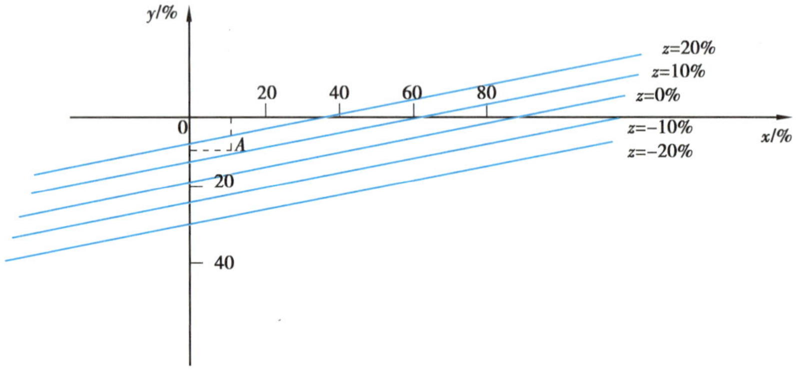

图 4.8 三因素敏感性分析图

4.3.4 敏感性分析的局限性

单因素敏感性分析是一种简便易行、具有实用价值的方法，但它以假定其他因素不变为前提，这种假定条件在实际经济活动中是很难实现的，因为各种因素的变化都存在着相关性，一个因素的变化往往引起其他因素也随之变化。比如产品价格的变化可能引起需求量的变化，从而引起市场销售量的变化。所以，在分析技术方案经济效果受多种因素同时变化的影响时，要用多因素敏感性分析，使之更接近于实际过程。多因素敏感性分析由于要考虑可能发生的各种因素不同变化情况的多种组合，因此计算起来要比单因素敏感性分析复杂得多。

综上所述，敏感性分析在一定程度上对不确定性因素的变化对技术方案经济效果的影响作了定量描述，有助于搞清技术方案对不确定性因素的不利变化所能容许的风险程度，有助于鉴别何者是敏感性因素，从而能够及早排除那些无足轻重的变化因素，把深入调查研究的重点集中在敏感性因素上，或者针对敏感性因素制定出管理和应变对策，以达到尽量减少风险、增加决策可靠性的目的。但敏感性分析也有其局限性，它主要依靠分析人员的主观经验，难免存在片面性。在技术方案的计算期内，各不确定性因素发生变化幅度的概率不会相同，这意味着技术方案承受风险的大小不同。而敏感性分析在分析某一因素的变化时，并不能说明不确定性因素发生变化的可能性是大还是小。对于此类问题，还要借助概率分析等方法。

4.4　概率分析

概率分析是运用概率理论研究各种不确定性因素发生不同幅度变化的概率分布及其对项目方案经济评价指标的影响的一种定量分析方法，其目的是通过各种不确定性因素发生不同幅度变化的概率分布，对方案的净现金流量及其经济效果指标做出某种概率描述，提高项目经济效果预测值的精确性，从而对项目的风险情况做出比较准确的判断。

概率分析的关键是确定各种不确定性因素变化的概率。概率分为客观概率和主观概率两种，通常把以客观统计数据为基础确定的概率称为客观概率；把以人为预测和估计为基础确定的概率称为主观概率。由于投资项目很少重复过去的模式，所以对大多数项目而言，应十分慎重，否则会对分析结果产生不利影响。无论采用何种概率确定不确定性因素变化的概率，都需要做大量的调查研究和数据处理工作。只有掌握的信息量足够，概率分析的结论才科学可靠。因此，信息、情报的收集和整理是概率分析的基础工作。

严格来说，影响项目方案的各种经济参数都是随机变量，由它们构成的现金流及依据现金流计算的经济效果也是随机的，但在实际问题中，求经济效果这个随机变量的分布函数不是一件容易的事，在一些情况下也不需要全面考虑经济效果的所有变化情况，因而并不需要求出它的函数。要想完整地描述一个随机变量，只需确定其概率分布的类型和参数，常见的概率分布有离散型概率分布和连续型概率分布两种；描述随机变量的主要参数是期望值和方差，期望值是随机变量所有可能取值的加权平均值，方差表示随机变量取值的离散程度。也就是说，概率分析的核心问题是求出经济效果指标值的期望值和方差，然后利用这两个指标进行各种风险分析。

特别提示

概率分析常用于对若干重要的大中型项目的评估和决策之中。

4.4.1　工程经济效果的概率描述

1）经济效果的期望值

投资方案经济效果的期望值是指在一定的概率分布下，经济效果所能达到的概率平均值，它实质上是一个加权平均值，以概率为权数。其表达式为：

$$E(X) = \sum_{i=1}^{n} X_i P_i$$

式中　$E(X)$——经济效果评价指标的期望值；

P_i——变量 X 取值为 X_i 的概率。

2）标准差

标准差反映了随机变量与其期望值之间的离散程度。标准差越大，表明随机变量与其期望值之间的平均离散程度越大，因而风险也越大。标准差的计算公式如下：

$$\sigma(X) = \sqrt{\sum_{i=1}^{n} P_i[X_i - E(X)]^2}$$

或
$$\sigma(X) = \sqrt{E(X^2) - [E(X)]^2}$$

3）离散系数

标准差是一个绝对指标，一般情况下，变量的期望值越大，其标准差也越大，因此标准差往往不能反映期望值不同的方案其风险程度的差异。此时，用离散系数可以更好地反映方案的风险程度。离散系数的计算公式为：

$$V(X) = \frac{\sigma(X)}{E(X)} \times 100\%$$

式中　$V(X)$——离散系数。

当对两个投资方案进行比较时，如果期望值相同，则标准差较小的方案其风险更低；如果两个方案的期望值和标准差均不相同，则离散系数较小的方案其风险更低。

4.4.2　风险状态下的决策方法

1）根据期望值进行决策

期望值决策方法是指根据各备选方案损益值（用收益或费用表示）的期望值大小进行决策，选择收益期望值最大或费用期望值最小的方案。

以净现值为分析指标进行概率分析的一般步骤如下：

①列出要考虑的各种风险因素，如投资、经营成本、销售价格等。

②设想各种风险因素可能发生的状态，即确定其数值发生变化的个数。

③分别确定各种状态可能出现的概率，并使可能发生状态的概率之和等于1。

④分别求出各种风险因素发生变化时，方案净现金流量在各状态发生的概率和相应状态下的净现值 $\mathrm{NPV}^{(j)}$。

⑤求方案净现值的期望值 $E(\mathrm{NPV})$：

$$E(\mathrm{NPV}) = \sum_{i=1}^{n} \mathrm{NPV}^{(j)} \times P_j$$

式中　P_j——第 j 种状态出现的概率；

n——可能出现的状态数；

$\mathrm{NPV}^{(j)}$——第 j 种状态下的净现值。

⑥求出方案净现值非负的累计概率。

⑦对概率分析结果进行说明。

【例4.8】某项目计算期为11年,建设期为1年,第二年正常投产产生效益,项目的净现金流量经预测可能存在4种状态。各状态的概率及现金流量见表4.3,基准收益率 $i_c=10\%$。试计算该项目的期望净现值、项目可行概率并进行分析说明。

表4.3　各状态的概率及现金流量

状态	状态1 (概率0.1)	状态2 (概率0.2)	状态3 (概率0.3)	状态4 (概率0.4)
期初投资/万元	1 300	1 200	1 100	1 000
年净收益/万元	200	200	300	300

【解】①计算各状态的净现值。

$$NPV_1=-1\ 300+200(P/A,10\%,10)(P/F,10\%,1)\approx-183(\text{万元})$$

$$NPV_2=-1\ 200+200(P/A,10\%,10)(P/F,10\%,1)\approx-83(\text{万元})$$

$$NPV_3=-1\ 100+300(P/A,10\%,10)(P/F,10\%,1)\approx576(\text{万元})$$

$$NPV_4=-1\ 000+300(P/A,10\%,10)(P/F,10\%,1)\approx676(\text{万元})$$

②计算项目期望值。

$$E(NPV)=\sum_{i=1}^{4}NPV^{(j)}\times P_j=-183\times0.1-83\times0.2+576\times0.3+676\times0.4=408.3(\text{万元})$$

③计算项目净现值大于或等于0的累计概率。

$$P(NPV\geqslant0)=1-0.1-0.2=0.7$$

④分析:该项目净现值的期望值大于0是可行的,净现值大于0的概率为0.7,说明项目方案的风险较小。

2)根据标准差及离散系数进行决策

【例4.9】某公司要从3个互斥方案中选择一个投资方案。各投资方案的净现值及概率见表4.4,请选择最优方案。

表4.4　各方案的净现值及概率

市场销路	概率	方案净现值/万元		
		A	B	C
销路差	0.25	2 000	0	1 000
销路一般	0.50	2 500	2 500	2 800
销路好	0.25	3 000	5 000	3 700

【解】①计算各方案的期望值和标准差。

$E(NPV_A)=2\ 000\times0.25+2\ 500\times0.5+3\ 000\times0.25=2\ 500$(万元)

$E(NPV_A^2)=2\ 000^2\times0.25+2\ 500^2\times0.5+3\ 000^2\times0.25$
$=6\ 375\ 000$(万元)

$\sigma(NPV_A)=\sqrt{E(NPV_A^2)-[E(NPV_A)]^2}=\sqrt{6\ 375\ 000-2\ 500^2}$
≈353.55(万元)

同理:

$E(NPV_B)=2\ 500$(万元)

$E(NPV_B^2)=9\ 375\ 000$(万元)

$\sigma(NPV_B)=1\ 767.77$(万元)

$E(NPV_C)=2\ 575$(万元)

$E(NPV_C^2)=7\ 592\ 500$(万元)

$\sigma(NPV_C)=980.75$(万元)

②根据方案的净现值和标准差评价方案。

方案A和方案B的净现值的期望值相等,均为2 500万元,但方案A的标准差更小,即方案A的风险较小,其经济效益实现的可靠度优于方案B。因此,方案A和方案B之间比较,保留方案A。

方案C和方案A比选。方案C的净现值期望值大于方案A的,但方案A的净现值方差小于方案C。此时,需计算离散系数来比选方案。

③计算离散系数,选择最优方案。

$$V(NPV_A)=\frac{\sigma(NPV_A)}{E(NPV_A)}=\frac{353.55}{2\ 500}\approx0.141$$

$$V(NPV_C)=\frac{\sigma(NPV_C)}{E(NPV_C)}=\frac{980.75}{2\ 575}\approx0.381$$

因为 $V(NPV_A)<V(NPV_C)$,所以A方案较优。

通过逐一比较,方案A更优。

特别提示

决策树法常用于多级风险决策问题。所谓多级风险决策即需要进行二级或二级以上的决策,才能选出最优方案的决策问题。

3)决策树法

风险决策问题可以利用一种决策网络来描述和求解,这种方法称为决策树法。这种方法使决策问题表达得形象直观、简明清晰,便于系统分析,尤其是多级决策,最为方便和有效。

决策树由决策点和方案枝、状态点和概率枝、结果点组成。决策树的模型如图4.9所示。

图4.9中各符号的含义:

①符号"□"表示的节点称为决策点,由决策点引出的每一分枝表示一个可供选择的方案(方案枝),枝数即为方案数,在决策树上只有一个决策点,属于单级决策问题。若有两个或两个以上决策点,则属于多级决策问题。

②符号"○"表示的节点称为状态点,从状态点引出的每一分枝

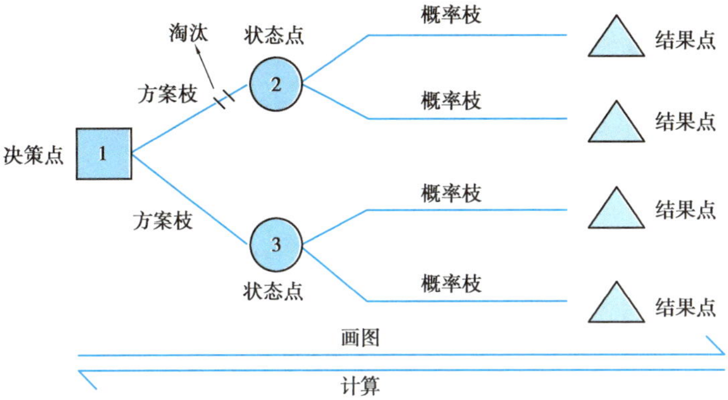

图 4.9　决策树

表示一种可能发生的自然状态及概率(概率枝)。

③符号“△”表示结果点,每一状态分枝(概率枝)的末端为结果点。

画决策树的顺序是从左至右。决策树画完后,应对每一节点进行编号,以便分析。根据各种状态发生的概率与相应的损益值,分别计算每一方案的损益期望值,计算的顺序是从右至左,并将计算的结果标在相应的节点上,就可以直观地判断出应选择哪个方案,将余下的方案剪掉。

【例 4.10】某工程分两期进行施工,第一期工程完工后,由于某种原因,第二期工程要半年后才能开工,这样工地上的施工机械设备就面临着是否搬迁的问题。如果搬迁,半年后再搬回来,共需搬迁费 8 000元。如果不搬迁,对工地上的设备必须采取保养措施:遇到天气好(概率为 0.6)时,可采取一般性保养措施,所需费用为 3 000 元;当遇到天气经常下雨(概率为 0.4)时,仍采取一般性保养措施,所需费用为 3 000 元,且肯定会造成 10 万元经济损失;若采取特殊保养措施,所需费用为 10 000 元,且有 0.8 的可能性造成 1 000 元损失,0.2 的可能性造成 4 000 元损失。试用决策树选择方案。

【解】①从左至右逐步绘制决策树,如图 4.10 所示。

②从右至左逐步计算各个状态点“○”的损益期望值,并进行决策。

节点⑤:103 000 元。

节点⑥:$1\ 000 \times 0.8 + 4\ 000 \times 0.2 + 10\ 000 = 11\ 600$(元)。

比较计算结果,应选择特殊保养措施,“剪掉”一般保养措施,因此节点④的期望值为 11 600 元。

节点③:$11\ 600 \times 0.4 + 3\ 000 \times 0.6 = 6\ 440$(元)。

节点②:8 000 元。

比较计算结果,节点②的期望值大于节点③的期望值,故应选择不搬迁,“剪掉”搬迁方案。

因此，最终的决策方案为不搬迁。若天气差，则采取特殊保养措施，该方案的损益期望值为 6 440 元，其决策树如图 4.10 所示。

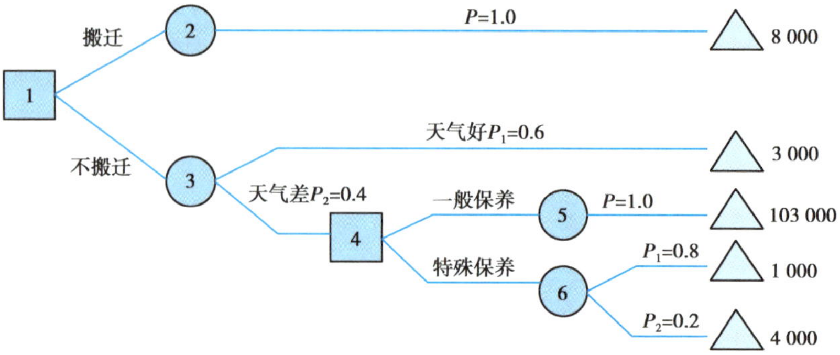

图 4.10　决策树

复习思考题

1. 简答题

(1)为什么要进行不确定性分析？

(2)怎么进行盈亏平衡分析？

(3)进行敏感性分析的目的是什么？

(4)敏感性分析包括哪几个步骤？

(5)如何对方案进行概率分析？

2. 选择题

(1)敏感性分析是常用的一种评价经济效益的(　　)分析方法。

A. 确定性　　B. 不确定性　　C. 静态　　D. 动态

(2)下列关于敏感度系数和临界点的表述，不正确的是(　　)。

A. 敏感度系数高，表示项目效益对该不确定性因素敏感程度高

B. 敏感度系数在判断各不确定性因素对项目效益的相对影响上仍有一定作用

C. 在一定的基准收益率下，临界点越低，说明该不确定性因素对项目效益指标影响越小

D. 计算敏感度系数的目的是判断各不确定性因素敏感度系数的相对大小

(3)下列不属于工程经济分析中不确定性分析的基本方法的是(　　)。

A. 盈亏平衡分析　　B. 敏感性分析

C. 概率分析　　D. 财务分析

(4)某项目年产量为 6 000 件，设产品的单价为 4 000 元，单位产品可变成本为 2 740 元，预计年固定成本为 320 万元，则该项目的盈亏平衡点年产量是(　　)件。

A. 2 540　　B. 3 847　　C. 4 152　　D. 5 090

(5)某企业年产量为 4 万件,年固定成本为 20 万元,其单位可变成本为 15 元,产品市场价格为 25 元/件,该企业当年免征营业税金,则该企业当年盈亏平衡点价格为每件(　　)元。

A. 15　　B. 18　　C. 20　　D. 25

(6)某企业进行设备更新,年固定成本为 10 万元,利用新设备生产的产品其单位可变成本为 5 元/件,产品售价为 10 元,假设企业生产函数为线性,则盈亏平衡点产量为(　　)万件。

A. 1　　B. 2　　C. 3　　D. 0.5

3. 计算题

(1)某厂生产鸭嘴钳产品,售价为 20 元,单位可变成本为 15 元,固定成本总额为 24 万元,目前生产能力为 6 万件。

①求盈亏平衡点产量和销售量为 6 万件时的利润额。

②该厂通过市场调查后发现该产品需求量将超过目前的生产能力,因此准备扩大生产规模。扩大生产规模后,当产量不超过 10 万件时,固定成本将增加 8 万元,单位可变成本将下降到 14.5 元,求此时的盈亏平衡点产量。

(2)某产品计划产量为 6 000 件/年,销售单价为 225 元,每年固定成本为 120 000 元,单位可变成本为 145 元,试求保本产量及生产能力利用率。

(3)某工业项目设计方案年产量为 12 万 t,已知每吨产品的销售价格为 675 元,每吨产品缴付的营业税金及附加(含增值税)为 165 元,单位可变成本为 250 元,年总固定成本费用为 1 500 万元,分别求出盈亏平衡点的产量及每吨产品的售价。

(4)某小型石油钻井公司必须在租借地上钻探和出售租借权之间作出决策,油田租借权可卖 100 万元。钻井时花费 750 万元可钻一口油井或一口气井或一口混合井或一口干井。到目前为止,在该油田已钻探了 65 口井,记录如下:油井 18 口,气井 12 口,混合井 20 口,干井 15 口。预计开采成功的井能用 15 年,各类井的净现金流量按 40% 的基准收益率计算的净现值为:油井 850 万元,气井1 500万元,混合井 1 200 万元,干井 0 元。试用决策树描述两方案和可能事件,并作出方案决策。

模块 5
价值工程

价值工程导学

【学习目标】

(1)了解价值工程的产生和发展、VE 的应用领域和原则、价值工程的工作程序、情报收集;

(2)理解价值工程的实质概念;

(3)掌握价值工程的分析与评价方法。

【能力目标】

(1)能够正确选择价值工程研究对象;

(2)能够将价值工程原理运用到实际工程中去。

【案例引入】

节俭办赛　水立方改造变身冰立方

国家游泳中心"水立方"是 2008 年奥运会游泳、跳水、花样游泳项目的比赛场地。北京 2022 年冬奥会期间,"水立方"转换成"冰立方",成为冰壶项目的比赛场馆,可容纳观众约 4 600 人。"冰立方"是冬奥会历史上体量最大的冰壶场馆,是世界上唯一水上项目和冰上项目均可运行的双奥场馆,也是世界上首个在泳池上架设冰壶赛道的奥运场馆。

根据冰壶比赛需要,原游泳池区域转换成冰壶场地,通过搭建转换结构面层及安装可拆装制冰系统,形成 4 条标准冰壶赛道。由于冰壶比赛对场地稳定性、冰面的品质及平整度等要求很高,冰水转换成为"水立方"改造过程中最关键的环节。从抽水、搭架子,到铺板、制冰……场地转换需要近 20 道工序,所有模块都在工厂加工后运到现场组装,一个月内就完成了转换,且可轻松拆卸再从"冰"变回"水",大幅降低了后期拆除改造成本。

此次"水立方"改造过程中,考虑更多的是面向未来的可持续策略。应用 BIM 技术,结合云计算、物联网、移动通信等信息化技术和设备,实现可视化交底,提高施工效率,保证工程质量和降低施工成本,打造出了绿色、智慧、科学、节约的精品工程。

“冰立方”作为冬奥会冰壶比赛场地
图片来源:北京建院

钢框架结构+预制混凝土板
作为场地基层
图片来源:北京建院

改造后的场馆不仅增加了功能,更实现了智能升级。全新的群智能系统将有效监控比赛大厅的热湿环境和光环境的变化。这个群智能系统就好比人的大脑神经中枢,可以根据场馆内环境的变化,适时调节场馆内相关设备的运行情况,以满足赛场需要。

启示:“水立方”改造工程,本着绿色、共享、节俭、科技的改造提升原则,由科技专家合力完成。相比新建场馆,对已有场馆进行改造可以大大减少投资,“水冰转换”则能用相对较小的代价实现场馆的可持续利用。

工程经济学除了要评价投资项目的经济效果和社会效果,还要研究提高产品的价值,应当以产品的功能分析为核心,力求以最低的寿命周期成本实现产品的必要功能。价值工程是一门技术与经济相结合的学科,它既是一种管理技术,又是一种思想方法。国内外的实践证明,推广应用价值工程能够促使社会资源得到合理有效的利用。

5.1　价值工程概述

5.1.1　价值工程基本原理

1)价值工程的产生和发展

价值工程(Value Engineering,VE)产生于20世纪40年代的美国。创始人是美国通用电气公司负责物资采购工作的电气工程师L. D. 麦尔斯(L. D. Miles)。

第二次世界大战期间,美国的军事工业取得很大发展,但是原材料供应很紧张。当时麦尔斯在美国通用电气公司采购部门任职,他的工作就是为通用电气公司寻找军事生产中的短缺材料和产品。由于战争期间材料采购困难,麦尔斯认为如果得不到所需要的材料和产品,是否可以利用其他具有相同功能的材料和产品代替,于是他就开始致力于研究材料替代问题,比较典型的是“石棉板事件”。当时,通用电气公司生产需要的石棉板,价格成倍地增长,给采购工作和财务预算带来很大困难。麦尔斯积极思考:为什么要使用石棉板? 它的功能是什么? 原来,工人在给产品上涂料时,容易把地板弄脏,要在地板上铺一层东西。而涂料的溶剂是易燃品,为防火灾,消防局规定要垫石棉板。由于石棉板奇缺且价格飞涨,麦尔斯就决定使用替代材料。麦尔斯找到了一种不燃烧的纸,不仅容易采购,而且价格便宜,但消防局根据消防法的相关规定不同意使用该替代品。经过一番周折,不燃烧的纸才被允许代替石棉板使用。麦尔斯等人通过他们的实践活动,总结出了一套在保证同样功能的前提下降低成本的比较完整的科学方法,当时这套比较完整的科学方法被称为价值分析(Value Analysis),之后价值分析的内容又不断丰富、发展与完善,目前统称为价值工程。

提示

经过应用实践,价值工程这一理论和方法已被广大学术界,尤其是企业界所认可,成为改进产品质量、降低产品成本、提高经济效益的有效方法之一。

1978 年以后,价值工程被引进到我国,并被许多企业采用,取得了很大的经济效益。例如,1979—1989 年,上海在轻工、机电、纺织和仪表等 4 个行业的 373 家公司、企业开展 VE 活动,改进项目 580 多个,节约成本 2.5 亿元;一汽从 1978—1989 年,完成 VE 项目 270 项,取得效益 3 000 多万元;大屯煤电公司在物资供应系统推广 VE,8 年创效益 5 400 多万元。

2)价值工程的基本概念

(1)功能

功能即物品的用途、功用,也称为性能或产品的使用价值。

功能是产品最本质的属性,是一物区别于另一物的重要标志。它回答的问题是“这个产品是干什么用的?”,而性能是指物品实现其功能的程度。

功能是根据用户的特定要求,由设计者通过产品的结构设计来实现的。用户购买产品,实际上是购买产品的功能,例如顾客想买一块手表,他所需要的不是手表本身,而是需要“显示时间”这种功能,显示时间就是手表的功能。用户对其需要的功能还往往带有一些附加的制约条件,例如功能实现的程度、时间、地点、可靠性、寿命等,这些条件称为功能要求,也是设计产品的出发点。

(2)产品寿命周期成本

提示

生产成本一般随着功能水平(技术性能)的提高有所增长,而使用成本则往往朝着相反的方向变化。

产品寿命周期成本是指产品从开发设计、制造、使用到报废全过程所付出的费用总和。这些费用大致分为两部分,即生产成本和使用成本。生产成本是企业为了生产产品必须付出的费用,包括科研、设计、试制、制造及销售过程中的费用。使用成本是用户为了使用产品必须付出的费用,包括产品使用过程中的能源消耗、维修费及“三废”处理等费用,还包括报废以后的清理费用。产品寿命周期成本如表 5.1 所示。

表 5.1　产品寿命周期成本

<table>
<tr><th colspan="4">产品寿命周期</th></tr>
<tr><td>开发设计</td><td>制　造</td><td>销　售</td><td>使　用</td></tr>
<tr><td colspan="2">生产成本 C_1</td><td colspan="2">使用成本 C_2</td></tr>
<tr><td colspan="4">寿命周期成本 C</td></tr>
</table>

一般来说，在技术经济条件不变的情况下，随着产品功能水平的提高，生产成本 C_1 和使用成本 C_2 有不同的变化。寿命周期成本 C 与功能 F 的关系如图 5.1 所示，这里存在一个最低成本 C_{min}，它所对应的功能 F_0称为最适宜功能。

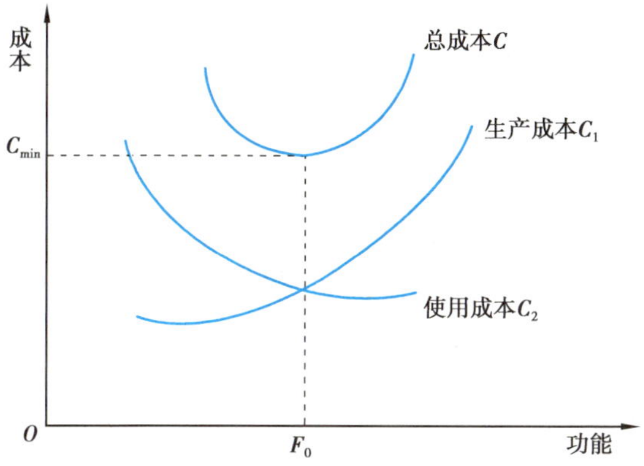

图 5.1　成本、功能关系示意图

(3)价值

马克思主义政治经济学认为，商品的价值是凝结在商品中的社会必要劳动(无差别的人类劳动)。西方经济学关于价值的观点是：效用是价值的源泉，没有效用便没有价值，而效用是指商品满足消费者某种需要的能力，效用本身没有客观标准，它与商品的稀缺性有关，即商品的稀缺程度越大，其边际效用越大，其价值也就越大。VE 中的价值与政治经济学中所说的价值，两者含义是不同的。这里所讲的“价值”是一个特定的概念，与人们常说的“物美价廉”的标准是一致的。消费者购买一种商品常常会说“值得”“不值得”，就是应用了“价值”的概念。价值的大小用功能和成本的比值表示，即：

想一想

价值工程中的“价值”和商品的“性价比”含义相同吗？

$$价值(Value)=\frac{功能(Function)}{成本(Cost)}$$

$$V=\frac{F}{C} \tag{5.1}$$

从式(5.1)可以看出，要提高价值可以有以下 5 种途径：

①改进型：成本不变，功能提高。价值主要因功能的增加而提高。

一般可通过产品技术改造、工艺改进等方式,在成本不变的情况下,提高产品功能。

②节约型:功能不变,成本降低。价值主要因为成本降低而提高。这是一条提高价值的最理想途径,通过挖掘潜力、用标准件代替非标准件、寻找替代材料、降低废品率、减少库存等物质消耗,在保证质量的前提下降低成本。

③投资型:成本略有提高,功能有更大提高。价值主要因功能大幅度提高而提高。对于一些技术改进项目和工艺革新项目,使用了新材料、新设备,产品成本有所提高,但产品功能得到很大提高,因此价值也得到提高。

价值工程概述

④牺牲型:功能略有下降,成本大幅度下降。价值主要因为成本的大幅度下降而提高。这条途径可根据不同层次消费者的需求来设计产品的功能。对于较低层次的消费者,可取消一些奢侈功能,而保留基本功能,从而大大降低成本。

⑤双向型:功能提高,成本降低。产品因为技术的进步,功能越来越强大、越来越全面,但成本却越来越低,笔记本电脑就是一个典型的例子。这是最理想的提高价值的途径,一般需要应用新的科技成果,有新的发明创造才能实现。

(4)价值工程

价值工程是以最低的寿命周期成本,可靠地实现产品(作业或服务)的必要功能,着重于功能分析的有组织的创造性活动。它是一种技术经济思想方法和管理技术。

从定义可以看出:

①价值工程的目的是以最低的寿命周期成本可靠地实现产品(作业或服务)的必要功能,致力于提高价值;

②价值工程以用户的功能需求为出发点,它的核心是对产品(作业或服务)进行功能分析,通过功能分析,系统研究出更好的办法来实现这个功能,从而达到取得良好经济效益的目的;

③价值工程的性质是一种依靠集体智慧进行的有组织、有计划的创造性活动。

提示

凡是有功能要求和需要付出代价的一切场合,都可以开展 VE 活动。

3) VE 的应用领域和原则

(1) VE 的应用领域

①对材料和代用品的选择和分析;

②对现有产品生产工艺的分析;

③对现有产品改进方案的分析;

④对新产品设计方案的分析;

⑤对新技术开发的分析;

⑥对节约能源及消除污染的分析；

⑦对企业经营管理的分析。

(2) VE 的基本原则

①怀疑性原则。所谓怀疑性原则就是对分析对象的现有功能结构持怀疑态度，也就是认为现有对象（产品）的功能结构并不是最理想的。通过改进，其功能可以再提高，成本可以再降低，进而提高其价值。只有对产品或工程的功能结构持怀疑态度，才有可能在开展 VE 活动时发现问题、分析问题，解决问题，最后达到提高价值的目的。

②三化原则（标准化、系列化、通用化）。所谓三化原则就是在保证产品或工程必要功能的前提下，要求产品或工程的设计、制造（施工）必须符合标准化、系列化、通用化的要求。实行标准化，可以加快设计和准备过程，提高产品质量，扩大产品零件的互换性，降低成本；实行系列化，可以通过对产品或新用材料的选择、合并、简化，做到用尽可能少的产品品种来适应广泛的用途，以扩大产品产量，降低生产成本；实行通用化，可以扩大通用件比重，减少自制件，这样不仅可以简化企业的生产环节，使企业的主要机器设备得以充分利用，还可以达到提高劳动生产率、降低产品成本的目的。

③剔除性原则。所谓剔除性原则就是去掉产品的不必要功能和剩余功能，保证产品的必要功能，以降低产品的成本，提高产品的价值。具体来说就是通过价值分析，去掉无用的零部件或无用的工艺，排除不合理的生产组织和管理程序、方法等。

④替代性原则。所谓替代性原则就是在保证产品相同功能的前提下，研究用不同的零部件、不同的材料、不同的工艺、不同的管理方法替代现有的零部件、材料、工艺、管理方法等，目的是提高功能，降低成本。

综上所述，怀疑性原则是开展 VE 活动的前提，三化原则、剔除性原则和替代性原则是开展 VE 活动的技术性原则。

4) 价值工程的工作程序

价值工程也像其他技术一样具有自己独特的一套工作程序。价值工程的工作程序，实质就是针对产品的功能和成本提出问题、分析问题、解决问题的过程。其工作程序如表 5.2 所示。

5.1.2 价值工程对象的选择和信息资料收集

精准选定价值工程的分析对象，是提高价值工程效果的重要前提条件之一。

1) 选择的原则

一切具有使用价值的产品都可以作为分析对象，但实际工作中不可能同时对所有产品进行分析，而要有所选择。选择时应从实际出发，按照企业的发展方向，根据高质量、低成本的目标和存在的问题而定。

价值工程的工作程序与对象的选择

表 5.2　价值工程的工作程序

价值工程的工作阶段	工作步骤		对应问题
	基本步骤	具体步骤	
一、分析问题	1. 功能定义	(1)选择对象	①价值工程的研究对象是什么?
		(2)收集资料	
		(3)功能定义	②这是干什么用的?
		(4)功能整理	
	2. 功能评价	(5)功能分析与功能评价	③它的成本是多少? ④它的价值是多少?
二、解决问题	3. 制订创新方案与评价	(6)方案创造	⑤有无其他方法实现同样功能?
		(7)概括评价	
		(8)制订具体方案	⑥新方案的成本是多少? ⑦新方案能满足要求吗?
		(9)实验研究	
		(10)详细评价	
		(11)提案审批	

价值工程分析对象选择的总原则是：优先选择改进那些潜力大、效益高、容易实施的产品和零部件。

基本原则如下：

①从产量大的产品中选择。因为产品数量多，虽然每一件产品节约金额少，但累积起来的经济效益大。

②从畅销产品中选择。为了使企业畅销产品持续处于有利的竞争地位，必须不断研究改进，做到既提高产品功能又不增加售价，甚至降低售价。

想一想

价值工程分析对象选择的基本原则的共同点是什么?

③从问题多的产品中选择。从质量差、退货多、用户意见大的产品中选择，这类产品的问题一般比较明显，迫切需要改进。

④从成本高的产品中选择。如与同类企业的同类型产品相比较成本高，说明降低成本的潜力较大。

⑤从结构复杂的产品中选择。结构复杂而功能较小的产品就有简化的可能，一旦简化就会收到降低成本的显著效果。

⑥从零配件消耗量大的产品中选择。零配件消耗量大、维修频繁，不仅影响使用期正常运行，而且维修费用也高。

⑦从与国内外同类产品相比较，技术经济指标差距大的产品中选择。

⑧从体积或质量大的产品中选择。特别是与同类产品相比较，体积、质量大的产品，说明在设计、工艺方面改进的潜力也大。

2）选择的方法

选择分析对象的方法有很多，每种方法都有自己的特点，应根据具体情况灵活地加以应用，下面介绍几种常见的方法。

（1）因素综合分析法

因素综合分析法又称为经验分析法，是一种凭借价值分析人员的经验来确定分析对象的定性分析方法。主要是集中各类人员丰富的经验和熟练的业务能力，依据价值工程对象选择的基本原则，综合考虑各种因素，集体讨论决定价值分析的对象。

实质

在决定一个事物的众多因素中分清主次，识别出少数的但对事物起决定作用的关键因素和多数的但对事物影响较少的次要因素。

这种方法的优点是简便易行，考虑问题综合全面，是目前实践中采用较为普遍的方法；缺点是缺乏定量依据，在分析人员经验不足时准确程度降低，但用于初选阶段是可行的。

（2）ABC 分析法

ABC 分析法又称为巴雷特法（成本比重法、ABC 分类管理法、排列图法），是由意大利的经济学家巴雷特（Pareto）应用数理统计原理创造的。它是一种按局部成本占总成本的比重大小来选择对象的方法。一般来说，成本所占的比重大，则改进功能、降低成本的潜力就大。首先把一个产品的各种零件按成本由高到低的顺序排列，然后绘制成本百分比图。通常情况下，有 10% ~20% 的零件，其成本占总成本的 70% ~80%，这类零件称为 A 类零件；另一类零件个数占总数的 70% ~80%，成本却占总成本的 10% ~20%，这类零件称为 C 类零件；其余为 B 类零件。其中，A 类零件个数少、成本比重高，应作为价值工程的研究对象；B 类零件作为一般对象；C 类零件则不作为对象。成本在零件上的分配情况如图 5.2 所示。

价值工程对象选择的方法

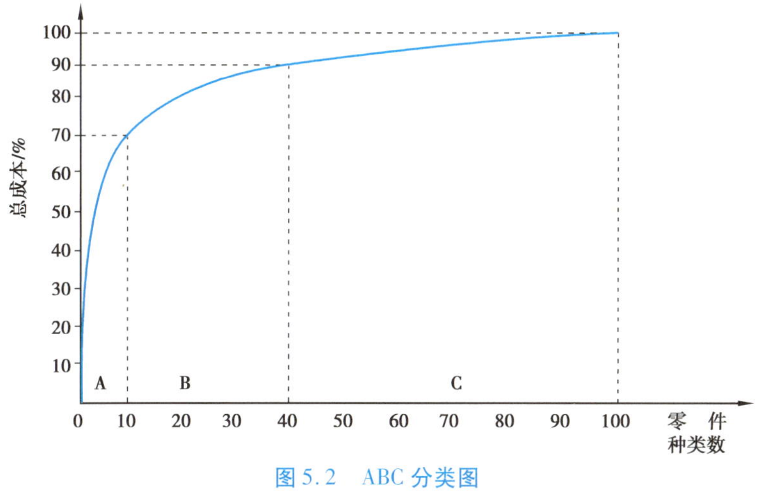

图 5.2 ABC 分类图

ABC 分类法的具体步骤是：

①将零件按成本的大小，从大到小依次排序；

②分别求出各个零件的累计成本和累计成本所占百分比，以及零件累计件数和累计件数所占百分比；

③进行 ABC 分类；

④绘制巴雷特曲线图，并首选 A 类零件作为价值工程的研究对象。

【例 5.1】某产品由 42 种共 100 件零件组成。根据零件成本大小顺序排列，经计算，即可得 A、B、C 三类，如表 5.3 所示。

表 5.3　ABC 分析表

零件序号(1)	件数(2)	累计		成本/元(5)	累计		备注
		件数(3)	占零件总数/%(4)		金额(6)	占全部成本/%(7)	
001	1	1	1	40	40	20	A 类
002	2	3	3	38	78	39	
003	1	4	4	16	94	47	
004	2	6	6	15	109	54.5	
005	2	8	8	14	123	61.5	
006	3	11	11	12	135	67.5	
007	2	13	13	9	144	72	B 类
008	4	17	17	8	152	76	
009	4	21	21	8	160	80	
010	2	23	23	7	167	83.5	
011	1	24	24	6	173	86.5	
012	4	28	28	4	177	88.5	
013	3	31	31	3	180	90	C 类
⋮	⋮	⋮	⋮	⋮	⋮	⋮	
041	1	98	98	1	199	99.5	
042	2	100	100	1	200	100	
总计	100			200			

【例 5.2】某城市道路平交路口拟改建成互通式立交。该路口预测某年的 12 小时交通流量及流向如图 5.3 所示，已提出一个互通式立交设计方案（图 5.3），各结构组成部分的投资估算如表 5.4 所示。试对互通式立交设计方案进行价值分析。

根据图 5.3，可计算出立交各组成部分所承担的交通量，见表 5.4，可视为组成部分的功能。根据各组成部分的价值计算结果可知，编号为 B、G、I 的匝道价值明显偏低。显然，这几条匝道上的车辆较少，用目前的成本去建造这几条匝道，经济效果不好。因此，应该把它们作为价值工程的研究对象。这就涉及方案修改的问题，如可以考虑减少这几条匝道上的行车道数，使断面缩小，以降低造价、提高价值，还可以考虑设计其他形式的立交方案。

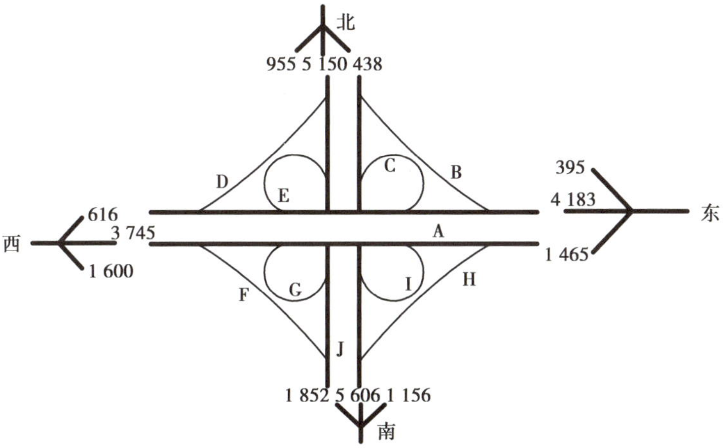

图5.3　互通式立交设计方案图（单位：辆/12 h）

表5.4　互通式立交各结构组成部分的投资估算表

立交结构编号	A	B	C	D	E	F	G	H	I	J
功能（交通量）F/[辆·(12 h)$^{-1}$]	12 329	395	1 852	955	1 465	1 600	438	1 156	616	14 832
成本 C/万元	800	100	200	100	200	100	200	100	200	400
价值 $V=F/C$	15.41	3.95	9.26	9.55	7.33	16.00	2.19	11.56	3.08	37.08

ABC分析法能从成本角度突出重点对象，是一种偏重成本的定量分析方法。其缺点是容易产生因忽视功能改善而导致的片面性，特别是那些功能很重要而成本分配较低的对象，往往被排斥在重点之外。

想一想

同学们还知道ABC分析法的其他应用吗？

(3) 功能重要性分析法

功能重要性分析法是通过对构成产品的各零件的功能重要性一一对比，用强行打分的方式来计算各零件的功能重要性系数，选择功能重要性系数大的零件作为价值工程的重点对象，其中

$$\text{零件的功能重要性系数}=\frac{\text{该零件的功能分数值}}{\text{全部零件的功能分数总值}} \tag{5.2}$$

下面结合一个具体的例子来说明这种方法的应用。

【例5.3】已知某产品有10个零件，试用功能重要性分析法选择价值工程的研究对象。

做法：

第1步：把10个零件在功能重要性分析表中第一行和第二列分别按从左到右、从上到下的顺序排列好，见表5.5。

表 5.5 功能重要性分析表

序号	零件名称	A	B	C	D	E	F	G	H	I	J	得分合计	功能重要性系数
1	A	×	0	0	0	1	1	1	1	1	1	6	0.133
2	B	1	×	1	1	1	1	1	1	1	1	9	0.200
3	C	1	0	×	0	1	1	1	1	1	1	7	0.156
4	D	1	0	1	×	1	1	1	1	1	1	8	0.178
5	E	0	0	0	0	×	1	1	0	0	1	3	0.067
6	F	0	0	0	0	0	×	1	0	0	1	2	0.044
7	G	0	0	0	0	0	0	×	0	0	0	0	0
8	H	0	0	0	0	1	1	1	×	0	1	4	0.089
9	I	0	0	0	0	1	1	1	1	×	1	5	0.111
10	J	0	0	0	0	0	0	1	0	0	×	1	0.022
合计		总分 $= n(n-1)/2$										45	1.000

第 2 步：各零件之间两两对比，功能重要的得 1 分，次要的得 0 分，自己与自己不比较，记×号。（强制确定法之 01 评分法）

第 3 步：将每个零件的得分累加，并与全部零件得分总数相比，求出功能重要性系数。

第 4 步：选择功能重要性系数大的零件 B、D 作为价值工程的研究对象。

与 ABC 分析法相比，这种方法从功能的角度突出了重点对象，但它同样容易产生因忽视成本降低而导致的片面性，特别是对那些功能并不重要而成本分配较高的对象，往往得不到重视。

知识拓展

强制确定法除了 01 评分法，还可用 04 评分法进行打分。这种方法是请 5～15 个对产品熟悉的人员各自参加功能的评价，比较重要性时采用 4 种评价计分：

①非常重要的功能得 4 分，另一个相比的功能很不重要时得 0 分。

②比较重要的功能得 3 分，另一个相比的功能不太重要时得 1 分。

③两个功能同样重要时，则各得 2 分。

④自身对比不得分。

想一想

01 评分法和 04 评分法的共同点是什么？

（4）功能成本比较法

功能成本比较法是一种综合考虑对象的功能和成本两方面因素的定量分析方法。它通过确定对象的功能重要性系数、成本系数，进而求出对象的价值系数，然后依据价值系数大小来确定价值工程对象。这种方法不仅可以用于价值工程的对象选择，也可以应用在后面要讲到的功能评价和方案评价中。

这种方法的具体做法如下：

①计算功能重要性系数 F_i。方法与前面介绍的功能重要性系数相同，即：

$$\text{功能重要性系数}=\frac{\text{该零件的功能分数值}}{\text{全部零件的功能分数总值}}$$

②计算成本系数 C_i。根据产品成本资料确定产品目前总成本和每个零件的目前成本，并依下式计算成本系数：

$$\text{成本系数}=\frac{\text{某零件的目前成本}}{\text{全部零件的目前成本}}$$

③计算价值系数 V_i。用每个零件的功能重要性系数 F_i 除以它的成本系数 C_i，便得到价值系数 V_i，即：

$$\text{价值系数}=\frac{\text{功能重要性系数}}{\text{成本系数}} \tag{5.3}$$

④根据价值系数 V_i 的大小，确定价值工程的对象。

用这种方法得到的价值系数不外乎有以下 3 种情况：

第 1 种情况是 $V_i=1$，表明分配在该零件上的成本比重与其功能重要程度基本相当，可不必作为价值工程的对象。

第 2 种情况是 $V_i>1$。说明分配在该零件上的成本比重偏低，与其实现的功能不相匹配。在这种情况下，先考虑的不是增加成本，而是先分析是否存在过剩功能；否则，再适当增加成本，以保证必要功能的实现。

第 3 种情况是 $V_i<1$。说明该零件实现其功能所分配的成本偏高，应设法降低成本，这是价值工程的对象，其中 V_i 最小者应作为价值工程的重点对象。

【例 5.4】某产品有 10 个零件，其功能重要性系数同例 5.3，现实成本已知（表 5.6），试用功能成本比较法选择价值工程的对象。

具体做法是：

①将 10 个零件的序号、名称、功能重要性系数、现实成本分别填入表 5.6 中。

②用每个零件的现实成本除以全部零件的现实成本之和得到成本系数，见表 5.6 的第 5 列。

③用各个零件的功能重要性系数除以成本系数，得到其价值系数，列入该表的第 6 列。

④依据功能成本比较法的原则，选择价值系数较小者，即 G、A 作为价值工程的重点对象。

表 5.6 价值系数分析表

序号	零件名称	功能重要性系数	现实成本/元	成本系数	价值系数	价值工程对象
1	A	0.133	35.00	0.350	0.380	△
2	B	0.200	9.50	0.095	2.105	
3	C	0.156	18.50	0.185	0.843	
4	D	0.178	4.20	0.042	4.238	
5	E	0.067	10.50	0.105	0.638	
6	F	0.044	7.80	0.078	0.564	
7	G	0	0.50	0.005	0	△
8	H	0.089	3.50	0.035	2.543	
9	I	0.111	8.50	0.085	1.306	
10	J	0.022	2.00	0.020	1.100	
合计		1.000	100.00	1.00		

这种方法把功能的重要性同实际的成本分配情况联系起来进行研究，克服了 ABC 分析法和功能重要性分析法各自的片面性，因而在实际工作中应用较广。但是这种方法存在着一个较大的缺点，就是它只注意了价值系数本身对 1 的偏离程度，而忽视了决定价值系数的功能重要性系数和成本系数的大小。由于价值系数是功能重要性系数和实际成本系数的比值，故价值系数相等或相似的对象，其各自的功能重要性系数和实际成本系数可能有很大差别，因而在改善功能或降低成本方面的潜力也就大不相同，价值工程活动的经济效果也就大不相同。如果只是根据价值系数对 1 的偏离程度来选择对象，就会把价值系数对 1 的偏离较大，而本身的功能重要性系数和成本系数却很小的零件选定为重点对象；或把某些价值系数对 1 的偏离较小，但本身的功能重要性系数和成本系数却较大的零件排除在重点对象之外。

(5)最合适区域法

实质

最合适区域法是实行区别对待而选择重点对象的方法。

最合适区域法又称为田中法，是日本东京大学田中教授 1973 年在美国价值工程师协会的国际会议上提出来的。他针对功能成本比较法的上述缺点，提出了更加完善的最合适区域法。

最合适区域法的基本思想：对于那些功能重要性系数和实际成本系数较大的零件，由于它们改善功能或降低成本的潜力大，对全局的影响大，应当从严控制，不应偏离价值系数标准线（$V_i=1$）太远，即当价值系数对 1 稍有偏离时，就应选作重点对象；而对于那些功能重要性系数和实际成本系数较小的零件，因其对全局影响小，功能改善或成本降低的潜力不大，可从宽控制，允许偏离价值系数标准线（$V_i=1$）

远一些。那么如何掌握这种从严从宽的原则呢？具体做法如下：

①确定各个零件的功能重要性系数、成本系数和价值系数。

②以成本系数为横坐标，以功能重要性系数为纵坐标，建立直角坐标系。在第一象限内作价值系数标准线 $V_i = 1$，即第一象限的角等分线。

③绘制 F_i-C_i坐标图，即把各个零件的 V_i都绘在 F_i-C_i坐标图上。

④确定最合适区域。

首先确定最合适区域的数学模型。如图 5.4 所示，设 P 点的坐标为 $P(x_i, y_i)$，Q 点的坐标为 $Q(x, y)$。

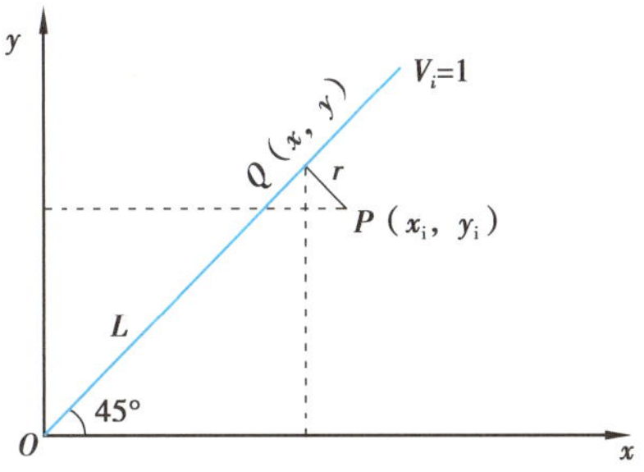

图 5.4　确定最合适区域坐标图

因 $$x_i - x = y - y_i$$

而 $$x = y$$

（中间推导过程省略）

因为 F_i均在第一象限，所以$F_i = \sqrt{C_i^2 \pm 2b}$，是对称于 $V_i = 1$ 的双曲线，在横坐标和纵坐标上的交点均为 $\sqrt{2b}$。

常数 b 称为田中数，它决定着最佳区域的大小。b 的取值一般又根据具体情况而定，b 越大，曲线离 $V_i = 1$ 越远，则落在区域内的点就越多。通常情况下，可试选一个 b 值，绘出曲线图，并检测一下有多少点（占多大比重）分布在两曲线围成的区域之内。如果大多数的点在区域内，则所确定的 b 值就是适宜的，这个区域就是“最合适区域”，因为它符合突出少数重点的原则；否则，就应调整（增大或缩小）b 值，直到符合上述要求为止。

⑤根据最合适区域确定价值工程的对象和重点。

【例 5.5】某产品的 9 个零件，每个零件的功能重要性系数 F_i、成本系数 C_i 和价值系数 V_i 如表 5.7 所示。试用最合适区域法确定价值工程的重点对象。

做法：通过试验选取 $b = 0.05$，在价值系数坐标图上作出 $F_i = \sqrt{C_i^2 + 0.1}$ 和 $F_i = \sqrt{C_i^2 - 0.1}$ 两条曲线，并把各个零件的数值画在价值系数坐标图上，如图 5.5 所示。

表 5.7　价值系数表

序号	零件名称	功能重要性系数 F_i	成本系数 C_i	价值系数 $V_i = F_i/C_i$
1	A	15.66%	9.05%	1.73
2	B	12.60%	18.44%	0.68
3	C	9.18%	6.55%	1.40
4	D	7.20%	11.22%	0.64
5	E	8.15%	4.23%	1.93
6	F	15.72%	35.35%	0.44
7	G	5.74%	3.90%	1.47
8	H	7.26%	2.14%	3.39
9	I	18.49%	11.12%	1.66
合计		100%	100%	

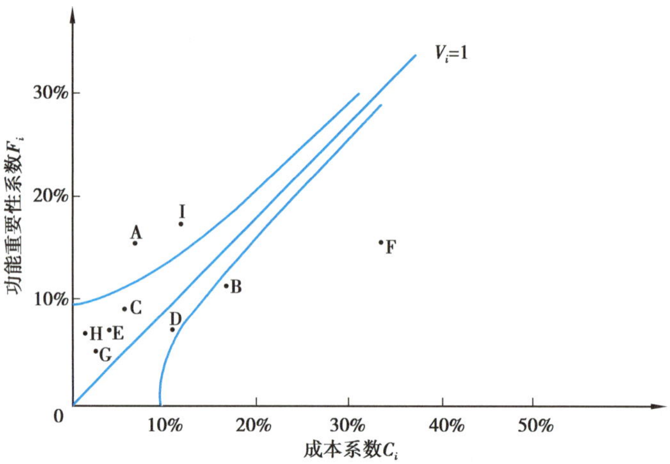

图 5.5　价值系数坐标图

从图 5.5 中可以看出，G、H、E、C、D 等零件都落在最适合区域内，可不列为价值工程的对象；A、I、B、F 落在区域外，可列为价值工程的对象。其中，A、I 可考虑适当增加成本，进一步完善其功能；B、F 是降低成本的重点对象。

以上介绍了价值工程选择对象时常用的 5 种方法，除此之外，还有百分比法、倍比法、产品寿命周期法、基点法等，这里就不再一一介绍。

3) 收集情报

分析对象确定后，就应围绕分析对象收集必要的情报，一般包括下面几个方面：

①销售和使用方面的情报。此类情报包括产品规格、使用环境、使用费用、可靠性、维修服务条件、价格范围、市场占有率，以及用户对产品性能、寿命、外观等方面的要求。

②技术方面的情报。收集这方面的信息资料是为了明白如何进行产品的设计改进才能更好地满足用户的要求，根据用户的要求如何进行产品的设计和改进。例如，科技进步方面的有关科研成果、技术发明、专利、新材料、新结构、新工艺、新技术，国内外同类产品的发展趋势和技术资料，标准化要求及发展动态等；设计及制造方面的施工工艺、施工方法，使用的设备、工器具，合格品率、优良品率，外协件供应者、外协方法等。

③经济方面的情况。成本是计算价值必需的依据，是功能成本分析的主要内容。实际产品中，由于设计、施工、运营等方面的原因，其成本存在着较大的改善潜力。在广泛占有经济资料（主要是成本资料）的基础上，通过成本的实际与标准的比较、不同企业间的比较，揭露矛盾，分析差距，降低成本，提高产品价值。

④企业生产经营方面的基本资料。掌握这方面的资料是为了明白价值工程活动的客观制约条件，使创造出的方案既先进又切实可行。这方面的资料包括企业设计研究能力，施工生产能力，质量保证能力，采购、供应、运输能力，筹措资金的能力等。

⑤政府和社会有关部门规定的法律、条例、规定、方针和政策等方面的情况。了解这方面的内容是为了使企业的生产经营活动，包括开展价值工程活动与国民经济的发展方向协调一致。

收集到的情报要进行分类、整理，仔细分析，并做出评价：哪些是可靠的，可作为分析的依据；哪些是不可靠的；哪些是可供参考的。

5.1.3　功能分析与评价

所谓功能分析，就是对产品的构成部分及功能进行系统的分析，计算它们的价值，以便进一步确定价值工程活动的方向、重点和目标。

所谓功能评价，就是根据功能与成本的对比关系，确定功能价值，找出低价值的功能，明确改进功能的具体范围，以提高价值。

提示

功能分析是价值工程的核心内容。

1）功能定义

功能定义是指用简明准确的语言来描述产品的功能或作用，其目的是限定功能概念的内容，明确功能概念所包含的本质，与其他功能相区别，以便实现功能评价。

给功能下定义，通常是用一个动词和一个名词来表达，例如：

对象	动词	名词
润滑剂	减少	摩擦
变压器	调节	电压
电冰箱	冷藏	食品
手　表	显示	时间

功能定义的动词要求准确概括，要有利于启发思维，开阔设计思路。例如，给吸尘器下定义，“吸掉灰尘”就不如“弄掉灰尘”好；给钻床下定义，“钻孔”不如“打孔”好，而“打孔”不如“做孔”好。

2）功能分类

功能分析与评价（一）

一个产品或一个零件常常具有几种功能，为了便于对产品或零件进行功能分析、按功能创造产品，应先对功能进行分类。

（1）按功能的重要程度分为基本功能和辅助功能

基本功能是产品或零件为达到使用目的所不可缺少的功能，也是产品或零件得以存在的根本，如果失去基本功能，也就失去了存在的价值。例如，手表的基本功能是指示时间，电冰箱的基本功能是冷藏、冷冻食物，如果它们失去了这些功能，就失去了存在的价值，用户也就不会购买它们。基本功能可以从 3 个方面来确定：它的作用是不是不可缺少的？它的作用是不是主要的？如果它的作用变化了，其结构、工艺和零件是否也相应改变？

辅助功能是相对于基本功能而言的，是为更有效地实现基本功能而起辅助作用的功能，在一般情况下也是不可缺少的功能。例如，手表的基本功能是指示时间，而夜光、防水、防震、防磁等则是它的辅助功能，这些功能相对于基本功能而言，处于次要地位，但它可以使手表在黑夜、水、震、磁的环境中也能准确地显示时间，帮助其实现基本功能。辅助功能可以从两个方面来确定：它对实现基本功能是不是起着辅助作用？其重要性是不是次于基本功能？

（2）按功能的性质分为使用功能和美学功能

使用功能是指产品具有的使用价值，它最容易被用户了解，并通过产品的基本功能和辅助功能表达出来。

美学功能又称为外观功能，是指产品为满足用户审美要求而具备的功能。美学功能一般是从产品的造型、色泽、包装、商标图案等方面表现出来。美学功能并不是可有可无的，而且随着生产力的发展和生活水平的提高，人们对美学功能的要求越来越高，造型美观、色泽悦目、式样新颖等将成为人们选购商品的重要条件之一。美学功能与使用功能一样，也是通过基本功能和辅助功能来实现的。有的产品只要求使用功能，不要求美学功能，如煤、沥青、地下管道、潜水泵等；有的产品只要求美学功能，不要求使用功能，如洋娃娃等手工艺品、装饰品等，但是绝大多数产品都是要求二者兼而有之，比如建筑物、服装、机器等。

（3）按用户要求分为必要功能和不必要功能

必要功能是产品存在的依据和用户购买的原因，也是制造者必须通过产品提供的功能，即基本功能。为实现必要功能，可能附带许多辅助功能。在产品设计中，有些辅助功能可能对实现产品的基本功能并无必要，这类功能称为不必要功能。比如说，在产品设计过程中，某些性能指标（如可靠性、安全性、稳定性等）要求过高，超过了用户的要求，这就是不必要功能，对于这些不必要功能就要通过功能分析加以消除。

（4）按功能的结构位置分为上位功能和下位功能

上位功能和下位功能是两个相对的概念。上位功能是要达到的目的，因此也称为目的性功能；下位功能是实现上位功能所需要的手段，因此也称为手段性功能。对某一功能来说，相对而言，它可能既是上位功能，又是下位功能。

3）功能整理

一个产品的全部功能明确定义后，还要加以分析和整理。目的是分清哪些是基本功能，哪些是必要的辅助功能，哪些是不必要的可以取消的功能，还应补充哪些功能，同时要明确各个功能之间的相互关系。功能整理，就是按照一定的逻辑关系，把定义化了的功能系统化，确保必要功能，消除不必要功能。

提示

价值工程中，功能整理的主要任务是明确产品的功能系统。

对功能的分析整理，目前已有一套相当细致的方法，称为功能分析系统技术。其大致的步骤如下：

（1）挑选出基本功能

挑选出基本功能，排列在左端，称为最上位功能。挑选最上位功能的标准是这个功能是否必不可少，是否是生产这一产品的主要目的。如果回答是肯定的，这个功能就是最基本功能，也就是最上位功能，除基本功能外，其余的就是辅助功能。

（2）逐个明确功能之间的关系

明确各功能之间是上下关系，还是并列关系。上下关系是指上位功能和下位功能的关系，上位功能是具有目的性的功能，下位功能是具有手段性的功能。同时，功能的上位和下位是相对而言的，一个功能对它的上位功能是手段，对它的下位功能则是目的。在分析功能时，当我们问"这个功能要达到什么目的"，就找出了它的上位功能。如果问"怎样实现这个功能"，就找出了它的下位功能。如在白炽灯中，"发光"功能是通过"加热灯丝"来实现的，则"发光"就是"加热灯丝"的上位功能，"加热灯丝"就是"发光"的下位功能，而对接通电源来说，又是上位功能，如图 5.6 所示。

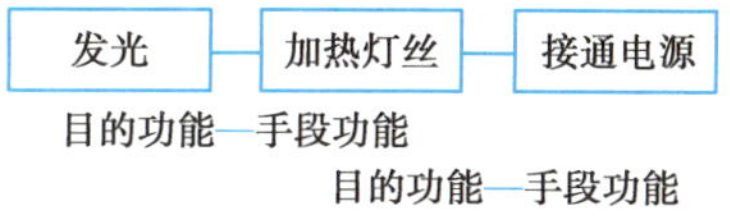

图 5.6　上下关系示意图

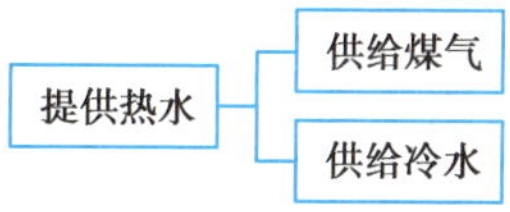

图 5.7　并列关系示意图

并列关系是指两个以上的功能处于同等地位，都是为了实现同一目的而必须具备的手段。如"提供热水"是煤气热水器的基本功能，要实现它必须同时实现"供给煤气"和"供给冷水"这两个功能，它们之间是独立的，属于并列关系，如图 5.7 所示。

(3)排出功能系统图

根据"目的—手段",把零件之间的关系系统化,并把上位功能放在左边,下位功能放在右边,画出功能系统图,如图5.8所示。图中F_0是产品的基本功能,即最上位功能。F_1、F_2、F_3是实现功能F_0的手段,是F_0的下位功能,但它们又是F_{11}、F_{12}、F_{21}、F_{22}、F_{31}、F_{32}的上位功能,通过这样的关系可以把产品的设计意图用功能系统图表示出来。

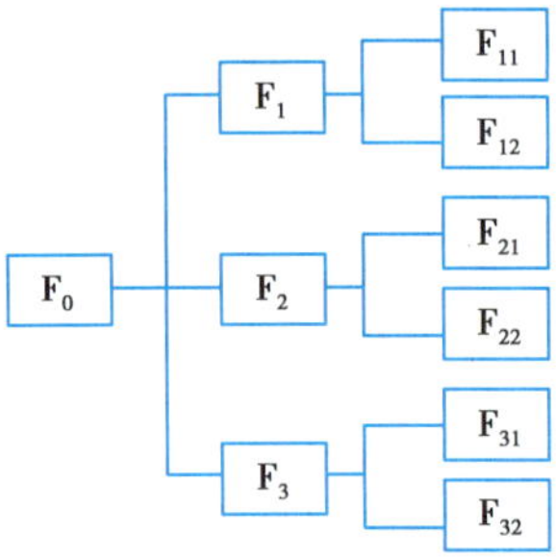

图5.8 功能系统示意图

4)功能评价

进行功能评价,就是根据功能与成本的对比关系,确定功能价值,找出低价值的功能,明确改进功能的具体范围,以提高价值。功能评价的方法主要有功能成本法和功能比重法。

(1)功能成本法

这种方法是把所有功能都转化为费用(即成本),用金额来表示功能,再从各种方案中找出实现某一功能的最低成本,并以这个成本与实现这个功能的目前成本相比较,求出二者的比值,即为功能价值系数。根据功能价值系数大小评价功能,同时求出二者的差异值,以明确降低成本的幅度。图5.9给出了功能成本法的思路。

图5.9中目前成本C_0是现行方案中实现这一功能的成本。A_1,A_2,…,A_n是利用各种方法得到实现同一功能的不同设想方案,C_1,C_2,…,C_n为相应于A_1,A_2,…,A_n的预计成本。从C_1,C_2,…,C_n中选出一个最小值,这就是我们要找的实现这一功能的最低成本C_a。功能的最低成本又称为必需成本,用它来作为评价功能的标准,称为功能评价标准值。图中的V即为功能的价值系数,C_d则为成本降低的预计幅度。

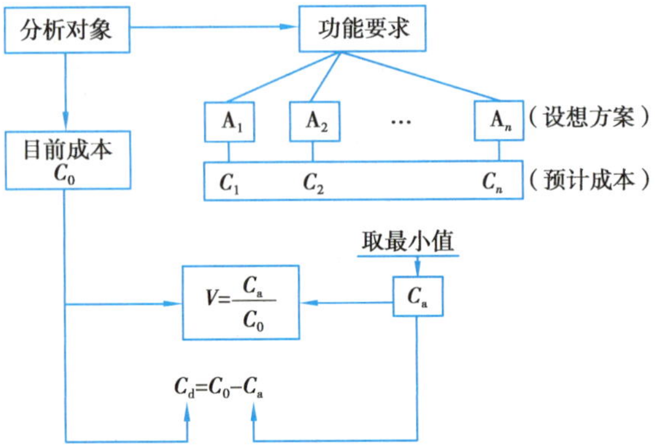

图5.9 功能成本法分析示意图

①求功能目前成本。

一个功能的实现往往是许多零件共同作用的结果。只对本功能起作用的零件,其成本自然应当算作本功能的成本。但有的零件不只对一个功能起作用,可能同时作用于几个功能,或者它本身就是多功能的。遇到这种情况时,则应按照零件对不同功能所起作用的大小,把零件费用分摊到各功能上去,合计各零件对某一功能的费用分摊额,即为该功能的目前成本 C_0,如表 5.8 所示。

表 5.8　功能目前成本表　　单位:元

零件名称	成本	功能		
		F_1	F_2	F_3
甲	300	100		200
乙	500	200	300	
丙	250	70	30	150
合　计	1 050	370	330	350

②求功能最低成本(C)。

a. 经验估计法。这种方法是邀请一些有实践经验的人,根据自己掌握的情报资料,运用已有的知识,对实现某项功能的方法先设想几个新方案,然后对新方案的成本进行估算。每人估算的值可能不同,或经协商取得一致,或取其平均值,在各方案的估算成本中必有一个最小值,就将这个值定为功能最低成本。

b. 实际调查法。以不同的功能类别收集企业内外实现该功能的不同程度的费用和技术资料,收集情报时应注意产品的功能条件(如性能、生产率、质量、可靠性和外观等);然后根据调查资料,确定它们的目前成本,再把目前成本按不同功能类别描绘在功能成本图上,如图5.10所示。

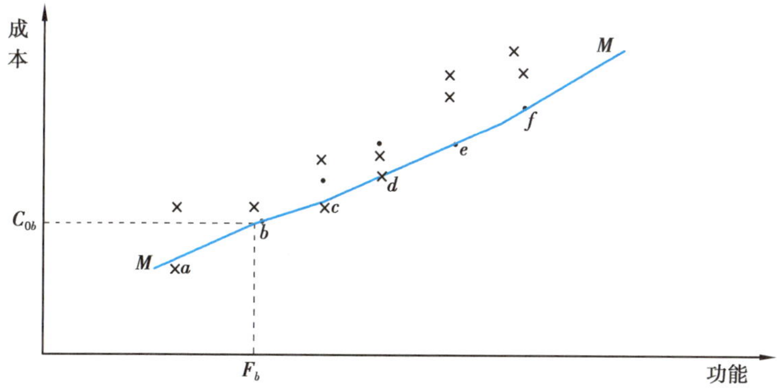

图 5.10　功能成本示意图

图中以“·”表示某类产品的功能实现程度情况,以“×”表示外厂同类产品的功能实现程度情况。找出该功能在各种实现程度下的最低成本，如图中的 $a,b,\cdots,f$ 等点，然后画出它们的下端包络线（即图中的 MM 线），这就是该功能的最低成本线，按此线可确定各功能实现程度的最低成本。例如，当功能实现程度为 F_b 时，最低成本则为 C_{0b}。

③求价值系数和成本降低幅度。

【例 5.6】某产品由 3 个功能 F_1、F_2 和 F_3 构成，已知各功能的目前成本和最低成本，则价值系数为最低成本与目前成本之比，成本降低幅度为目前成本与最低成本之差，如表 5.9 所示。

表 5.9　价值系数和成本降低幅度计算表

功能	目前成本/元	最低成本/元	价值系数	成本降低幅度/元
	C_{0i}	C_{ai}	$V_i=C_{ai}/C_{0i}$	$C_b=C_{0i}-C_{ai}$
F_1	50	40	0.80	10
F_2	30	10	0.33	20
F_3	25	10	0.40	15
合计	105	60	—	45

从表 5.9 中可以很直观地发现，F_2 的价值系数是最低的，成本降低的幅度也最大，因此 F_2 应作为重点，首先加以改进，依次是 F_3 和 F_1。表中各功能最低成本之和（60 元）即可作为确定产品改进后目标成本的主要参考值，总的成本降低幅度大约为 45 元。

功能分析与评价（二）

功能成本法比较简便，但由于主观因素太多（尤其是经验估计的功能目前成本），计算结果有时同实际情况有较大出入，不过评价的作用主要在于把控改进的范围和方向，具体数字即便有些出入，也不影响大局。

（2）功能比重法

功能比重法是按功能的重要性系数对功能进行评价。这种方法与功能成本法的不同之处在于：确定功能的评价值（功能目标成本）的方法有所不同。功能成本法是通过调查各同类企业的功能成本资料，选取实现功能的最低成本为功能的目标成本，汇总各功能的目标成本得到产品的目标成本。而功能比重法则不同，它是通过调查生产同类产品的企业的产品成本（不是功能成本），选取其中最低的成本作为产品的目标成本，然后根据产品各功能的重要性系数乘以产品的目标成本，进而得到各功能的目标成本。

【例 5.7】某产品的目前成本为 700 元，目标成本为 500 元，有 F_1、F_2、F_3、F_4 4 个功能区，其功能系统图如图 5.11 所示。各功能区的成本分别为 300 元、250 元、80 元和 70 元。试对各功能进行评价。

首先，要确定各功能区的重要性系数，见表 5.10。确定功能重要性系数分 3 步。第 1 步先暂定一个值，例如功能 F_1 和 F_2 相比，F_1 的

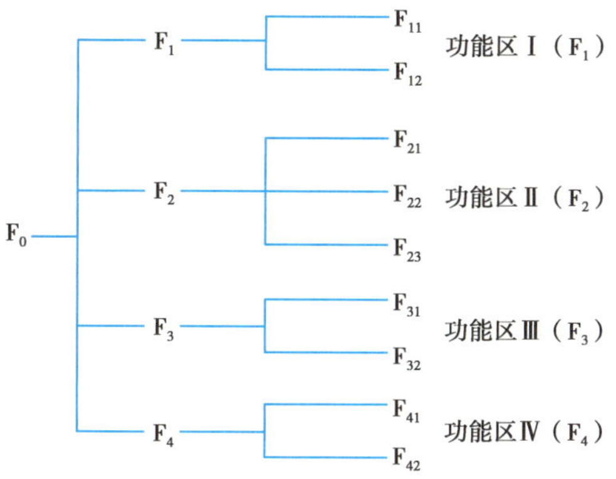

图 5.11　某产品的功能系统图

重要性是 F_2 的 1.5 倍；F_2 和 F_3 相比，F_2 的重要性是 F_3 的 2 倍；F_3 和 F_4 相比，F_3 的重要性是 F_4 的 3 倍。第 2 步对暂定系数进行修正，以 F_4 为 1，则 F_3、F_2、F_1 的系数修正后分别为 3、6、9。第 3 步计算功能重要性系数，即用各功能修正后的系数除以修正后的系数之和。

表 5.10　功能比重法评价表

功能	目前成本/元	暂定重要性系数	修正重要性系数	功能重要性系数	功能评价值(目标成本)/元	功能价值	成本降低幅度/元
F_1	300	1.5	9.0	9/19 = 0.47	0.47 × 500 = 235	0.78	65
F_2	250	2.0	6.0	6/19 = 0.32	0.32 × 500 = 160	0.64	90
F_3	80	3.0	3.0	3/19 = 0.16	0.16 × 500 = 80	1.00	0
F_4	70	—	1.0	1/19 = 0.05	0.05 × 500 = 25	0.36	45
合计	700	—	19.0	1.00	500	—	200

在功能的重要性系数确定之后，便可计算各功能的评价值，即功能的目标成本。方法是用各功能的重要性系数乘以其上位功能（这里就是产品）的目标成本；然后计算功能价值和成本降低幅度并确定功能改善顺序（方法同功能成本法），见表 5.10。结果表明，功能 F_2 的成本降低幅度最大为 90 元，其次为 F_1 和 F_4。在此基础上，可继续对各功能区的子功能进行功能评价，方法完全相同。

提示

功能评价的意义在于：通过对产品功能成本的分析和目标成本的确定，找到价值低的功能或功能区域，以便集中力量进行重点改善，有效提高产品的价值。

5.1.4　方案的制订和实施

经过前面的分析和评价，明确了奋斗目标，但这些目标能否圆满地实现，还要看在制订方案阶段能否创造出理想且具体可行的方案，这是一个发挥智慧和才能的阶段，是价值工程活动中的关键环节。制订改进方案的主要步骤是：提出改进方案、评价改进方案和做出提案，具体内容如图 5.12 所示。

1）提出改进方案

提出改进方案包括方案创造、具体化和调查 3 个方面的内容。

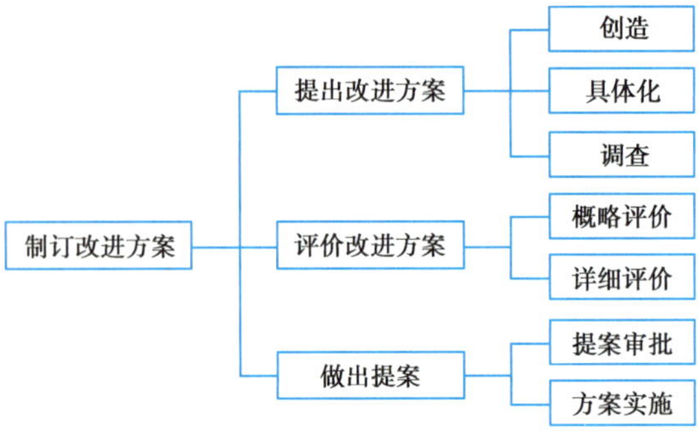

图 5.12　制订改进方案的主要步骤

(1)方案创造

方案创造,就是根据功能评价确定需要改善的功能领域,按照用户的功能要求,运用各种经验、知识和技能,进行设计构思,创造出尽可能多的实现功能的新方案。

①方案创造的原则。

a. 避免一般化、概念化。利用某种创新方法来实现某种功能时必须排除一般化和概念化,只有这样才能创造出新颖的方案。

b. 敢于打破框框进行创新和提高。在改进方案与创造方案时,要不受时间、条件和权威的限制,冲出现有产品框框的束缚,发挥出真正的创造性。

c. 以功能为中心,优先考虑上位功能和价值低的功能领域。从功能出发,以功能为中心,是贯穿价值工程活动的一条主线。以功能为中心,则要求在进行方案创造时,坚决打破原有产品结构的约束,依照功能系统图,围绕实现必要功能进行构思,同时要优先考虑上位功能和价值低的功能领域。通常来说,上位功能的限制较小,容易提出较多的方案;价值低的功能领域改进的可能性较大,价值工程活动的经济效果会比较显著。

d. 集思广益,多提设想。方案的改进与创造是一项涉及面较广的创造性活动,这种创造性活动不是依靠某个人就能完成的。它要求集思广益、博采众长,通过集体的努力来共同创造。因此,在创造过程中要充分听取设计、工艺、创造等方面的技术人员和管理人员以及专家学者、用户代表等各方面的意见。同时,在创造方案的过程中多提设想,这样获得最佳方案的可能性也就越大。

②方案创造的方法。

方案创造的方法有很多,下面我们介绍几种常用的主要方法。

A. 头脑风暴法,又称为 BS(Brain storming)方法,有些类似于常说的开"诸葛亮会"。头脑风暴法是一种从心理上激励群体创新活动的最通用的方法,是美国企业家、创造学家 A. F. 奥斯本(A. F. Osbern)于 1938 年创立的。

头脑风暴原是精神病理学的一个术语，是指精神病人在失控状态下的胡思乱想。奥斯本借用该术语形容创造性思维自由奔放、打破常规，创新设想如暴风骤雨般地激烈涌现。为了排除人们会有害怕批评的心理障碍而不愿发言，奥斯本提出了延迟评判原则。他建议把产生设想与对其评价过程在时间上分开进行，要由不同的人参加这两种过程。

头脑风暴法以开会的形式进行，参加会议的人（通常 5 ~ 10 人）由企业内外两方面的人员组成。内部可邀请有关设计、生产、销售、财务、科研人员；外部可邀请用户代表、有关专家和协作单位代表等。会议主持者要头脑清楚、思维敏捷、作风民主，既善于活跃气氛又善于引导启发，使与会者感到无拘无束、思想敞开。

参加会议的人要遵守下列规则：

a. 不评价好坏、不相互指责。如“行不通”“太贵了”“无法实现”之类的用语禁止使用。

b. 鼓励自由奔放地思考。就是说不迷信权威，不墨守成规，不禁锢自己的头脑，不怕被讥笑，相信事物的改进是无止境的。

c. 提出的方案越多越好。

d. 相互启发，即善于参考别人的意见来启发自己并完善自己的设想。

这种方法的主要优点是简单易行，能够做到集思广益，在不长的会议时间里可以提出大量的方案来；缺点是会议后还要进行大量的整理、归纳和评价工作。

B. 头脑书写法（Brain writing），也称为默写式智力激励法，是德国人鲁尔巴赫提出来的一种方法。

默写式智力激励法规定每次会议由 6 个人参加，每人在 5 分钟内提出 3 个设想，因此它又称为“635”法。这种方法的具体做法是：明确所要研究的问题，组织 6 名专家，利用 5 分钟的时间，每人提 3 个方案，这就是所谓“635”的含义。这要求组织者会前要设计 6 张同样的表格，每张可填写 18 个方案，如表 5.11 所示。第一轮大家各自单独填写，然后按逆时针传递（图 5.13），以后几轮可以接受别人的启发。30 分钟以后，全部转了一圈，共得到 108 个方案，这当中可能有重复的，但实践证明这种方法也是很有效的，能够在较短的时间内获得较多的方案，而且与会者会在别人思想的启发下激发起自己的美感和创造力，从而创造出高价值的方案。

表 5.11 “635”法筹集方案表

方案	参加者					
	1	2	3	4	5	6

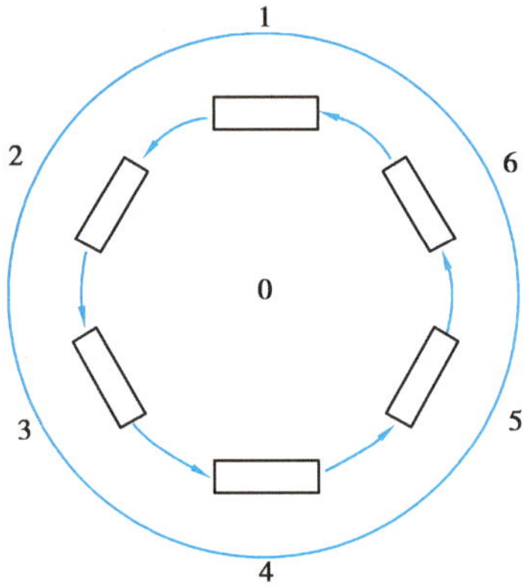

图 5.13 “635”法方案逆时针传递图

C. 提喻法,是由美国人哥顿(Gordon)提出来的一种方法,因此又称为哥顿法。这种方法可以克服头脑风暴法的缺点。

头脑风暴法存在以下缺点:

第一,头脑风暴法在会议一开始就将目的提出来,这种方式容易使见解流于表面,难免肤浅。

第二,与会者往往坚信唯有自己的设想才是解决问题的上策,这就限制了他的思路,提不出其他的设想。

为了克服上述缺点,哥顿法规定除会议主持人之外,其他与会者起初并不知道会议的真正意图和目的。在会议上具体问题被抽象为广义的问题提出来,以引起人们广泛的设想,从而给主持人暗示出解决问题的方案。这种方法也是选择 5 ~ 10 人以会议的形式进行。其特点是将要研究的问题适当抽象,以利于开拓思路,摆脱现有事物对思维的制约。

会议开始时,会议要解决的具体问题只有主持人本人知道,他只是把问题抽象地向大家提出,与会者便可以无拘无束地提出各种设想,直到主持人估计方案提得差不多的时候,才将问题公开,并继续讨论,欢迎辩论,力求获得最佳方案。例如,要研究改进剪草机的方案,主持人开始只是提出“用什么办法可以把一种东西断开?”当与会者提出剪切、刀切、锯断、扭断、折断、扯断、砍断等不同的方案之后,主持人才公布会议的目的是要研究剪草机的改进方案,并让大家继续思考,这样就可能提出各种不同于传统方式的方案来,如提出用理发推子形式的摆动刀片或镰刀形式的旋转刀片等各种方案。

这种方法要求会议主持人能够巧妙地提出问题,既不能太抽象,以免提出的设想离题太远、漫无边际,也不能太具体,以免受到原来对象的束缚。

D. 德尔菲法。德尔菲(Delphi)法是美国著名的咨询机构兰德公司率先采用的。德尔菲是古希腊阿波罗神殿所在地,传说阿波罗神经常派遣使者到各地搜集聪明人的意见，用以预卜未来，故以德尔菲命名。

采用德尔菲法，组织者将所要提的方案分解为若干内容，以信函的形式寄给有关专家。待专家们将方案寄回后，组织者将其整理、归纳，提出若干建议和方案，再寄给专家们供其分析，提出意见。如此反复几次后，形成比较集中的几个方案。

实质

德尔菲法是收集整理智者的思想。

德尔菲法有以下 3 个特点：

a. 匿名性。参加提方案的专家互不了解，并且不知道各自提了哪些方案，避免了意见容易受权威左右，出现“随大流”的情况。另外，专家们可在前一轮提案的基础上修改自己的意见，不需做出公开说明，无损自己的威望。

b. 反复修改，逐步集中。专家们所提方案经组织者汇总后再返寄给他们，在一定的层次高度再征询专家们的意见，这种带有反馈的信息闭环系统能够使专家们所提方案越来越集中、越来越有针对性。专家们通晓所提方案的全部情况，也有利于开拓他们的思路。

c. 预测结果的统计特性。对反馈回来的方案进行统计处理是德尔菲法的重要特点。

如果认为书面提方案所需时间过长，也可以将专家们请到一起，采取“背对背”的形式提方案，反复几次后，形成比较集中的方案。

E. 检查提问法。人们在泛泛思考时往往会觉得无从下手，难以提出好的方案来。为解决这个问题，可以将过去的经验总结归纳出富有启发性的提问要点，把应考虑的问题列出来，在人们检查各种提问的同时，引起联想，产生新设想，提出改进方案。此方法笼统地可归纳为 3 个“能不能”，即：

a. VE 对象能不能取消？

b. VE 对象能不能与其他合并？

c. 能不能用其他更好的方法取代之？

具体地说，检查提问法的内容包括：

a. 将原有方案稍加改变，能否有新的功能或用途？

b. 以前有无类似产品？可否借鉴别的方案和经验？有无可参照、模仿的价值？

c. 可否改变一些外在的内容？如声音、颜色、形状、味道、式样等。

d. 能否扩大或增加一些东西？如强度、长度、刚度、时间、次数等。

e. 能否缩小或减少一些东西？如压缩、变薄、降低、缩短、减轻、消除等。

f. 能否代用？如用其他的材料、元件、工艺、动力等。

g. 能否代换？如换元件、换型号、改变结构、改变顺序、改变布局、改变速度等。

h. 能否倒换？如正反、上下、里外、前后等。

i. 能否组合？如目标组合、部件组合、方案组合等。

检查提问表的具体内容是结合工作内容的特点，根据各自的经验提出来的，不同企业、不同专业的工作可根据所选择的对象特点，应用不同的检查提问表列出提问要点，以利于提案人员构思方案。

F. 仿生学法。仿生学法是通过仿生学对自然系统生物分析和类比启发，创造新方案。如中国建筑鼻祖、木匠鼻祖鲁班发明锯子，就是受到能割破人皮肤的茅草启发。又如响尾蛇导弹的制导系统是从对热辐射非常敏感的响尾蛇的知觉系统进行研究、启发诱导而研制成的。仿生学用于技术领域的例子非常多。

想一想

同学们还知道人类利用仿生学的其他发明创造吗？

知识拓展

NO1. 蝙蝠与雷达

原理：蝙蝠“回声定位”。

蝙蝠本领：蝙蝠发射出的超声波碰到飞舞的昆虫能立刻反射回来，这时蝙蝠就知道周围有吃的了。

仿生运用：根据蝙蝠发明的雷达能及时探测出敌机的方位和距离，以便发出警报，然后进行狙击。

NO2. 苍蝇与照相机

原理：苍蝇复眼。

苍蝇本领：苍蝇复眼观察物体比人类还要仔细和全面，当看到目标后，苍蝇能够立刻出动。

仿生运用：根据苍蝇复眼原理发明的“蝇眼”航空照相机，一次能拍摄 1 000 多张高清照片。天文学也有能在无月光的夜晚探测到空气簇射光线的“蝇眼”光学仪器。

NO3. 蝴蝶与防伪纸币

原理：蝴蝶翅膀颜色根据光的折射发生变化。

蝴蝶本领：蝴蝶翅膀上有很多小坑，当阳光照射在蝴蝶翅膀上时，由于发生光的折射，人眼看到的蝴蝶是绿色的。

仿生运用：纸币或信用卡上设置了许多小坑，这样，无论假币有多么逼真，都难逃光学设备的“法眼”。

除上述几种创造方案的方法外，还有输入输出法、类比法、列举法等方法，可针对不同的对象和专业特点灵活采用。

(2) 具体化和调查

首先，对各设想方案的具体结构、尺寸、材料等进行落实，把比较抽象的设想变为具体的东西，对实现功能的手段做到心中有数；还要考虑怎样把各功能单元有机地结合起来，使它们成为一个协调的完整体系，充分实现产品要求的总体功能。

其次,落实创造阶段提出的设想。经过初步筛选之后,余下少数有价值的设想。对这些少数设想怎样落实,又会遇到各种各样的问题,还要进行再调查、再创造。

另外,实现一种构思的材料和零件可以有很多种,这样又会产生多种具体化的途径。当材料、零件定下来之后,又有不同的加工和装配方法。此外,还有设备、工序、工卡具、检测、外协、外购等一系列问题,都可能在方案具体化的过程中遇到困难。显然,改进方案具体化的过程,必然伴随着大量的调查研究工作,有的问题要查阅国内外资料,有的需要请教有关专家,有的还需要做某些技术上的突破。

2)方案的评价和选择

方案评价的目的是从许多设想的方案中根据要求选出最优方案。方案评价分为概略评价和详细评价。概略评价是对方案进行初步筛选,保留少数可行方案,以提高分析工作的效率。详细评价是对经过改进和试验研究的若干方案,正式提交审查。两种评价都应包括技术评价、经济评价和社会评价 3 个方面的内容,如图 5.14 所示。

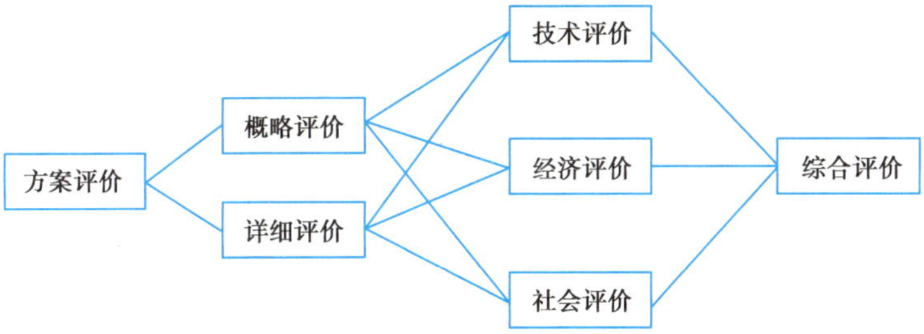

图 5.14　方案评价示意图

(1)技术评价

技术评价是以功能的各种性能是否满足用户的要求以及满足的程度为依据,评价方案在技术上的可能性,满足程度越高,方案的价值越大,这就是技术评价的目的。

就产品而言,技术评价的主要内容有:功能的实现程度、安全可靠性、操作维修性、与整体的协调性、材料和能源消耗以及“三废”的处理等。

(2)经济评价

经济评价主要是围绕方案的经济效益进行的评价。评价的主要内容是产品的寿命周期费用。但从企业角度来说,主要是产品的制造费用,因为这部分费用是可以控制的。对于产品的使用费用,在评价时应尽可能予以考虑。

(3)社会评价

社会评价就是以顺应国家、社会和人类的生存发展,符合公共道德准则为依据,来评价方案的可行性。社会评价的主要内容有:与国家规划和利益的一致性,与公共道德法律的一致性,对安全卫生、环境保护、生态平衡的影响等。

(4)综合评价

综合评价就是全面考虑方案在技术、经济和社会各方面的可行性,对方案进行整体评价。综合评价的方法有两种:一种是定性分析;另一种是定量计算。定性分析的方法就是根据技术、经济和社会评价项目,详细列举各方案的优缺点,然后对各方案进行对比、评价,选择最优方案。定量计算的方法就是利用打分法来区分评价项目的重要程度和各方案对评价项目的满足程度,根据方案得分多少确定方案的优劣。

3)方案的审批与实施

经过方案评价选出的最优方案,作为正式改进方案,提交有关部门审批。审批时应提交提案表、调查资料、评价资料及方案初步设计图纸。

方案经有关部门审批同意后,即可根据初步设计和试验的情况,修改设计图纸,编制有关工艺文件,经小批量试制成功后再正式投产。

提示

还可以根据需要列出各种项目,进行分析前后的比较,如零件的减少量、减少率,某个功能的成本降低率,按单位能量、功率、质量、容量等计算的经济效益等,来对价值工程活动成果进行评价。

4)价值工程活动成果评价

对价值工程活动的评价,一般计算以下几项:

(1)节约率

$$\text{节约率} = \frac{\text{原成本} - \text{改进后成本}}{\text{原成本}} \tag{5.4}$$

(2)年净节约额

$$\text{年净节约额} = \frac{\text{原成本} - \text{改进后成本}}{\text{年产量}} - \text{VE 附加费用} \tag{5.5}$$

(3)节约倍数

$$\text{节约倍数} = \frac{\text{年净节约额}}{\text{VE 活动经费}} \tag{5.6}$$

其中,VE 活动经费为实施 VE 方案所需工时(人数×时数)乘以 VE 成员平均小时工资。

5.2 价值工程的应用

某市经济开发区软件园电子大楼工程吊顶工程量为 18 000 m^2,根据软件生产工艺的要求,车间的吊顶要具有防静电、防眩光、防火、隔热、吸音 5 种基本功能以及样式新颖、表面平整、易于清理 3 种辅助功能。工程技术人员采用价值工程选择生产车间的吊顶材料,取得了较好的经济效果。以下是他们的分析过程。

1)情报收集

工程人员首先对吊顶材料进行广泛调查,收集各种建筑吊顶材料的技术性能资料和有关经济资料。

2) 功能分析

技术人员对软件生产车间吊顶的功能进行了系统分析，绘出了功能系统图，如图 5.15 所示。

3) 功能评价

根据功能系统图，技术人员组织使用单位、设计单位、施工单位共同确定各种功能权重。使用单位、设计单位、施工单位评价的权重分别设定为 50%、40% 和 10%，各单位对功能权重的打分采用 10 分制。各种功能权重如表 5.12 所示。

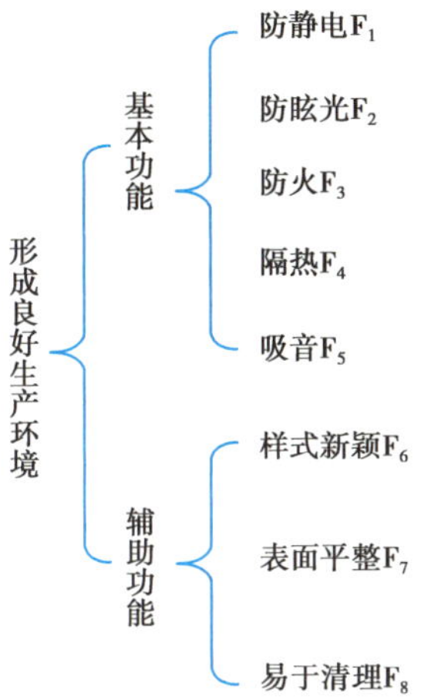

图 5.15　某软件生产车间吊顶功能系统图

表 5.12　吊顶功能重要程度系数

功能	使用单位评价(50%)		设计单位评价(40%)		施工单位评价(10%)		功能权重 $\frac{0.5F_{使用}+0.4F_{设计}+0.1F_{施工}}{10}$
	$F_{使用}$	$F_{使用}\times0.5$	$F_{设计}$	$F_{设计}\times0.4$	$F_{施工}$	$F_{施工}\times0.1$	
F_1	4.12	2.060	4.26	1.704	3.18	0.318	0.408
F_2	1.04	0.520	1.35	0.540	1.55	0.155	0.122
F_3	0.82	0.410	1.28	0.512	1.33	0.133	0.106
F_4	0.91	0.455	0.55	0.220	1.06	0.106	0.078
F_5	1.10	0.550	0.64	0.256	1.08	0.108	0.091
F_6	0.98	0.490	1.12	0.448	1.04	0.104	0.104
F_7	0.64	0.320	0.48	0.192	0.53	0.053	0.056
F_8	0.39	0.195	0.32	0.128	0.23	0.023	0.035
合计	10	5	10	4	10	1	1

4) 方案创建与评价

(1) 计算成本系数

根据车间工艺对吊顶功能的要求，吊顶材料考虑铝合金加腈棉板、膨胀珍珠岩板和 PVC 板 3 个方案。3 个方案的单方造价、工程造价、年维护费等如表 5.13 所示。基准收益率为 10%，吊顶寿命为 10 年。各方案成本系数计算如表 5.13 所示。

表 5.13　各方案成本系数计算表

方案	铝合金加腈棉板	膨胀珍珠岩板	PVC 板
单方造价/(元·m^{-2})	112.53	26.00	20.00

续表

方案	铝合金加腈棉板	膨胀珍珠岩板	PVC 板
工程造价/万元	202.554	46.80	36.00
年维护费/元	35 067	23 400	36 000
折现系数	6.144 6	6.144 6	6.144 6
维护费现值/万元	3.506 7 ×6.144 6≈21.55	2.340 0 ×6.144 6≈14.38	3.600 0 ×6.144 6≈22.12
总成本现值/万元	224.104	61.18	58.12
成本系数	224.104/(224.104 +61.18 +58.12)≈0.653	61.18/(224.104 +61.18 +58.12)≈0.178	58.12/(224.104 +61.18 +58.12)≈0.169

(2)计算功能系数

对3个方案采用10分制进行功能评价。各分值乘以功能权重得功能加权分,对功能加权分的和进行指数处理后可得各方案的功能系数,计算过程如表5.14所示。

表5.14 各方案功能系数计算表

功能	功能权重	铝合金加腈棉板		膨胀珍珠岩板		PVC 板	
		分值	加权分值	分值	加权分值	分值	加权分值
F_1	0.408	8	3.264	9	3.672	5	2.040
F_2	0.122	7	0.854	9	1.098	8	0.976
F_3	0.106	5	0.530	9	0.954	6	0.636
F_4	0.078	8	0.624	6	0.468	4	0.312
F_5	0.091	8	0.728	10	0.910	5	0.455
F_6	0.104	10	1.040	9	0.936	8	0.832
F_7	0.056	10	0.560	9	0.504	8	0.448
F_8	0.035	9	0.315	8	0.280	9	0.315
合计	1	65	7.915	69	8.822	53	6.014
加权分值指数化		7.915/(7.915 +8.822 +6.014)		8.822/(7.915 +8.822 +6.014)		6.014/(7.915 +8.822 +6.014)	
功能系数		0.348		0.388		0.264	

(3)计算价值系数

根据各方案的功能系数和成本系数计算其价值系数,计算结果如表 5.15 所示。

表 5.15　各方案价值系数计算表

方案	铝合金加腈棉板	膨胀珍珠岩板	PVC 板
功能系数	0.348	0.388	0.264
成本系数	0.653	0.178	0.169
价值系数	0.533	2.180	1.562
最优方案		√	

特别提示

优选方案,选择价值系数最大的;改进方案,选择价值系数最小的。

5)方案优选

根据各方案的价值系数,选择价值系数最大的方案,故生产车间的吊顶材料应选用膨胀珍珠岩板。

复习思考题

1. 什么是价值工程?价值工程中价值的含义是什么?提高价值有哪些途径?

2. 简述价值工程的工作程序。

3. ABC 分析法和功能重要性分析法选择分析对象的基本思路和步骤是什么?

4. 某产品有 8 个零件,各零件之间就其功能的重要性打分如表 5.16 所示,全部零件目前成本为 7 208 元,其在各个零件之间的分配如表 5.17 所示。试求各零件的价值系数。

表 5.16　功能重要性打分表

零件名称	A	B	C	D	E	F	G	H
A	×	1	1	0	1	1	1	1
B	0	×	1	0	1	1	1	1
C	0	0	×	0	1	1	1	1
D	1	1	1	×	1	1	1	1
E	0	0	0	0	×	0	1	0
F	0	0	0	0	1	×	1	0
G	0	0	0	0	0	0	×	0
H	0	0	0	0	1	1	1	×

表 5.17　成本表

单位:元

零件名称	A	B	C	D	E	F	G	H	合计
目前成本	1 813	3 000	285	284	612	407	82	720	7 203

5. 某产品有 5 个零件组成,目前成本为 15 元,企业准备用价值工程技术把成本降到 10 元,零件成本和打分资料如表 5.18 所示。试计算零件的功能评价系数、成本系数和价值系数,并据此确定价值工程对象。

表 5.18　资料表

零件名称	A	B	C	D	E	合计
目前成本/元	3	2	4	1	5	15
得分	2	2	1	2	3	10

模块 6
工程项目的可行性研究及资金筹措

工程项目的可行性研究及资金筹措导学

【学习目标】

(1)了解可行性研究的意义和作用、阶段及主要任务；

(2)熟悉可行性研究的主要内容，掌握可行性研究的方法；

(3)理解资金筹措的概念、策略，项目融资的含义、融资模式，资金成本的概念；

(4)掌握资金筹措的分类和项目融资模式，重点掌握工程项目资金成本的计算。

【能力目标】

(1)能够进行简单的可行性研究分析；

(2)能够熟练进行工程项目资金成本和加权平均成本的计算，学会融资技巧，做出正确的融资决策。

【案例引入】

港珠澳大桥

港珠澳大桥是中华人民共和国境内一座连接香港、广东珠海和澳门的桥隧工程，位于中国广东省珠江口伶仃洋海域内，为珠江三角洲地区环线高速公路南环段。港珠澳大桥东起香港国际机场附近的香港口岸人工岛，向西横跨南海伶仃洋水域接珠海和澳门人工岛，止于珠海洪湾立交；桥面为双向六车道高速公路，设计速度 100 km/h；工程项目总投资额 1 269 亿元。

2003 年 8 月，国务院正式批准三地政府开展港珠澳大桥前期工作。2004 年 2 月，在总设计师孟凡超的带领下，港珠澳大桥可行性研究正式启动。可行性研究工作是一项甚为复杂而又庞大的系统工程，涉及大桥项目的建设条件调查与论证，与此同时，还有大量的专题研究论证工作需要同步开展。“直到 2008 年 12 月，港珠澳大桥可行性研究报告才通过专家评审并上报国家发改委，2009 年 10 月国务院批准港珠澳大桥可行性研究报告，这场工作持续近 6 年。”孟凡超说。2018 年 10 月 24 日，历经 6 年前期设计、9 年建设，全长 55 km，集桥、岛、隧于一体的港珠澳大桥正式通车。这是我国桥梁建设史上技术最复杂、环保要求最高、建设标准最高的“超级工程”。随着港珠澳大桥的通车，由香港行车至珠海、澳门从 3 个多小时缩短至 45 min 左右。

港珠澳大桥建成开通，有利于三地人员交流和经贸往来，有利于促进粤港澳大湾区发展，有利于提升珠三角地区综合竞争力，对于支持香港、澳门融入国家发展大局，全面推进内地、香港、澳门互利合作具有重大意义。

港珠澳大桥海景

启示：港珠澳大桥是国家工程、国之重器。港珠澳大桥在建设管理、工程技术、施工安全和环境保护等领域，填补了诸多“中国空白”乃至“世界空白”，形成了一系列的“中国标准”，打造出了一座超级工程。总工程师林鸣说：“桥的价值在于承载，而人的价值在于担当。”港珠澳大桥展示了中国工匠的时代风采，弘扬了精益求精、埋头苦干的时代风气。

可行性研究作为工程项目投资前期的主要工作内容之一，在基本建设程序中具有重要地位和作用。可行性研究的目的是对工程项目的技术先进性、经济合理性和建设可能性进行分析比较，以确定该项目是否值得投资，规模应有多大，建设时间和投资应如何安排，采用哪种技术方案最合理等，以便为决策提供可靠的依据。

6.1 工程项目的可行性研究

6.1.1 可行性研究的意义和作用

实质

可行性研究就是“三思而行”。

1) 可行性研究的意义

可行性研究(Feasibility Study)是指在项目建设前，对拟建项目在技术上是否先进适用、经济上是否合理有利、工程建设上是否可行所进行的全面、详细、周密的调查研究和综合论证。其目的是避免和减少投资项目的决策失误，提高投资的综合效果。

投资方进行可行性研究是一项政策性、系统性很强的工作。它要以经济理论为依据，采用一整套科学方法，对新建、扩建、改建项目中的一些主要问题，如市场需求、资源条件、原材料、燃料动力、交通运输、建厂规模、厂址选择、主要工艺流程、设备选型、投资与成本、项目经济效益和社会效益等重大问题，从技术与经济等方面进行全面、系统的调查研究，分析计算和比较选择方案，并对投资后的经济效果进行预测。

可行性研究是对提出的投资建议、工程建设项目方案，进行尽可能详细的调查研究和做出鉴定，并对下一个阶段是否继续或终止进行研究，提出必要的论证。可行性研究是项目申报、审批、贷款和项目设计施工等的重要依据。

工程项目可行性研究是根据国民经济发展规划及批准的项目建议书，项目承办单位委托有资格的设计机构或工程咨询单位，在建设项目投资决策前，对拟建项目的技术和经济两个方面进行全面系统的分析和研究，以便减少项目决策的盲目性，使建设项目具有科学性。

可行性研究不仅应用于建设项目，还可应用于科学技术和工业发展的各个阶段和各个方面。例如，工业发展规划、新技术的开发、产品更新换代、企业技术改造等工作的前期，都可应用可行性研究。

2）可行性研究的作用

可行性研究的意义和作用

可行性研究作为投资前期的主要工作内容之一，在基本建设程序中具有重要地位和作用，具体表现在以下几个方面：

①作为项目决策的依据。项目决策的科学性取决于项目评价方法的科学性。项目的可行性研究是一种科学系统的项目前期研究方法，能够全面提供项目决策所需的重要数字和文字信息，因此可以为项目投资决策提供科学的依据。项目投资决策者主要根据可行性研究的评价结果决定一个项目是否应该投资和如何投资，因此它是投资的主要依据。可行性研究中具体研究的技术经济数据，都要在设计任务书中明确规定，它也是编制设计任务书的依据。

②作为项目融资的依据。贷款人在接受项目借款申请时，需要对贷款项目进行评估，在确认项目投资效果良好，具有偿还能力、承担风险较小的情况下，才会同意贷款。贷款人在对项目评估时，可行性研究报告是重要依据。

③作为编制设计方案和施工图的依据。为了保证施工期内各项工作按照计划顺利进行，必须编制可行的设计方案和合理的施工图。可行性研究报告能够为设计方案及施工图的编制提供大量、详细的调查资料和研究结果，因此可以为编制设计方案和施工图提供保障。

④作为商谈合同、签订协议的依据。根据可行性研究报告和设计任务书，项目主管部门可以同有关部门签订项目所需的原材料、能源、设备等的协议和合同。

⑤作为环保部门审查项目对环境影响的依据。

想一想

项目不进行可行性研究的后果会怎样？

可行性研究必须在国家有关规划、政策和法规的指导下，以大量的资料为基础，通过对各种资料进行综合分析和比较获得。因此，了解国家有关规划、政策和法规，收集各种有关基础资料是工作开展的依据和前提条件。可行性研究的主要依据包括：国民经济的长远规划、地区和行业规划；国家有关方针、政策和法规；经过有关部门批准的资源报告；项目建议书；可靠的自然、地理、气象、地质、经济、社会等基础资料；水、电、交通、原材料等外部条件资料；有关的技术标准、规范；国家颁布的项目评价参数等。

6.1.2 可行性研究的阶段及主要任务

1）工程项目发展周期

一个投资项目从提出设想到建成投产可划分为3个时期和9个阶段。3个时期是投资前时期、投资时期、生产时期。9个阶段是机会研究阶段、初步可行性研究阶段、详细可行性研究阶段（项目拟定阶段）、评价和决策阶段、谈判和订立合同阶段、项目设计阶段、施工安装阶段、试运转阶段、正式生产阶段。可行性研究是投资前时期的主要工作，一般认为可行性研究包括机会研究（项目意向）、初步可行性研究和详细可行性研究（技术经济可行性研究）。投资项目的3个时期9个阶段的关系以及各阶段的主要活动内容和强度，可以用工程项目发展周期表示，如图6.1所示。

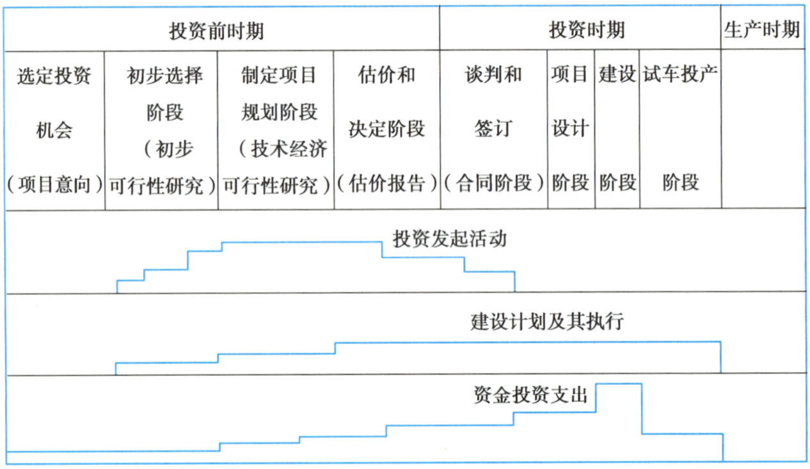

图6.1 工程项目发展周期

（1）投资前时期

这一时期的主要任务是进行项目的规划设想，初步选择产品及技术方案，编制投资规划。其主要工作内容是进行项目的可行性研究和资金筹措。

（2）投资时期（建设时期）

这一时期的主要任务是谈判及签订合同、工程项目设计、施工建设、人员培训、试运转和投产。这一时期的关键是控制建设周期和投资费用，努力使项目早投产，早发挥效益。对大中型工程项目，往往采用分期建设、分段形成生产能力、分期投产的方式进行建设。

(3)生产时期

项目的经济效益要通过生产经营活动来体现,而经济效益的高低受生产时期管理水平的影响;同时,投资前时期的可行性研究工作质量和投资时期的工作质量,必然影响生产时期的经济效益。这一时期的初期,主要任务是应用和管理好项目的生产技术,尽快达到设计生产能力和各项技术经济指标;这一时期的后期要根据市场变化、技术进步情况,考虑企业的技术改造。

3 个时期的工作不是截然分开,而是交错进行的。如项目的设计、评价和决策往往不是一次完成,而是要经过多次反复才能完成的。

2)可行性研究的阶段及主要任务

可行性研究是投资前时期的主要工作,一般分 3 个阶段进行:机会研究、初步可行性研究、详细可行性研究(项目拟定)。各阶段的目的、任务及投资成本估算的精确度如表 6.1 所示。

表 6.1　可行性研究各阶段的目的、任务及投资成本估算精确度

阶段	目的	主要任务	投资成本估算精确度
1. 机会研究阶段	机会识别和项目设想	调查研究并鉴别投资机会 确认项目研究的必要性 确认研究的范围 确定研究的关键问题	±30%
2. 初步可行性研究阶段	项目可行性的初步分析论证	识别选择方案的标准 初步确定选择可取方案 鉴别是否进行下一步研究	±20%
3. 详细可行性研究阶段	进行技术经济可行性研究	按详细标准再调查研究 决定方案特性的最后选择 确定最佳方案的选择 确认方案的可行性	±10% ~ ±15%

(1)机会研究

机会研究又称为投资机会鉴别。这一阶段的主要任务是提出工程项目投资方向,调查并鉴别投资的机会,确认项目研究的必要性。机会研究往往比较粗略,主要依靠情报资料来估计,不是进行详细分析计算。建设投资与成本数据是靠与现有工厂对比得到的,不是靠设备制造厂商或其他供应商的报价,投资与成本估算往往是用最简单的方法,估算的允许误差在 ±30% 以内,一旦认为项目在经济上有利可图,就可转入下一步研究。机会研究所用时间较短,一般1 ~2 个月,所需研究费用占总投资额的 0.1% ~1% 。

(2)初步可行性研究

初步可行性研究又称为预可行性研究。其主要任务是在机会研究的基础上,进一步确认项目建设的必要性,初步进行方案的比较与选择,确认是否进行详细的可行性研究。这一阶段要明确两方面的问题:一是工程项目的概貌,包括产品方案、生产规模、投入物的来源、可供选择的技术、厂址方案、建设进度;二是初步估算项目主要经济效益指标。这一阶段投资与成本估算的偏差一般要求达到 ±20% 以内,研究所需要时间为 4 ~6 个月,所需费用占投资总额的0.25%~1.5%。初步可行性研究要对项目的许多备选方案进行粗略筛选,剩下较少的方案留到下一阶段深入研究。这一阶段的研究内容与详细可行性研究基本相同,只是粗略些,对有些中小型项目可以省去这一阶段,直接进行详细可行性研究。

可行性研究的阶段及主要任务

(3)详细可行性研究

详细可行性研究也称为技术经济可行性研究或项目拟定,它是整个可行性研究的关键阶段。其主要任务是对工程项目进行深入细致的技术经济分析论证,包括市场和生产能力研究、原材料及投入物、建厂地区与厂址、项目(技术方案)设计、工厂机构及人力、项目实施进度、环境保护、投资估算与成本估算、经济评价等内容。这一阶段要在前面研究的基础上,进行多方案比较与选优,工作量大,需要的时间长,所花费用也较多。这一阶段投资与成本估算的误差在 ±10% 以内,有时可达 ±5%,所需费用占总投资的 0.25%~3%。详细可行性研究的报告及其结论是投资决策的基本依据。

以上 3 个阶段不是可行性研究的目的,而只是进行项目投资决策的手段。可行性研究的目的是在详细可行性研究的基础上,进行多方面的评价、论证,得出是否进行项目投资的结论。因此,详细可行性研究的后续阶段即为评价与决策阶段。一般来说,前两个阶段只能否定一项投资,但不能肯定一项投资。只有经详细可行性研究且通过后才能肯定一项投资。

6.1.3 可行性研究的主要内容

可行性研究是一项范围广、内容多的复杂工作。各国在研究内容上基本相同,我国在联合国工业发展组织(UNIDO)出版的《工业可行性研究手册》基础上,结合我国国情,对可行性研究的内容作出了具体规定,可以用图 6.2 来表示可行性研究的主要内容。根据图 6.2 的思路,对可行性研究的主要内容作如下介绍。

1)总论

(1)项目背景

①项目名称;

②承办单位概况(新建项目介绍筹建单位情况;技术改造项目介绍原企业情况;合资项目介绍合资各方情况);

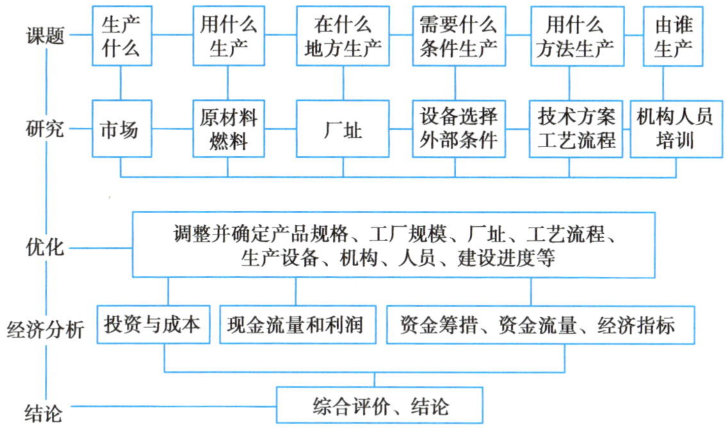

图6.2　生产项目可行性研究的主要内容

③可行性研究报告编制依据；

④项目提出的理由与过程。

(2)项目概况

①拟建地点；

②建设规模与目标；

③主要建设条件；

④项目投入总资金及效益情况；

⑤主要技术经济指标。

(3)问题与建议

2)市场预测

(1)产品市场供应预测

①国内外市场供应现状；

②国内外市场供应预测。

(2)产品市场需求预测

①国内外市场需求现状；

②国内外市场需求预测。

(3)产品目标市场分析

①目标市场确定；

②市场占有份额分析。

(4)价格现状与预测

①产品国内市场销售价格；

②产品国际市场销售价格。

(5)市场竞争力分析

①主要竞争对手情况；

②产品市场竞争力优势、劣势；

③营销策略。

想一想

预测的定量方法有哪些？

(6)市场风险

3)资源条件评价(指资源开发项目)

(1)资源可利用量

矿产地质储量和可开采储量、水利水能资源蕴藏量、森林蓄积量等。

(2)资源品质情况

矿产品位、物理性能、化学组分、煤炭热值、灰分、硫分等。

(3)资源赋存条件

矿体结构、埋藏深度、岩体性质、含油气地质构造等。

(4)资源开发价值

资源开发利用的技术经济指标。

4)建设规模与产品方案

(1)建设规模

①建设规模方案比选;

②推荐方案及其理由。

(2)产品方案

①产品方案构成;

②产品方案比选;

③推荐方案及其理由。

5)场址选择

(1)场址所在位置现状

①地点与地理位置;

②场址土地权属类别及占地面积;

③土地利用现状;

④技术改造项目现有场地利用情况。

(2)场址建设条件

①地形、地貌、地震情况;

②工程地质与水文地质;

③气候条件;

④城镇规划及社会环境条件;

⑤交通运输条件及公用设施社会依托条件(水、电、气、生活福利);

⑥防洪、防潮、排涝设施条件;

⑦环境保护条件;

⑧法律支持条件;

⑨征地、拆迁、移民安置条件;

⑩施工条件。

(3)场址条件比选

①建设条件比选;

②建设投资比选;

③运营费用比选；

④推荐场址方案；

⑤场址地理位置图。

6)技术方案、设备方案和工程方案

(1)技术方案

①生产方法(包括原料路线)；

②工艺流程；

③工艺技术来源(需引进国外技术的,应说明理由)；

④推荐方案的主要工艺(生产装置)流程图、物料平衡图、物料消耗定额表。

(2)主要设备方案

①主要设备选型；

②主要设备来源(进口设备应注明供应方式)；

③推荐方案的主要设备清单。

(3)工程方案

①主要建筑物和构筑物的建筑特征、结构及面积方案；

②矿建工程方案；

③特殊基础工程方案；

④建筑安装工程量及“三材”用量估算；

⑤技术改造项目原有建筑物、构筑物利用情况；

⑥主要建筑物、构筑物工程一览表。

7)主要原材料、燃料供应

(1)主要原材料供应

①主要原材料品种、质量与年需要量；

②主要辅助材料品种、质量与年需要量；

③原材料、辅助材料来源与运输方式。

(2)燃料供应

①燃料品种、质量与年需要量；

②燃料供应来源与运输方式。

(3)主要原材料、燃料价格

①价格现状；

②主要原材料、燃料价格预测。

(4)编制主要原材料、燃料年需要量表

8)总图运输与公用辅助工程

(1)总图布置

①平面布置:列出项目主要单项工程的名称、生产能力、占地面积、外形尺寸、流程顺序和布置方案；

②竖向布置:场区地形条件、竖向布置方案、场地标高及土石方工程量；

③技术改造项目原有建筑物、构筑物利用情况；

④总平面布置图（技术改造项目应标明新建和原有以及拆除的建筑物、构筑物的位置）；

⑤总平面布置主要指标表。

（2）场内外运输

①场外运输量及运输方式；

②场内运输量及运输方式；

③场内运输设施及设备。

（3）公用辅助工程

①给排水工程：

a. 给水工程：用水负荷、水质要求、给水方案；

b. 排水工程：排水总量、排水水质、排放方式和泵站管网设施。

②供电工程：供电负荷（年用电量、最大用电负荷）、供电回路及电压等级的确定、电源选择、场内供电输变电方式及设备设施。

③通信设施：通信方式、通信线路及设施。

④供热设施。

⑤空分、空压及制冷设施。

⑥维修设施。

⑦仓储设施。

9）节能措施

（1）节能措施

（2）能耗指标分析

10）节水措施

（1）节水措施

（2）水耗指标分析

11）环境影响评价

（1）场址环境条件

（2）项目建设和生产对环境的影响

①项目建设对环境的影响；

②项目生产过程产生的污染物对环境的影响。

（3）环境保护措施方案

（4）环境保护投资

（5）环境影响评价

12）劳动安全卫生与消防

（1）危害因素和危害程度

①有毒有害物品的危害；

②危险性作业的危害。

（2）安全措施方案

①安全生产，淘汰危及生产安全的工艺和设备；

②对危害部位和危险作业的保护措施；
③危险场所的防护措施；
④职业病防护和卫生保健措施。
(3)消防设施
①火灾隐患分析；
②防火等级；
③消防设施。

13)组织机构与人力资源配置

(1)组织机构
①项目法人组建方案；
②管理机构组织方案和体系图；
③机构适应性分析。
(2)人力资源配置
①生产作业班次；
②劳动定员数量及技能素质要求；
③职工工资福利；
④劳动生产率水平分析；
⑤员工来源及招聘方案；
⑥员工培训计划。

14)项目实施进度

(1)建设工期
(2)项目实施进度安排
(3)项目实施进度表

15)投资估算

(1)投资估算依据
(2)建设投资估算
①建筑工程费；
②设备及工器具购置费；
③安装工程费；
④工程建设其他费用；
⑤基本预备费；
⑥涨价预备费；
⑦建设期利息。
(3)流动资金估算
(4)投资估算表
①项目投入总资金估算汇总表；
②单项工程投资估算表；
③分年投资计划表；
④流动资金估算表。

想一想

资金成本如何计算？

16）融资方案

（1）资本金筹措

①新设项目法人的项目资本金筹措；

②既有项目法人的项目资本金筹措。

（2）债务资金筹措

（3）融资方案分析

17）财务评价

（1）新设项目法人项目财务评价

①财务评价基础数据与参数选取：财务价格、计算期与生产负荷、财务基准收益率设定、其他计算参数。

②销售收入估算：编制销售收入估算表。

③成本费用估算：编制总成本费用估算表和分项成本估算表。

④财务评价报表：编制财务现金流量表、损益和利润分配表、资金来源与运用表、借款偿还计划表等。

⑤财务评价指标：

a.盈利能力分析：项目财务内部收益率、资本金收益率、投资各方收益率、财务净现值、投资回收期、投资利润率；

b.偿债能力分析：借款偿还期、利息备付率、偿债备付率等。

（2）既有项目财务评价

①财务评价范围确定。

②财务评价基础数据与参数选取："有项目"数据、"无项目"数据、增量数据、其他计算参数。

③销售收入估算：编制销售收入估算表。

④成本费用估算：编制总成本费用估算表和分项成本估算表。

⑤财务评价报表：增量财务现金流量表、"有项目"损益和利润分配表、"有项目"资金来源与运用表、借款偿还计划表。

⑥财务评价指标：

a.盈利能力分析：项目财务内部收益率、资本金收益率、投资各方收益率、财务净现值、投资回收期、投资利润率；

b.偿债能力分析；

c.借款偿还期、利息备付率、偿债备付率等。

（3）不确定性分析

①敏感性分析：编制敏感性分析表、绘制敏感性分析图。

②盈亏平衡分析：绘制盈亏平衡分析图。

③概率分析：计算期望值、标准值、离散系数，绘制决策树。

（4）财务评价结论

特别提示

间接效益又称为外部效应，俗称"搭便车"。

18）国民经济评价

（1）影子价格及通用参数选取

（2）效益费用范围调整

①转移支付处理；

②间接效益、间接费用计算。

(3)效益费用数值调整

①投资调整;

②流动资金调整;

③销售收入调整;

④经营费用调整。

(4)国民经济效益费用流量表

①项目国民经济效益费用流量表;

②国内投资国民经济效益费用流量表。

(5)国民经济评价指标

①经济内部收益率;

②经济净现值。

(6)国民经济评价结论

19)社会评价

(1)项目对社会的影响分析

(2)项目与所在地互适性分析

①利益群体对项目的态度及参与程度;

②各级组织对项目的态度及支持程度;

③地区文化状况对项目的适应程度。

(3)社会风险分析

(4)社会评价结论

20)风险分析

(1)项目主要风险因素识别

(2)风险程度分析

(3)防范和降低风险对策

21)研究结论与建议

(1)推荐方案的总体描述

(2)推荐方案的优缺点描述

①优点;

②存在问题;

③主要争论与分歧意见。

(3)主要对比方案

①方案描述;

②未被采纳的理由。

(4)结论与建议

22)附图、附表、附件

(1)附图

①场址位置图;

②工艺流程图;

③总平面布置图。

(2)附表

①投资估算表:项目投入总资金估算汇总表、主要单项工程投资估算表、流动资金估算表。

②财务评价报表:销售收入、销售税金及附加估算表,总成本费用估算表,财务现金流量表,损益和利润分配表,资金来源与运用表,借款偿还计划表。

③国民经济评价报表:项目国民经济效益费用流量表、国内投资国民经济效益费用流量表。

(3)附件

①项目建议书(初步可行性研究报告)的批复文件;

②生态环保部门对项目环境影响的批复文件;

③资源开发项目有关资源勘察及开发的审批文件;

④主要原材料、燃料及水、电、气供应的意向性协议;

⑤项目资本金的承诺证明及银行等金融机构对项目贷款的承诺函;

⑥中外合资、合作项目各方草签的协议;

⑦引进技术考察报告;

⑧土地主管部门对场址批复文件;

⑨新技术开发的技术鉴定报告;

⑩组织股份公司草签的协议。

6.1.4 可行性研究的方法

投资项目可行性研究的基本方法是开展经济调查,掌握经济信息资料,取得研究依据,运用科学的理论和方法,按照一定的步骤循序渐进地开展分析研究。

1)开展经济调查,掌握经济信息资料

投资项目可行性研究的精确性和可靠性不取决于人们的主观愿望,而取决于研究人员所掌握的反映客观实际状况的经济信息资料的多寡及其质量的高低。因此,首先必须进行广泛调查,搜集客观实际状况方面的经济信息资料,并加以整理、验证。没有客观实际状况的资料,研究工作就无从着手,任何忽视建设方针、产业政策、计划、市场、历史、地理环境等方面经济信息资料而进行的所谓可行性研究,都不可能取得正确的结论。一个可行性研究是由许多因素构成的,如果其中某些主要因素不可靠,就会导致投资决策失误。因此,在取得资料后,还要验证和完善调查数据,提高其精确程度和可靠程度。

2)取得研究依据

投资项目可行性研究必须以各种有效的文件、协议为依据。就一般投资项目来说,必须取得下列文件、协议:

①国家建设方针、产业政策和国民经济长远发展规划、地区规划、行业规划。我国是社会主义国家,一个投资项目的可行性研究,必须

根据国家的建设方针、产业政策和国民经济长远发展规划、地区规划、行业规划的设想来考虑。对厂址选择、建设规模、产品品种、协作配套、综合平衡等问题,都需要按照规划设想来安排。

②项目建议书和委托单位的设想说明。项目建议书是进行投资项目各项准备工作的依据,经有关部门审定后,就可以开展可行性研究工作。委托单位在委托可行性研究任务时,还要对拟建项目提出文字的设想说明,包括目标、要求、市场、原材料、建设资金来源等,交给承担可行性研究的单位。

③经国家正式审定的资源报告、国土开发整治规划、河流流域规划、路网规划、工业基地或开发区规划。不同项目各有侧重,如采矿项目,对资源报告要求很严格,必须是经国家审定的正式报告;水利、水电项目,必须具有河流流域规划;公路、铁路项目,必须具有路网规划等。

④可靠的自然、地理、气象、地质、基础设施、交通运输、经济发展等基础资料。这些资料是在可行性研究阶段进行厂址选择、项目设计和技术经济评价必不可少的资料。

⑤有关“三废”治理和环境保护的文件。

⑥有关工程技术方面的标准、规范、指标,这些都是项目设计的基本依据。

⑦国家公布或各部门掌握的用于投资项目评价的有关参数、数据和指标。投资项目可行性研究进行财务评价和国民经济评价时,需要一套参数、数据和指标,如行业基准贴现率、行业标准投资回收期、社会折现率、货物影子价格、劳动力影子价格、贸易费用率、影子汇率等。这些参数一般由国家公布实行,如国家没有统一规定,可按各部门掌握的为准。

3)进行辅助研究

为了争取时间,也可以对拟建投资项目的一个或几个方面进行辅助研究,并作为可行性研究的前提或依据。哪些项目需要进行辅助研究,可视拟建投资项目的规模而定。通过辅助研究(如市场研究),发现拟建投资项目生产的产品没有销路,就可以不再进行其他方面的可行性研究了。在一般情况下,辅助研究工作可与可行性研究同步进行,在一些大型项目中也可以先行。事实上,我们在研究一个投资项目之前,都做了大量的包括调查在内的分析研究工作,但有些内容是要单独进行研究的,如:

①市场研究,包括国内外市场的需求预测、打入国际市场的可能性、产品的寿命周期预测等;

②新技术、新产品的实验室试验,扩大试验结果及鉴定,能否用于拟建项目的分析;

③某种原料能否应用在产品生产中,原材料质量、品种对产品质

量的影响分析；

④“三废”治理的试验分析，达到排放标准的技术处理方案的研究及评价。

4)全面综合分析研究

特别提示

纸上得来终觉浅，绝知此事要躬行。

可行性研究是一项跨学科的综合性研究工作，它远远超出了仅仅从技术领域来研究的范围。除了生产工艺技术、建筑结构技术外，它还涉及市场学、投资经济学、技术经济学、系统工程学、企业管理学、财务会计学等。在可行性研究时，需要综合运用这些学科的理论和方法。因此，可行性研究必须由若干方面的专门人才共同承担，并要求参加研究的人员具有广泛的阅历、丰富的经验、全面思考问题的水平。这样，他们才能胜任这项工作。

投资项目可行性研究的任务是对拟建投资项目的技术、工程、经济等方面是否合理、可行进行全面分析研究，作多方案比较，并提出评价。一个投资建设方案，往往要经过几次反馈、反复的过程，即修正数据、变换条件、调整方案，使可行性研究更加精确、合理的过程，也是反复检验使之更加完善的过程。

在有些情况下，可行性研究选择的投资建设方案是合理的，但在决策过程中由于投资规模的控制、某些基础数据和社会环境条件的变化，就必须对可行性研究在保持科学性、合理性的前提下进行修改。修改的最好办法是利用原有可行性研究的工作基础，通过修正系数加以解决，具体方法见表6.2。

表6.2　项目可行性研究的方法

<table>
<tr><th colspan="4">可行性研究方法</th></tr>
<tr><td>一、战略分析</td><td colspan="3"></td></tr>
<tr><td rowspan="3">二、调查研究</td><td colspan="3">典型市场调查方法</td></tr>
<tr><td colspan="3">普遍市场调查法</td></tr>
<tr><td colspan="3">抽样调查法</td></tr>
<tr><td rowspan="7">三、预测技术</td><td rowspan="3">定性预测法</td><td colspan="2">头脑风暴法</td></tr>
<tr><td colspan="2">德尔菲法</td></tr>
<tr><td>主观概率法</td><td>算术平均法、加权平均法</td></tr>
<tr><td rowspan="4">定量预测法</td><td rowspan="3">时间序列预测分析法</td><td>简单平均法</td></tr>
<tr><td>移动平均法(长期趋势和季节性)</td></tr>
<tr><td>指数平滑法</td></tr>
<tr><td colspan="2">回归分析法(寻求已知数据变化规律的数理统计方法)</td></tr>
<tr><td rowspan="3">四、模型法</td><td colspan="3">实物模型</td></tr>
<tr><td colspan="3">图示模型</td></tr>
<tr><td colspan="3">数学模型</td></tr>
</table>

6.2　工程项目资金筹措

6.2.1　资金筹措的概念与分类

1)资金筹措的概念

工程项目资金筹措是指工程项目的主体根据其建设活动和资金结构的需要,通过一定的筹资渠道,采取适当的方式,获取所需资金的各种活动的总称。这里的建设项目主体包括政府部门、企事业单位以及个人。

资金筹措是一种通过多种方式引进资金进行项目建设的重要手段。资金是项目正常开展的"血脉",采用合理的筹资方式对项目的建设和最终完成至关重要。

2)资金筹措的策略

资金筹措是为项目投资服务的,其成本的高低会影响项目的投资收益;反过来,项目筹资也是受项目投资总量制约的,这是因为项目筹资收益水平的高低也会直接影响筹资可接受的水平和相关的结构。因此,采取正确的项目资金筹资策略,有利于选择合适的筹资方式,有利于提高项目的投资效益。

(1)确定合理的资金结构

资金结构是指项目投资资金中各种资金的构成及其比例关系。项目在进行资金筹措时,应结合资金成本和有关政策制度的规定,确定合理的自有资金与负债资金的比例。

(2)选择合适的筹资方式

各种资金筹措时都有其资金成本。所谓资金成本,是指为筹集各使用资金而付出的代价。它一般包括资金筹集费和资金使用费,并以年资金成本率来表示。因此,项目在进行筹资时,应结合筹资方式的资金成本,选择最为有利的筹资方式。

(3)选择有利的筹资时机

项目的筹资与投资与国民经济发展状况密切相关。经济增长速度快,经济效益好,一方面为项目的投资创造了良好的时机,另一方面也会形成整个社会对资金的需求量加大、市场平均利率水平上升的局面,从而会造成项目筹资困难并提高其筹资成本。相反,若经济处于衰退阶段,则可能导致人们对未来投资丧失信心。虽然此时市场资金供应充分,资金成本也相对较低,但由于市场的不景气,则会加大投资风险,致使项目投资不能达到预期收益。因此,项目的筹资与投资都有一个最佳时机选择的问题。

(4)合理确定资金需求量与需求时间

筹集多少资金,什么时候需要资金,这是项目筹资首先要考虑和解决的问题。确定项目所需的资金量是筹资的依据和前提。这是因为正确核定项目所需的资金总数，有利于确定正确的筹资方式，避免不必要的资金占用和浪费。另外，确定资金的需求时间也是一个重要的问题，特别是一些大型的建设项目，其建设周期长并且需要巨额的资金，因此其货币的时间价值会显得比较敏感。如果能恰当地计算出资金的需求时间，同样可以节省一笔数量可观的资金成本。

(5)合理组合债务偿还期

项目投资者在筹集资金债务偿还期方面要长期、中期、短期贷款合理安排，防止还款时间和额度过度集中，为以后还款带来困难。

(6)外资与内资相结合

筹集内资与筹集外资相结合的策略适用于多种项目，但应综合考虑国家的宏观经济政策和外汇汇率的变动等因素，以降低筹资风险。

3)项目资金筹措的分类

(1)按项目资金的来源与构成分类

在资金筹措阶段，项目所需资金的来源与构成有自有资金和借入资金，如图 6.3 所示。

想一想

资金的来源渠道有哪些?

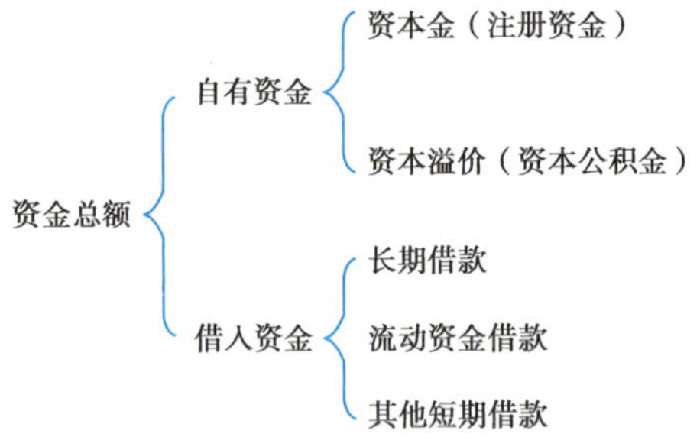

图 6.3　项目资金的来源与构成

①自有资金。自有资金是指投资人、企业有权支配使用并规定可用于固定资产投资和作为流动资金的资金，亦即在项目资金总额中投资者缴付的出资额，包括资本金和资本溢价(资本公积金)。

资本金是指新建项目设立企业时在工商行政管理部门登记的注册资金。根据投资主体的不同，资本金可分为国家资本金、法人资本金、个人资本金和外商资本金。资本公积金是指企业接受捐赠、财产重估差价、资本折算差额和资本溢价等形成的公积金。接受捐赠资产是指地方政府、社会团体或个人，以及外商赠与企业货币或实物等财产而增加的企业资产；财产重估差价是指按国家规定对企业固定资产重新估价时，固定资产的重估价值与其账面值之间发生的差额；资本折算差额是指汇率不同引起的资本折算差价；资本溢价是指在资金筹集过程中，投资者缴付的出资额超出资本金的差额。最典型的是发行股票的溢价净收入，即股票溢价收入扣除发行费用后的净额。

②借入资金。借入资金亦即企业对外筹措的资金，是指以企业名义从金融机构和资金市场借入，需要偿还的用于固定资产投资的资

金，包括国内银行贷款、国际金融机构贷款、外国政府贷款和发行债券等方式筹集的资金。

(2)按项目筹资的渠道分类

筹资渠道是指企业筹措资金来源的方向和通道，它体现了企业可利用资金的源泉和数量。筹资渠道是企业筹资的客观条件，为企业筹资提供了各种可能性。认识筹资渠道的种类和每种渠道的特点，有利于企业充分开拓和正确利用筹资渠道。目前企业筹资渠道主要有以下几种：

①国家财政资金。国家对项目的投资，历来是大型项目的主要资金来源。国家按照投资规划对项目进行投资，可以拨款方式投入，也可以基建贷款的方式投入。

②银行信贷资金。银行对项目的各种贷款是项目重要的资金来源。银行信贷资金有居民储蓄和单位存款等经常性的资金源泉，贷款方式多种多样，可以适应各种项目的多种资金需要。

③非银行金融机构资金。非银行金融机构主要有信托投资公司、租赁公司、保险公司、证券公司、企业集团的财务公司等。这些金融机构可以为一些项目直接提供部分资金或为项目筹资提供服务。这种筹资渠道的财力比银行要小，但具有广阔的发展前景。

④企业自留资金。企业内部形成的资金，主要有计提折旧形成的临时沉淀资金、提取盈余公积金和未分配利润而形成的资金。随着企业经济效益的提高，企业自留资金的数额将日益增加。项目组织可以用自留资金作为项目的筹集资金。

⑤其他企业资金。企业在生产经营过程中往往形成部分暂时闲置的资金，可在企业之间相互调剂使用。随着横向经济联合的发展，企业与企业之间资金联合和资金融通也有了广泛发展。其他企业投入资金方式包括联营、入股、债券和各种商业信用，既有长期稳定的联合，又有短期临时的融资。项目组织完全可以利用其他企业闲置资金来发展项目。

⑥民间资金。企业职工和城乡居民节余的货币，可以对企业进行投资，形成民间资金渠道。随着证券市场的发展和股份经济的推广，这一筹资渠道将会发挥越来越重要的作用。

⑦外商资金。外商资金是外国投资者以及我国香港、澳门、台湾地区投资者投入的资金，这是引进外资和外商投资企业的主要资金来源。吸收外资，不仅可以满足项目建设资金的需要，而且能够引进先进技术和管理经验。

(3)按项目筹资的方法分类

项目筹资的方法有很多种，如通过发行股票筹资、银行贷款筹资、发行债券筹资、租赁融资和利用外资筹资等。

①股票筹资。股票是股份公司发给股东作为其已投资入股的证

书，股东据此享有股息收入并取得其他相应的权利和义务。股票可以转让，但不能抽回股本。

股票可分为优先股和普通股两种类型。优先股是指在分配盈余或公司破产清算时在分割财产等方面享有优先权利的股份，一般股息确定，收入稳定，但在股东大会上没有表决权，不参与企业管理；普通股是指在分配盈余或公司破产清算时在分割财产等方面享有普通权利的股份，一般股息不固定，随公司经营业绩而浮动，但在股东大会上有表决权，可参与企业管理。

股票筹资的优点：

a. 股票筹资是一种富有弹性的融资方式。由于股息或红利不像利息那样必须按期支付，当公司经营不佳或现金短缺时，董事会有权决定不发股息或红利，因而公司融资风险低。

b. 股票无到期日。其投资属永久性投资，公司不用为偿还资金而担心。

c. 发行股票筹集资金可以降低公司负债比率，提高公司财务信用，增加公司今后的融资能力。

特别提示

股票有风险，投资需谨慎。

股票筹资的缺点：

a. 资金成本高。购买股票承担的风险比购买债券高，投资者只有在股票的投资报酬率高于债券的利息收入时，才愿意投资股票。此外，债券利息可在税前扣除，而股息和红利须在税后利润中支付，这样就使股票筹资的资金成本远高于债券筹资的资金成本。

b. 增发普通股必须给新股东投票权和控制权，从而会降低原有股东的控制权。

②银行贷款。银行贷款是银行利用信贷资金所发放的投资性贷款。按贷款提供者的单位不同，分为政策性银行贷款、商业银行贷款和其他金融机构贷款。

政策性银行贷款是指执行国家政策性贷款业务的银行向企业发放的贷款。例如，国家开发银行提供的贷款主要满足企业承建国家建设项目的资金需求；中国进出口银行提供的贷款主要用于满足企业进出口方面的资金需求，如满足扩大机电产品、成套设备出口等资金需求；中国农业发展银行提供的贷款主要用于确保国家对粮、棉、油等农产品政策性收购资金的供应。

商业银行贷款是指由各商业银行向企业提供的贷款，主要满足企业建设竞争性项目的资金需要。商业银行的贷款长期、短期均有。企业取得贷款后应妥善使用、自担风险、到期还本付息。

其他金融机构贷款是指除银行以外的金融机构向企业提供的贷款，如企业向信托投资公司、财务公司、投资公司、保险公司等金融机构借入的款项。其他金融机构的贷款一般比银行贷款的期限长，利率也较高，对借款方的信用要求和限制条件比较严格。

银行资金的发放和使用应当符合国家法律、行政法规和中国人民银行发布的行政规章的规定，应当遵循效益性、安全性和流动性的原则。效益性、安全性和流动性是商业银行经营活动应遵循的基本原则，也是企业及其他借款人使用贷款资金时应遵循的基本原则。效益性是指贷款的发放和使用的结果是积极的而不是消极的，效益可分为社会效益和经济效益；安全性是指贷款在发放和使用过程中不发生损失的风险，损失包括贷款的呆滞、呆账、挪用、诈骗等；流动性是指金融机构的现金存量和随时可变现的资产存量能够及时相互依存，又相互制约，相互矛盾。一般来说，流动性越高，安全性越高，贷款的效益性就越低；相反，效益性越高，流动性和安全性就越低。

③发行债券筹资。债券是债务人为筹集债务资金而发行的、约定在一定期限内还本付息的一种有价证券。债券筹资是一种直接融资，面向广大社会公众和机构投资者，公司发行债券一般有发行最高限额、发行公司权益资本最低限额、公司盈利能力和债券利率水平等规定条件。在发行债券筹资过程中，必须遵循有关法律规定和证券市场规定，依法完成债券的发行工作。

特别提示

借鸡下蛋，未尝不可。

债券筹资的优点：

a. 筹资成本较低。发行债券筹资的成本要比股票筹资的成本低。这是因为债券发行费用较低，其利息允许在所得税前支付，可以享受扣减所得税的优惠，所以企业实际上负担的债券成本一般低于股票成本。

b. 保障股东控制权。债券持有人无权干涉管理事务，因此，发行企业债券不会像增发股票那样可能会分散股东对企业的控制权。

c. 可以提高自有资金利润率。如果企业投资报酬率大于利息率，用发行债券的方式筹资可提高股东投资报酬率。

债券筹资的缺点：

a. 限制条件较多。发行债券的限制条件一般比长期借款、租赁筹资的限制条件要多而且严格，从而限制了企业对发行债券筹资方式的使用，甚至会影响以后的筹资能力。

b. 筹资数量有限。利用债券筹资有一定的限度。当企业的负债比率超过一定程度后，长期筹资的成本会迅速上升，有时甚至会发行不出去。就算企业债券能够发行出去，但国家的有关法规对企业的债券筹资额度是有限制的。

c. 筹资风险较高。债券有固定的到期日，并定期支付利息。利用债券筹资，要承担还本付息的义务。在企业经营不景气时，向债券持有人还本付息，会给企业带来更大的困难，甚至导致企业破产。

④租赁融资。租赁是指出租人以收取租金为条件，在契约或合同规定的期限内，将资产租让给承租人使用的一种经济行为。租赁行为实质上具有借贷性质，但它直接涉及的是实物而不是资金。在租赁业

务中，出租人主要是各种专业租赁公司，承租人主要是其他各类企业，租赁的对象大都是机器设备等固定资产。按与租赁资产所有权有关的风险和报酬归属，可将租赁融资分为以下两种：

a. 融资租赁。融资租赁是一种具有融资、融物双重职能的租赁方式，即由出租人购买承租人选定的资产，并享有资产所有权，再将资产出租给承租人在一定期限内有偿使用。它实际上转移了与资产所有权有关的全部风险和报酬。它是由机器设备制造商、租赁公司和使用厂家共同组成的一种租赁方式。

b. 经营租赁。经营租赁是为了满足经营上的临时性或季节性需要而进行的资产租赁，与所有权有关的风险或报酬实质上并未转移。在这种租赁方式下，出租人不仅提供租赁资产，而且还提供资产的维修和保险等服务。

⑤利用外资。项目组织在项目实施过程中，对项目建设资金的需求也不断扩大。合理利用外资，日益成为一种重要的筹资方式。

目前项目利用外资的主要方式有两种：一是借入外资，二是吸收境外资金直接投资。

A. 借用国外资金的具体方式。

a. 利用外国政府贷款。外国政府贷款是指外国政府提供的一种优惠贷款。这类贷款的特点是利率低、期限长。但这类贷款的附加条件是必须以贷款购买贷出国的机器设备等资本性货物，因此，这种贷款带有促进贷出国贸易的目的。

b. 国际金融组织贷款。这类贷款主要是指国际货币基金组织、世界银行、国际开发协会、国际金融公司、亚洲开发银行、欧洲开发银行、非洲开发基金组织等提供的贷款。它的贷款对象一般是针对该金融机构的会员或其所辖范围的国家或地区。

c. 外国商业银行贷款。外国商业银行贷款是指在国际金融市场上，由外国商业银行提供的、不指定用途、由借款人自主支配使用的贷款。这类贷款往往期限较短，利率较高，且采用浮动利率，即随国际金融市场利率的波动而波动。

d. 出口信贷。出口信贷是出口国政府为促进出口，由出口国官方、出口商或银行设立的一种供出口商或外国进口者使用的利率较低的贷款。其利率一般较市场利率低，利差由政府进行补贴。

除以上几种利用外资的方式外，还有混合贷款、涉外租赁和补偿贸易等。

B. 吸收外国投资的具体方式。

a. 合资经营。它是指外国企业、经济组织或个人，同中国的企业和经济组织共同投资经营，共享利润并共担风险的经营方式。这种经营方式一般由外商提供先进技术、先进的经营管理经验、外汇资金和先进的机器设备，国内投资者主要提供土地使用权、厂房、设备和劳动力等。合资经营对国外先进技术和管理经验的引进、国内产品的出口、国际销售渠道的开拓和国际市场的进入大有裨益。

工程项目
资金筹措

b. 合作经营。它一般通过协议确定合作双方的责权利和其他经济事务。在这种经营形式中，一般由外商向国内合作者提供资金、技术或一定数量的设备，国内合作者提供场地、原料、劳动力、现存设备、设施等，平等互利地合作开发项目或经营某企业。

c. 合作开发项目。合作开发是合作经营的一种特殊形式，即利用外商的资金、技术和设备，共同开发我国的自然资源。合作开发主要用于风险大、投资额高的项目。

d. 基础建设项目的 BOT 方式。BOT 是建设（Build）、运营（Operate）、移交（Transfer）3 个词的英文字头。BOT 方式是吸收国外无须担保的民间资本投资于基础设施的一种筹资和投资方式。它的具体运作是由一国（或地区）政府确立基础设施建设项目，通过招标或谈判，由中标或谈判成功的外国投资者自行筹措资金并进行建设；招标国政府授予国外投资者在项目建成后通过一定时期的运营收回其投资并取得利润的特许权；在特许权期限结束后，投资建设方将基础设施无条件地移交给招标国政府（或地区）。

6.2.2　项目融资模式

1）项目融资的含义

项目融资即项目的发起人（即股东）为经营项目成立一家项目公司，以该项目公司作为借款人筹借奖金，以项目公司本身的现金流量和全部收益作为还款来源，并以项目公司的资产作为贷款的担保物。该融资方式一般应用于发电设施、高等级公路、桥梁、隧道、铁路、机场、城市供水以及污水处理厂等大型基础建设项目，以及其他投资规模大、具有长期稳定预期收入的建设项目。

项目融资可以按追索权，划分为无追索权的项目融资和有追索权的项目融资。

项目融资还可以从广义和狭义上来理解。从广义上理解，项目融资是指为特定项目进行的建设、收购以及债务重组所进行的一切融资活动，债权人对债务人（如项目公司）抵押资产以外的资产有 100% 追索的权利。从狭义上理解，项目融资就是根据项目建成后的期望收益或现金流量、资产和合同权益来融资的活动，这里债权人对借款人抵押资产以外的资产没有追索权或仅有有限追索权。本书讨论的建设工程项目融资是狭义的项目融资。

2）融资模式

（1）BOT 模式

BOT 模式是指国内外投资人或财团作为项目发起人，从某个国家的地方政府获得基础设施项目的建设和运营特许权，然后组建项目公司，负责项目建设的融资、设计、建造和运营。BOT 融资方式是私营企

实质

BOT 是用别人的钱来做自己想做的事。

业参与基础设施建设,向社会提供公共服务的一种方式。BOT 方式在不同的国家有不同的称谓,我国一般称其为"特许权"。以 BOT 方式融资的优越性主要有以下几个方面:第一,减小项目对政府财政预算的影响,使政府能在自有资金不足的情况下,仍能上马一些基建项目。政府可以集中资源,对那些不被投资者看好但又对地方政府有重大战略意义的项目进行投资。BOT 融资不构成政府外债,可以提高政府的信用,政府也不必为偿还债务而苦恼。第二,将私营企业中的高效率引入公用项目,可以极大提高项目建设质量并加快项目建设进度;同时,政府也将全部项目风险转移给了私营发起人。第三,吸引外国投资并引进国外的先进技术和管理方法,对地方经济发展会产生积极的影响。BOT 投资方式主要用于建设收费公路、发电厂、铁路、废水处理设施和城市地铁等基础设施项目。

除了上述的普通模式,BOT 还有 20 多种演化模式,比较常见的有:BOO(建设—经营—拥有)、BT(建设—转让)、TOT(移交—经营—移交)、BOOT(建设—经营—拥有—转让)、BLT(建设—租赁—转让)、BTO(建设—转让—经营)等。

(2)TOT 模式

TOT(Transfer Operate Transfer)是"移交—经营—移交"的简称,指政府与投资者签订特许经营协议后,把已经投产运行的可收益公共设施项目移交给民间投资者经营,凭借该设施在未来若干年内的收益,一次性地从投资者手中融得一笔资金,用于建设新的基础设施项目;特许经营期满后,投资者再把该设施无偿移交给政府管理。

TOT 方式与 BOT 方式是有明显区别的,投资者不用建设基础设施,因此避开了基础设施建设过程中产生的大量风险和矛盾,比较容易使政府与投资者达成一致。TOT 方式主要适用于交通基础设施的建设。

国外出现一种将 TOT 与 BOT 项目融资模式结合起来,但以 BOT 为主的融资模式,称为 TBT。在 TBT 模式中,TOT 的实施是辅助性的,采用它主要是为了促成 BOT。TBT 有两种方式:一是公营机构通过 TOT 方式有偿转让已建设施的经营权,融得资金后将这笔资金入股 BOT 项目公司,参与新建 BOT 项目的建设与经营,直至最后收回经营权;二是无偿转让,即公营机构将已建设施的经营权以 TOT 方式无偿转让给投资者,但条件是与 BOT 项目公司按一个递增的比例分享拟建项目建成后的经营收益。两种模式中,前一种比较少见。

(3)PPP 模式

PPP 模式和 PFI 模式是国外发展得很快的两种民资介入公共投资领域的模式,虽然在我国尚处于起步阶段,但是具有很好的借鉴作用,也是我国公共投资领域投融资体制改革的一个发展方向。

PPP(Public Private Partnership)即公共部门与私人企业合作模

式，是公共基础设施的一种项目融资模式。在该模式下，鼓励私人企业与政府进行合作，参与公共基础设施的建设。

其中文意思是：公共、民营、伙伴。PPP 模式的构架是：从公共事业的需求出发，利用民营资源的产业化优势，通过政府与民营企业双方合作，共同开发、投资建设，并维护运营公共事业的合作模式，即政府与民营经济在公共领域的合作伙伴关系。通过这种合作形式，合作各方可以达到与预期单独行动相比更为有利的结果。合作各方参与某个项目时，政府并不是把项目的责任全部转移给私人企业，而是由参与合作的各方共同承担责任和融资风险。

(4) PFI 模式

PFI 的根本在于政府从私人处购买服务，目前这种方式多用于社会福利性质的建设项目，不难看出这种方式多被那些硬件基础设施相对较为完善的发达国家采用。比较而言，发展中国家由于经济水平的限制，将更多的资源投入到了能直接或间接产生经济效益的地方，而这些基础设施在国民生产中的重要性很难使政府放弃其最终所有权。

PFI 项目在发达国家的应用领域总是有一定的侧重，以日本和英国为例，从数量上看，日本的侧重领域由高到低为社会福利、环境保护和基础设施，英国则为社会福利、基础设施和环境保护。从资金投入上看，日本在基础设施、社会福利、环境保护 3 个领域仅占英国的 7%、52% 和 1%，可见其规模与英国相比要小得多。英国 PFI 项目非常多样，最大型的项目来自国防部，例如空对空加油罐计划、军事飞行培训计划、机场服务支持等；更多的典型项目是相对小额的设施建设，例如教育或民用建筑物、警察局、医院能源管理或公路照明，较大一点的包括公路、监狱和医院用楼等。

(5) ABS 模式

ABS 即资产收益证券化融资（Asset-backed Securitization）。它是以项目资产可以带来的预期收益为保证，通过一套提高信用等级计划在资本市场发行债券来募集资金的一种项目融资方式。具体运作过程是：

①组建一个特别目标公司；

②目标公司选择能进行资产证券化融资的对象；

③以合同、协议等方式将政府项目未来现金收入的权利转让给目标公司；

④目标公司直接在资本市场发行债券募集资金或者由目标公司信用担保，由其他机构组织发行，并将募集到的资金用于项目建设；

⑤目标公司通过项目资产的现金流入清偿债券本息。

很多国家和地区将 ABS 融资方式重点用于交通运输部门的铁路、公路、港口、机场、桥梁、隧道建设项目；能源部门的电力、煤气、天然气基本设施建设项目；公共事业部门的医疗卫生、供水、供电和电信网络等公共设施建设项目,并取得了很好的效果。

6.2.3 工程项目资金成本

1)资金成本的概念

实质

资金成本是用别人的钱付出的代价。

(1)资金成本的含义

资金成本就是企业在筹集资金、取得资金使用权时所支付的一定代价。企业可利用各种方式从多种渠道筹集资金,但不论采用何种方式,企业都要付出一定的代价,花费一定的成本,即付出筹资费和使用费。筹资费是指企业在筹集资金过程中发生的各种费用,如委托金融机构代理发行股票、债券而支付的印刷费、律师费、公证费、注册费、担保费、广告宣传及代理费等,向银行借款而支付的手续费等。使用费是企业使用资金而向资金提供者支付的报酬,如使用发行股票筹集的资金要向股东们支付股息、红利,使用发行债券和银行贷款借入的资金要向债权人支付利息,使用出租人的资产要向出租人支付租金等。

由于在不同情况下筹集资金的总额不同,为了便于比较,资金成本通常以相对数表示,即用资金成本率表示。资金成本率一般用下式计算:

$$K = \frac{D}{P - F} \times 100\% = \frac{D}{P(1 - f)} \times 100\% \tag{6.1}$$

式中 K——资金成本率(一般简称为资金成本);

P——筹集资金总额;

D——使用费;

F——筹资费;

f——筹资费费率(筹资费占筹集资金总额的比率)。

(2)资金成本的作用

资金成本是市场经济条件下企业财务管理中的一个重要概念,它是选择资金来源、拟定筹资方案的主要依据,是评价投资项目可行性的主要经济标准,也可作为评价企业财务经营成果的依据。

资金成本是为取得资金使用权所支付的费用,项目投资后所获利润额必须能够补偿资金成本,然后才能有利可图。因此,基准收益率最低限度不应小于资金成本,否则便无利可图。投资的机会成本是指投资者将有限的资金用于除拟建项目以外的其他投资机会所能获得的最好收益。

2)各种来源的资金成本

(1)优先股的资金成本

优先股资金成本率可按下式计算:

$$K_P = \frac{D_P}{P_D(1 - f)} = \frac{i}{(1 - f)} \tag{6.2}$$

式中 K_P——优先股资金成本率;

D_P——优先股每年股息;

P_D——优先股票面值；

i——股息率；

f——筹资费费率。

【例6.1】某建筑公司发行优先股股票，票面额按正常市价计算为1 000万元，筹资费费率为2%，股息年利率为10%，求其资金成本率。

【解】其资金成本率为：

$$K_P = \frac{1\ 000 \times 10\%}{1\ 000 \times (1 - 2\%)} \approx 10.20\%$$

特别提示

由于优先股票持有人的投资风险大于债券持有人的投资风险，这就使得优先股的股息率高于债券的利息，而股息是以所得税后的净利支付，不减少公司的应缴所得税，因此优先股成本率一般明显高于债券成本率。

(2)普通股的资金成本

如果普通股每年的股利固定不变，则其资金成本率可按下式计算：

$$K_C = \frac{D}{P_C(1 - f)} = \frac{P_C \times i}{P_C(1 - f)} = \frac{i}{1 - f} \tag{6.3}$$

式中　K_C——普通股资金成本率；

P_C——普通股票面价值或市场总额；

D——每年固定股利总额；

i——股息率；

f——筹资费费率。

但是普通股的股利往往不是固定的，通常有逐年上升的趋势。如果假定每年股利增长平均为g，第1年的股利为D_1，第2年为$D_1(1+g)$，第3年为$D_1(1+g)^2$，则第n年为$D_1(1+g)^{n-1}$。因此，普通股资金成本率的计算公式为：

$$K_C = \frac{D_1}{P_C(1 - f)} + g \tag{6.4}$$

【例6.2】某建筑公司发行普通股正常市价为2 000万元，筹资费费率为2%，年股利率为12%，以后每年增长3.75%，求其资金成本率。

【解】其资金成本率为：

$$K_C = \frac{2\ 000 \times 12\%}{2\ 000 \times (1 - 2\%)} + 3.75\% \approx 16\%$$

(3)债券的资金成本

企业发行债券后，所支付的债券利息是列入企业的费用开支的，因而使企业少缴一部分所得税，两者相抵后，实际上企业支付的债券利息仅为债券利息×(1－所得税税率)。因此，债券资金成本率可按下式计算：

$$K_B = \frac{I(1 - T)}{B_0(1 - f)} \tag{6.5}$$

式中　K_B——债券资金成本率；

B_0——债券发行总额；

f——筹资费费率；

T——所得税税率；

I——债券年利息。

想一想

债券如按面值发行，资金成本公式如何简化？

【例 6.3】某建筑企业发行长期债券 3 000 万元，筹资费费率为 2.5%，债券利息率为 8.16%，所得税税率为 25%，求其资金成本率。

【解】其资金成本率为：

$$K_B = \frac{3\ 000 \times 8.16\% \times (1 - 25\%)}{3\ 000 \times (1 - 2.5\%)} \approx 6.28\%$$

如果债券是溢价或折价发行，这时资金成本率计算应考虑发行价与面值的不同。

【例 6.4】某建筑企业发行长期债券面值为 3 000 万元，发行价为 3 200 万元，筹资费费率为 2.5%，债券利率为 8.16%，所得税税率为 25%，求其资金成本率。

【解】其资金成本率为：

$$K_B = \frac{3\ 000 \times 8.16\% \times (1 - 25\%)}{3\ 200 \times (1 - 2.5\%)} \approx 5.88\%$$

(4)借款的资金成本

特别提示

利息是有节税功能的。

企业向银行借款，企业所支付的利息和费用一般可作为企业的费用开支，相应减少一部分利润，会使企业少缴一部分所得税，因而使企业的实际支出相应减少。对每年年末支付利息、贷款期末一次性全部还本的借款，其借款资金成本率为：

$$K_L = \frac{I(1 - T)}{L(1 - f)} = \frac{i(1 - T)}{1 - f} \tag{6.6}$$

式中 K_L——借款资金成本率；

L——贷款总额；

I——贷款年利息；

i——贷款年利率；

f——贷款费率。

(5)租赁的资金成本

企业租入某项资产，获得其使用权，要定期支付租金，并将租金列入企业成本，可减少应付所得税。因此，租赁资金成本率为：

特别提示

使用费用(利息、租金)税前支付可少缴所得税，公式必有$(1 - T)$。

$$K_R = \frac{E}{P}(1 - T) \tag{6.7}$$

式中 K_R——租赁资金成本率；

P——租赁资产价值；

E——年租金额；

T——所得税税率。

(6)留用利润的资金成本

企业留用一部分利润，等于普通股股东对企业进行了追加投资，使普通股的资本增加。股东对这一部分追加投资与以前缴给企业的股本一样，也要求给予相应比率的报酬。因此，企业对这部分资金并不能无偿使用，也应计算其资金成本。由于留用利润不需要支付筹资费，所以其计算公式为：

$$K_e = \frac{D_1}{P_0} + g \tag{6.8}$$

式中　K_e——留用利润的资金成本率；

D_1——第一年股利；

P_0——留用利润总额；

g——股利年平均增长率。

特别提示

可将留用利润看成无筹资费用的普通股。

3）加权平均资金成本

加权平均资金成本又称为综合资金成本，是指以各种筹资方式的筹资额占总筹资额的比重权数，对各种个别资金成本进行加权平均后的资金成本。

在实践中，由于受各种因素的影响，基于对风险以及优化资本结构的考虑，项目主体在融资时不可能只使用单一的方式来筹集资金，而必须从多种渠道来取得资金，这样就产生了各种来源资金的组合问题，因此需要计算全部资金来源的加权平均资金成本，其计算公式为：

工程项目资金成本

$$K = \sum_{i=1}^{n} W_i K_i \tag{6.9}$$

式中　K——综合资金成本率；

W_i——第 i 种资金来源占全部资金的比重；

K_i——第 i 种资金来源的资金成本率。

一般来说，降低综合资金成本的途径有两个：一是降低各项资金的成本，如选择利息较低的贷款；二是调整企业资金来源结构，尽量提高资金成本较低的资金占全部资金的比重。

复习思考题

1. 什么是可行性研究？有何作用？
2. 简述可行性研究的各个阶段及主要任务。
3. 某建筑公司发行普通股正常市价为 1 000 万元，筹资费费率为 2.5%，年股利率为 10%，以后每年增长 3%，求其资金成本率。
4. 某建筑企业发行长期债券面值为 2 000 万元，发行价为 2 200 万元，筹资费费率为 3%，债券利率为 8%，所得税税率为 25%，求其资金成本率。
5. 某企业共有资本 1 000 万元，其中银行借款 100 万元，资金成本率为 7%；债务资金 300 万元，资金成本率为 7.5%；优先股 100 万元，资金成本率为 10.5%；普通股 400 万元，资金成本率为 14.5%；留存收益 100 万元，资金成本率为 14%。试计算该企业的加权平均资金成本率。

模块 7
工程项目的财务评价与国民经济评价

工程项目的财务评价与国民经济评价导学

【学习目标】

(1)熟悉财务评价与国民经济评价的概念、目的、方法及步骤等；

(2)了解财务评价与国民经济评价的异同点；

(3)掌握财务评价的内容、基本财务报表与评价指标的对应关系；

(4)掌握国民经济评价的基本参数；

(5)掌握财务评价指标与国民经济评价指标的计算方法。

【能力目标】

能够掌握财务评价与国民经济评价的主要内容，并运用财务评价与国民经济评价指标进行项目可行性分析。

【案例引入】

长江三峡水利枢纽工程

三峡水电站，即长江三峡水利枢纽工程，又称三峡工程。三峡水电站是世界上规模最大的水电站，1994 年正式动工兴建，2003 年 6 月 1 日下午开始蓄水发电，于 2009 年全部完工。三峡水电站大坝高程 185 m，蓄水高程 175 m，水库长 2 335 m。

三峡工程

三峡工程主要有三大效益，即防洪、发电和航运，其中防洪被认为是三峡工程最核心的效益。三峡工程巨大库容所提供的调蓄能力能抵御特大洪水，也有助于洞庭湖的治理和荆江堤防的全面修补；三峡工程的经济效益主要体现在发电。该工程是中国西电东送工程中线的巨型电源点，所发电力主要售予华中电网的湖北省、河南省、湖南省、江西省、重庆市，华东电网的上海市、江苏省、浙江省、安徽省，以及南方电网的广东省，缓解了我国的电力供应紧张局面。三峡蓄水前，川江单向年运输量只有1 000万t，万吨级船舶根本无法到达重庆，三峡工程结束了"自古川江不夜航"的历史，自2003年三峡船闸通航以来，累计过坝货运量突破3亿t，超过蓄水前22年的货运量总和。

从财务评价角度看，项目跨度时间长，投入巨大。其中，水利发电占主要的经济利益来源，只要电力工业发展在财务上整体可行，三峡工程建设在财务上也必然可行。从国民经济评价的角度看，三峡工程除了能发电、防洪外，还能为与项目相关的上下游产业带来可观的经济利益；可以为更多的人带来就业岗位；减少洪水灾害，利于农业经济发展；同时衍生出一系列的旅游产业等。

启示：三峡工程凝聚着中国人民的勤劳智慧，是中华民族自强不息奋斗精神和巨大创造力的象征。知识界、学术界、工程技术界等各领域专家，本着高度负责和实事求是的科学态度和工作作风，为三峡工程的专题论证贡献了智慧。

工程项目经济评价包括财务评价和国民经济评价，对于一般项目，财务分析必不可少，对于那些关系国家安全、国土开发、市场不能有效配置资源等具有较明显外部效果的项目（一般为政府审批或核准项目），需要从国家经济整体利益角度来考察项目，通过经济评价指标的计算和分析，得出项目是否对整个社会经济有益的结论。对于特别重大的工程项目，除进行财务分析与经济费用效益分析外，还应专门进行项目对区域经济或宏观经济影响的研究和分析。

7.1　财务评价

7.1.1　财务评价概述

1）财务评价的概念

财务评价亦称为财务分析，指的是企业或项目本身根据国家现行的价格体系、财税制度和有关法规及规定，在财务效益与费用估算以及编制财务相关辅助报表的基础上，分析、计算项目所发生的直接财务效益和费用，编制相关财务报表，对相关财务指标计算分析，考察和分析项目的盈利能力、偿债能力、财务生存能力等财务状况，从而依据计算分析的结果来评价和判别项目在财务上的可行性，为投资者提供决策依据。

财务评价应在初步确定的建设方案、投资估算和融资方案的基础上进行,它与可行性研究的前几个环节都有着密切的联系。如投资、成本、利润等均来源于前期的调查,投资估算与拟建规模有关,成本与资源条件、原材料价格有关,利润是在产品市场预测的基础上估算出来的,因此可行性研究是项目财务评价的基础。但项目财务评价的结果又可反馈到方案的设计中,用于方案的比选,优化方案的设计,即财务评价与项目方案的选择是一个反复进行对比的过程,财务评价结果是项目可行性研究结论的重要组成部分,因此财务评价又是项目可行性研究的核心内容。

2)财务评价的目的与作用

①从企业或项目角度出发,分析投资的效果以及企业将由此获得的利益。项目投资者和经营者对项目的盈利水平、收益率以及项目的清偿能力都十分关心,财务评价可以为企业所有者和经营者提供相关的数据结果。其中,项目投资盈利水平的高低为评价项目的财务可行性提供了依据,也是企业进行投资决策时考虑的首要因素。

②评价项目贷款偿还能力。主要考察项目按期偿还贷款的能力,它直接关系到企业面临的财务风险和财务信用程度。偿债能力的大小是企业进行筹资决策的重要依据。

③为企业制定资金规划提供依据。建设项目的投资规模、资金的可能来源、用款计划的安排和筹资方案的选择都是财务评价要解决的问题。

④为协调企业利益和国家利益提供依据。对某些国民经济评价结论好,财务评价不可行,但又为国计民生所急需的项目,必要时可以向国家提出采取经济优惠措施的建议,使得项目具有财务上的生存能力。此时,财务评价可以为优惠方式及幅度的确定提供依据。

⑤为中外合资项目提供双方合作的基础。合同条款是中外合资项目双方合作的首要前提,而合同的正式签订又离不开经济效益分析,实际上合同条款的谈判过程就是财务评价的测算过程。

3)财务评价的内容与指标体系

财务评价的内容主要包括盈利能力评价、清偿能力评价。

盈利能力是反映项目财务效益的主要标志。在财务评价中,应考察拟投资项目竣工后是否盈利,盈利能力有多大,盈利能力是否满足项目可行的要求条件。

清偿能力包括两个层次:一是项目的财务清偿能力,即项目收回全部投资的能力;二是债务清偿能力,主要指项目偿还借款和清偿债务的能力。

特别提示

清偿能力即为偿债能力。

建设项目财务评价指标体系是按照财务评价的内容建立起来的,同时也与编制的财务评价报表密切相关。建设项目财务评价内容、评价报表、评价指标之间的关系如表7.1所示。

表 7.1　财务评价指标体系

<table>
<tr><th rowspan="2">评价内容</th><th colspan="2" rowspan="2">基本报表</th><th colspan="2">评价指标</th></tr>
<tr><th>静态指标</th><th>动态指标</th></tr>
<tr><td rowspan="6">盈利能力分析</td><td>融资前分析</td><td>项目投资现金流量表</td><td>项目投资回收期</td><td>项目投资财务内部收益率
项目投资财务净现值</td></tr>
<tr><td rowspan="5">融资后分析</td><td>项目资本金现金流量表</td><td>—</td><td>项目资本金财务内部收益率</td></tr>
<tr><td>投资各方现金流量表</td><td>—</td><td>投资各方财务内部收益率</td></tr>
<tr><td rowspan="3">利润与利润分配表</td><td>总投资收益率</td><td rowspan="3">—</td></tr>
<tr><td>项目资本金</td></tr>
<tr><td>净利润率</td></tr>
<tr><td rowspan="5">偿债能力分析</td><td colspan="2" rowspan="2">借款还本付息计划表</td><td>偿债备付率</td><td rowspan="2">—</td></tr>
<tr><td>利息备付率</td></tr>
<tr><td colspan="2" rowspan="3">资产负债表</td><td>资产负债率</td><td rowspan="3">—</td></tr>
<tr><td>流动比率</td></tr>
<tr><td>速动比率</td></tr>
<tr><td>财务生存能力分析</td><td colspan="2">财务计划现金流量表</td><td>累计盈余资金</td><td>—</td></tr>
<tr><td rowspan="4">不确定性分析</td><td colspan="2" rowspan="2">盈亏平衡分析</td><td>盈亏平衡产量</td><td rowspan="2">—</td></tr>
<tr><td>盈亏平衡生产能力利用率</td></tr>
<tr><td colspan="2" rowspan="2">敏感性分析</td><td>灵敏度</td><td rowspan="2">—</td></tr>
<tr><td>不确定因素的临界值</td></tr>
<tr><td rowspan="2">风险分析</td><td colspan="2" rowspan="2">概率分析</td><td>FNPV ≥ 0 的累计概率</td><td rowspan="2">—</td></tr>
<tr><td>定性分析</td></tr>
</table>

特别提示

本书财务评价分析主要涉及盈利能力分析和偿债能力分析。

4) 财务评价的步骤

财务评价是根据项目市场研究和技术研究进行的，它主要利用有关的基础数据，通过编制财务报表，计算财务评价指标进行财务分析，做出评价结论。其程序大致包括以下几个基本步骤：

(1) 准备财务评价基础数据与参数

准备财务评价基础数据与参数，包括主要投入品和产出品财务价

财务评价概述（一）

格、税率、利率、汇率、计算期、固定资产折旧率、无形资产及其他资产摊销年限、生产负荷及基准收益率等。

(2)估算营业收入与成本费用

营业收入与成本费用是财务分析的重要基础，其估算的准确性与可靠程度对项目财务分析影响极大。在估算时一般遵循“有无对比”的原则，正确识别和估算“有项目”和“无项目”状态下的营业收入与成本费用。

(3)编制财务分析辅助报表

根据项目市场分析和实施条件分析的结果，以及现行的有关法律法规和政策，对与项目有关的一系列财务基础数据进行分析和估算，并将所得的数据编制成财务分析辅助报表。

特别提示

财务分析辅助报表一般包含建设投资估算表，流动资金表，建设进度计划表，固定资产折旧费用估算表，无形资产及递延资产摊销费估算表，资金使用计划与资金筹措表，销售收入、销售税金及附加和增值税估算表，总成本费用估算表。

(4)编制财务分析基本报表

将投资、费用、效益等基础数据汇总，分别编制反映项目财务盈利能力、清偿能力和项目生存能力的基本报表，主要有现金流量表、利润与利润分配表、资金来源与资金运用表、资产负债表、借款还本付息计划表、财务计划现金流量表。

(5)计算分析财务评价指标

根据编制的基本财务报表，直接计算一系列能反映项目盈利能力、偿债能力和财务生存能力的指标，从而分析判断项目的财务可行性，明确项目对财务主体及投资者的价值贡献，为项目决策提供依据。

(6)进行不确定性与风险分析

通过盈亏平衡分析、敏感性分析、概率分析等不确定性分析方法，分析项目可能面临的风险，以及不确定条件下适应市场变化的能力和抗风险的能力，得出风险情况下项目财务评价的结论。

(7)编写财务评价报告

把上述分析结果与国家有关部门公布的基准值，或与经验标准、历史标准、目标标准等进行比较，并从企业或项目本身的角度提出项目可行性与否的结论。

5)财务评价方法

财务评价的基本方法有确定性评价方法和不确定性评价方法。按照不同的标准，其方法有不同的分类。

(1)按评价方法的性质分类

按评价方法的性质，可将财务评价方法分为定量分析和定性分析。定量分析是对可度量因素的分析方法。定性分析是对无法精准度量的重要因素实行的估量分析方法。在财务评价中，应坚持定量分析与定性分析相结合，以定量分析为主的原则。

(2)按评价方法是否考虑时间因素分类

按评价方法是否考虑时间因素，可分为静态分析和动态分析。静态分析不考虑时间因素，动态分析考虑时间因素。在财务评价中，应坚持静态分析与动态分析相结合，以动态分析为主的原则。

(3) 按评价是否考虑融资分类

按评价是否考虑融资，可分为融资前分析和融资后分析。融资前分析指从项目投资总获利能力的角度，考察项目方案设计的合理性。融资后分析指以融资前分析和初步的融资方案为基础，考察项目在拟定融资条件下的盈利能力、偿债能力和财务生存能力，判断项目方案在融资条件下的可行性，主要用于比选融资方案。

(4) 按项目评价的时间分类

按项目评价的时间，可分为事前评价、事中评价、事后评价。事前评价有一定的预测性，因而也就有一定的不确定性和风险性。事中评价需要对比现实中的发展情况与原决策预计的发展情况是否有偏差，以决定原决策有无全部或局部修改的必要性。事后评价是总结评价项目投资决策的正确性、项目实施过程中项目管理的有效性等。

想一想

结合模块3学习的净现值、净年值、内部收益率等评价指标，分析它们是否考虑了时间因素？为什么？

6) 财务评价的基本原则

(1) 费用与效益计算口径一致性原则

只有将投入(费用)与产出(效益)的估算限定在同一口径(范围)内，计算出的净效益才是项目投入的真实回报。如果在投资估算中包括了某项工程，那么因建设该工程增加的效益就应该考虑，否则就低估了项目的效益；相反，如果考虑了该工程对项目效益的贡献，但投资未计算进去，那么就高估了项目的效益。

财务评价概述（二）

(2) 费用与效益识别有无对比原则

“有无对比”是指“有项目”相对于“无项目”的对比分析。“有”是指实施项目后的将来状况，“无”是指不实施项目后的将来状况。在识别项目的效益和费用时，需要注意的是只有“有无对比”的差额部分才是由于项目的建设增加的效益和费用，即增量效益和费用，它排除了项目实施以前各种条件的影响，突出了项目活动的效果。

(3) 动态分析与静态分析相结合，以动态分析为主的原则

动态分析与静态分析的主要区别在于是否考虑时间因素的影响。动态分析方法在分析与评价时用复利计算方法计算了资金的时间价值，从而进行价值的判断，其优点表现在将不同时间内资金的流入和流出换算成同一时点的价值，为不同方案和不同项目的比较提供了同等的基础，并能反映出未来时期的发展变化情况。

(4) 基础数据确定的稳妥原则

财务分析结果的准确性取决于基础数据的可靠性。财务评价中需要的大量基础数据都来自预测和估算，难免有不确定性。为使财务评价结果能提供较为可靠的信息，避免人为的乐观估计所带来的风险，更好地满足投资决策的需要，在基础数据的确定和选取中遵循稳妥原则是十分必要的。

7.1.2 财务评价指标

建设项目经济评价的目的是考察项目的盈利能力、偿债能力和财务生存能力。其中，盈利能力指标是用来考察盈利能力水平的指标，包括静态指标和动态指标两大类；偿债能力指标是考察项目计算期内偿债能力的指标。除了投资者重视项目的偿债能力外，为项目提供融资的金融机构更加重视项目偿债能力的评价结果。

财务评价指标（一）

1）盈利能力指标

（1）财务内部收益率（IRR）

财务内部收益率（IRR）是指项目在整个计算期内各年财务净现金流量现值累计等于零时的折现率。其计算公式为：

$$\sum_{t=0}^{n}\frac{(CI-CO)_t}{(1+IRR)^t}=0 \qquad (7.1)$$

式中 CI——现金流入量；

CO——现金流出量；

$(CI-CO)_t$——第 t 年的净现金流量；

n——计算期，即项目的建设和经营周期。

在项目财务评价中，存在 3 个不同的内部收益率，分别是项目投资财务内部收益率、项目资本金财务内部收益率和投资各方财务内部收益率。它们都依据上述公式计算，但所用的现金流入量和现金流出量不同。

运用公式将所求出的内部收益率（IRR）与行业基准收益率或目标收益率（i_c）相比较，若 $IRR \geq i_c$，则认为项目在财务上是可以接受的；若 $IRR < i_c$，则项目在财务上不可行。

（2）财务净现值（NPV）

财务净现值（NPV）是指项目按行业的基准收益率或设定的目标收益率 i_c，将计算期内各年的财务净现金流量折现到建设起点（建设初期的现值之和）。其计算公式为：

$$NPV=\sum_{t=0}^{n}\frac{(CI-CO)_t}{(1+i_c)^t} \qquad (7.2)$$

式中 i_c——设定的折现率，取行业的基准收益率或最低可接受收益率。

运用公式求出财务净现值（NPV），若 $NPV \geq 0$，则项目在财务上可以接受；反之，若 $NPV < 0$，则项目在财务上不可行。

（3）投资回收期（P_t）

投资回收期（P_t）是指以项目的净收益回收项目全部投资所需的时间，或者说为补偿项目的全部投资而要积累一定的净收益所需的时间。

①静态投资回收期。在不考虑资金的时间价值前提下，项目的投

资回收期计算公式为：

$$\sum_{t=0}^{P_t}(CI-CO)_t=0 \tag{7.3}$$

式中 P_t——静态投资回收期。

a. 当项目建成投产后各年的净收益（即净现金流量）均相同时，静态投资回收期的计算公式为：

$$P_t=\frac{I}{A} \tag{7.4}$$

式中 I——总投资；

A——每年的净收益，即 $A=(CI-CO)_t$。

b. 当项目建成投产后各年的净收益不相同时，静态投资回收期的计算公式为：

$$P_t=\text{累计净现金流量开始出现正值的年份数}-1+\frac{\text{上年累计净现金流量的绝对值}}{\text{当年净现金流量}} \tag{7.5}$$

②动态投资回收期。

在考虑资金的时间价值前提下，项目的投资回收期的计算公式为：

$$\sum_{t=0}^{P_t}\frac{(CI-CO)_t}{(1+i_c)^t}=0 \tag{7.6}$$

无论是计算静态投资回收期还是动态投资回收期，所求出的投资回收期（P_t）与基准投资回收期（P_c）比较，若 $P_t \leqslant P_c$，则表明项目投资能在规定的时间内收回，能满足设定的要求；反之，不可行。

（4）总投资收益率（ROI）

总投资收益率（ROI）指的是总投资的盈利水平，是达到设计生产能力后正常年份的年息税前利润或运营期年均息税前利润占项目总投资的百分比。其计算公式为：

$$ROI=\frac{EBIT}{TI}\times 100\% \tag{7.7}$$

式中 EBIT——项目正常年份的息税前利润或运营期内平均息税前利润；

TI——项目总投资（包括：建设投资、建设期贷款利息和全部流动资金，但不含运营期贷款）。

计算后，若总投资收益率高于同行业的收益率参考值，表明用总投资收益率表示的盈利能力满足要求。

（5）资本金净利润率（ROE）

资本金净利润率（ROE）是指项目达到设计生产能力后的正常生产年份的净利润或项目生产期内年平均利润率占项目资本金的百分比，反映投入项目的资本金的盈利能力。其计算公式为：

想一想

静态投资回收期与动态投资回收期有什么区别？对同一个项目进行分析，会产生怎样的不同效果？

$$ROE = \frac{NP}{EC} \times 100\% \tag{7.8}$$

式中　NP——正常年份的年净利润或运营期内平均利润(净利润 = 利润总额 - 所得税);

EC——项目资本金(投资者拿出的现金,不包括贷款)。

计算后,若资本金净利润率高于同行业的净利润率参考值,表明用资本金净利润率表示的盈利能力满足要求。

财务评价指标(二)

2)偿债能力指标

(1)偿债备付率

偿债备付率是指项目在借款偿还期内各年用于还本付息的资金与当期应还本付息金额的比率。其计算公式为:

$$\text{偿债备付率} = \frac{\text{可用于还本付息资金}}{\text{当期应还本付息资金}} \times 100\% \tag{7.9}$$

式中　可用于还本付息资金——包括可用于还款的折旧和摊销、成本中列支的利息费用、可用于还款的息税后利润;

当期应还本付息资金——包括当期应还贷款本金额及计入成本费用的利息。

偿债备付率可以按年计算,也可以按整个借款期计算,表示可用于还本付息的资金偿还借款本息的保证倍数。

对于一般投资项目,偿债备付率至少应大于1,若低于1,则表示当期资金来源不足以偿付当期债务,需要通过短期借款偿还已到期债务。

(2)利息备付率

利息备付率是指项目在借款偿还期内各年用于支付利息的息税前利润占当期应付利息费用的百分比。其计算公式为:

$$\text{利息备付率} = \frac{\text{息税前利润}}{\text{当期应付利息费用}} \times 100\% \tag{7.10}$$

式中　息税前利润——利润总额与计入总成本费用的利息费用之和;

当期应付利息费用——当期计入总成本费用的全部利息。

同样地,利息备付率可以按年计算,也可以按整个借款期计算,表示使用项目利润偿还利息的保证倍数。

对于一般投资项目,利息备付率至少应大于2,若低于该值则表示当期没有足够资金支付利息,数值越小,偿债风险越大。对于出租经营或自营的投资项目,该指标的计算尤为重要。

(3)借款偿还期(P_d)

借款偿还期(P_d)是指在国家财政政策规定及项目具体条件下,以项目投产后可用于还款的资金偿还建设投资借款本金和未付的建设期利息所需要的时间。其计算公式为:

$$I_d = \sum_{t=0}^{P_d} R_t \tag{7.11}$$

式中　I_d——建设投资借款本金与未付的建设期利息之和；

P_d——借款偿还期，从借款开始年计算；

R_t——第 t 年可用于还款的最大金额，包括税收利润、折旧费、摊销费及其他还款资金。

在实际应用中，借款偿还期还可以由借款还本付息计划表直接推算，一般以年为单位表示，其计算公式为：

$$P_d = 借款偿还后开始出现盈余的年份数 - 1 + \frac{盈余当年应偿还的借款额}{盈余当年可用于还款的资金} \tag{7.12}$$

通过计算出的借款偿还期小于或等于贷款机构的要求期限时，即认为项目是有清偿能力的。计算出的数值越小，说明偿还能力越强。

(4)资产负债率

资产负债率是指一定时点上负债总额与资产总额的比率，反映项目各年所面临的财务风险程度及偿债能力的指标。它可以用来衡量债权人发放贷款的安全程度，在破产清算时保护债权人利益的程度。其计算公式为：

$$资产负债率 = \frac{负债总额}{资产总额} \times 100\% \tag{7.13}$$

一般认为，资产负债率控制在 40% ~60% 为宜，表明企业有充足的资金，有利于风险和收益平衡；如果该指标大于 100%，表明企业已经资不抵债。

(5)流动比率

流动比率是指一定时间点上流动资产与流动负债的比率，反映项目流动资产在短期债务到期以前可以变为现金用于偿还流动负债的能力。其计算公式为：

$$流动比率 = \frac{流动资产}{流动负债} \times 100\% \tag{7.14}$$

流动比率越大，说明运营资本越多，对债权人而言，其债权就越安全。一般认为流动比率为 200% 较恰当，因为变现能力差的存货通常占流动资产总额的 50% 左右。

特别提示

严格来说，速动资产等于企业全部的流动资产减去变现能力较差的存货、预付账款、一年内到期的流动资产和其他流动资产，但通常扣除存货即可。

(6)速动比率

速动比率是指一定时间点上速动资产与流动负债的比率，可以反映项目快速偿付流动负债的能力。其计算公式为：

$$速动比率 = \frac{速动资产}{流动负债} \times 100\% \tag{7.15}$$

其中，速动资产是指能够迅速变现为货币资金的各类流动资产，它有两种方法：①流动资产 - 存货；②货币资金 + 短期投资 + 应收票据 + 应收账款 + 其他应收款。可以看出，速动资产相对于流动资产扣除了存货部分，这是因为存货变现能力差，企业至少需要经过销售和收账两个过程才能变现，且会受到价格下跌、损坏、不易销售等因素的影响。

一般认为该指标为100%较合适，表明企业有偿债能力，该指标越低，则企业的偿债能力就越差。

资产负债率、流动比率、速度比率指标的计算，可以采用企业资产负债表中的数据。

7.2 国民经济评价

7.2.1 国民经济评价概述

1）国民经济评价的概念

国民经济评价是从国家整体角度考察和确定项目的效益和费用，用影子价格、影子工资、影子汇率和社会折现率等经济参数，计算和分析项目给国民经济带来的净增量效益，以此来评价项目的经济合理性和宏观可行性，实现资源的最优利用和合理配置。

国民经济评价是项目经济评价的重要组成部分，它和财务评价共同构成了完整的投资项目的经济评价体系。

2）国民经济评价的作用

（1）可以从宏观上合理配置国家有限的资源

对于一个国家来说，用于发展的资源（包括但不限于资金、劳动力、土地及其他自然资源）都是有限的，资源的稀缺和对资源需要的增长存在着较大的矛盾，只有通过合理的配置，使资源得到最佳利用，才能有效地促进国民经济更好地发展。而仅仅通过财务评价是无法正确反映资源的有效利用的，只有通过国民经济评价才能从宏观层面上引导国家对有限的资源进行合理分配，鼓励和促进那些评价为对国民经济有正面影响的项目发展，而对那些评价结果对国民经济有负面影响的项目要采取抑制和淘汰措施。

（2）可以真实地反映出项目对国民经济的净贡献

在许多国家，特别是发展中国家，由于产业结构不合理、市场体系不健全以及过度保护民族工业等原因，国内的价格体系产生了较为严重的扭曲和失真，不少商品的价格不能反映其价值，也不能反映其供求关系。在这种情况下，只有通过国民经济评价，运用能反映商品真实价值的价格来计算项目的费用和效益，才能真实地反映建设项目对国民经济的净贡献，从而判断项目的建设是否会对国民经济总目标有利。

（3）可以投资决策科学化

国民经济评价并非从微观的角度，而是从宏观角度来考察项目的效益和费用。合理运用评价参数和评价指标，可以有效地引导投资方向,控制投资规模,避免不必要的投资,实现企业利益、地区利益与全社会及国家整体利益的有机结合和平衡。

3)国民经济评价与财务评价的关系

国民经济评价与财务评价是从两个不同的角度对项目的投资效益进行分析和评价。对投资项目而言,不仅要进行财务分析,还需要站在国家的立场上进行国民经济分析。财务评价是国民经济评价的基础,国民经济评价是财务评价的深化,二者既有共同之处,又有区别。

(1)国民经济评价与财务评价的相同点

①评价目的相同。二者都是以寻求经济效益最好的项目为目的,追求以最少的投入换取最多的产出。

②评价基础相同。二者都是项目可行性研究的重要组成部分,都是在完成项目的市场预测、方案构思、投资估算和资金筹措的基础之上进行评价,评价的结论也都取决于项目的客观条件。

③评价计算期相同。二者都使用相同的计算寿命期,都包括项目的建设期、生产运营期的全过程。

④评价的基本分析方法和主要指标的计算方法相同。二者都是从项目的收益和费用着手,来评价项目的经济合理性以及项目建设的可行性;都采用现金流量法通过基本报表来计算净现值、内部收益率等经济指标。

(2)国民经济评价与财务评价的不同点

①评价角度不同。国民经济评价是从国家整体的角度,即宏观角度分析的,主要分析的是投资项目为国民经济创造的效益和作出的贡献,评价项目经济上的合理性;而财务评价是从企业或项目自身的角度,即微观角度分析的,按照现行的财税制度衡量投资该项目的盈利情况,以判断项目是否具备财务上的生存能力。综上所述,可以明显看出两者的差别:国民经济评价是为政府宏观投资决策提供依据,而财务评价是为企业或项目自身的投资决策提供依据。

②效益与费用的划分范围不同。国民经济评价是根据项目实际消耗的有用资源以及项目向社会贡献的有用产品或服务来计算项目的效益与费用;而财务评价是根据项目的实际收支来计算项目的效益与费用,凡是项目的收入均计为效益,凡是项目的支出均计为费用。例如:在财务评价中作为效益或费用的税金、财政补贴、国内借款利息等,在国民经济评价中被视为国民经济内部转移支付,因此不作为项目的效益或费用;然而在财务评价中不计为效益或费用的环境污染、降低劳动强度等,在国民经济评价中则需计为效益或费用。

特别提示

效益和费用的识别遵循增量分析、全面识别、以本国居民作为分析对象、正确处理“转移支付”、合理确定经济效益与费用识别的时间跨度这五大原则。

③评价时采用的价格体系不同。财务评价通常被要求其评价结果能反映出投资项目的实际情况。为了达到该目的,在分析效益与费用时,就会以现行市场价格体系作为预测价格的基础;而国民经济评

价要求不同地区、不同行业的投资项目具有可比性,这是市场价格所不能满足的要求,为了弥补这一缺陷,国民经济评价采用的是对现行市场价格进行调整所得到的影子价格体系,它能更确切地反映资源的真实经济价值。

④采用的评价参数不同。所谓评价参数,主要是指汇率、贸易费用率、工资及折现率。财务评价采用的汇率是官方汇率,折现率的采用因各行业的行业基准收益率的不同而变化;而国民经济评价采用的汇率是国家统一的影子汇率,折现率采用的是国家统一测定的社会折现率。

⑤评价的内容不同。财务评价主要针对企业或项目的盈利能力和偿债能力进行分析;而国民经济评价主要内容只分析盈利能力,不分析偿债能力。

7.2.2 国民经济评价基本参数

国民经济评价概述

为适应社会主义市场经济发展,加强和规范建设项目经济评价工作,保证经济评价的质量,满足政府和其他各投资主体投资决策的需要,引导和促进各类资源的合理有效配置,充分提高投资效益和项目决策的科学化水平,在进行国民经济评价时应制定取值合理的参数。

建设项目经济评价参数,可以按照具体的使用范围分为国民经济评价参数和财务评价参数。国民经济评价参数是进行国民经济评价的重要工具,它包括计算、衡量项目的经济效益和费用的各类计算参数和判定项目经济合理性的依据参数。常用的建设项目国民经济评价基本参数有社会折现率、影子汇率、影子价格。

1)社会折现率

社会折现率又称为资金的影子汇率,它是从国家角度对资金机会成本和资金时间价值的估量,反映社会成员对于社会效益和费用价值的时间偏好,也就是对现在的社会价值与未来价值之间的权衡。

社会折现率是国民经济评价的重要参数,既用于经济内部收益率的判别基准,又用于计算经济净现值的折现率。

社会折现率是根据一定时期内的社会投资收益水平、资金机会成本、资金供给情况、合理的投资规模以及项目国民经济评价的实际情况等多种因素进行综合分析,由国家相关部门统一测定发布,它体现了国家社会经济的发展目标、发展战略、发展优先顺序、发展水平、宏观调控意图。

目前公布的社会折现率取值,是以资本的社会机会成本与费用效益的时间偏好率二者为基础测算出来的。2006 年 7 月 3 日国家发展改革委和建设部(现住建部)联合发布的《建设项目经济评价方法与参数》(第三版)规定社会折现率为 8%,并对一些具体情况做出了相应规定和说明。对于一些特殊项目,主要是水利工程、环境改良工程、某些稀缺资源的开发利用项目,采取较低的社会折现率,可能会有利于项目的优选和方案的优化；对于收益期长的项目，如果远期效益较大，效益实现的风险较小，社会折现率可适当降低，但不应低于 6%；对于永久性工程或收益期超长的项目，如水利设施等大型基础设施和具有长远环境保护效益的工程项目，宜采用低于 8% 的社会折现率。

社会折现率作为基准收益率，其收值的高低直接影响着项目经济可行性的判断结果，只有当内部收益率大于或等于社会折现率时，该项目才能判定为可行。同时，社会折现率也是项目方案比选的主要判断依据，其取值的高低会影响比选的结果，取值较高会使得远期收益在折现计算时发生较高的折减，不利于初始投资较大而后期费用节约或收益大增的项目方案入选；当取值较低时，情况则刚好相反。

国家根据宏观调控意图和现实的经济情况，制定发布统一的社会折现率，有利于统一评价标准，避免参数选择的随意性。采取适当的社会折现率进行项目评价，有利于正确引导投资，控制建设规模，调节资金供求平衡，促进资金在短期与长期项目之间得到合理的配置。

2）影子汇率

汇率是指两个国家不同货币之间的比价或交换比率。现如今，在对某一个项目当中各项投入的外汇成本和产出的外汇收益进行财务评价时，一般都会采用官方公布的汇率估价，因为很方便且易于计算；但实际上，官方给出的汇率通常会偏低，单一地采用官方汇率进行估价，往往不能真实地反映出外汇与人民币的真实比价。为了使财务评价能够更加客观、真实，消除因使用官方汇率所导致的误差，在国民经济评价中，会同时采用影子汇率。而使用影子汇率的最大优点就是可以使外贸品和非外贸品之间建立一种合理的价格转换关系，使二者具有统一的度量标准。

经过长时间的使用和论证，影子汇率已经成为对国民经济进行评价时使用的重要参数。它不仅体现了从国民经济角度对外汇价值的估量，在项目的国民经济评价中涉及外汇与人民币之间的换算，同时也是经济换汇和经济节汇成本指标的重要判断依据。

影子汇率是通过影子汇率换算系数计算得出的。影子汇率换算系数是影子汇率与外汇牌价的比值，由国家统一测定、发布，并定期调整。国家相关部门根据现阶段的外汇收支情况、外汇供求、进出口结构、进出口环节税收及出口退税补贴等多种因素综合分析后给出的结果。在项目评价中，影子汇率是以外币与人民币的比价表示，因此将国家外汇牌价乘以影子汇率换算系数即能够得出影子汇率。另外，《建设项目经济评价方法与参数》（第三版）规定：我国目前的影子汇率换算系数取值为 1.08。

$$\text{影子汇率} = \text{国家外汇牌价} \times \text{影子汇率换算系数} \qquad (7.16)$$

影子汇率取值的高低会影响项目进出口的抉择，国家可以利用影子汇率作为经济杠杆来影响项目方案的选择和项目的取舍。影子汇

特别提示

这里的国家外汇牌价一般为美元与人民币的兑换率，如果涉及美元以外的其他国家货币，则应根据项目评价确定的某个时间点，查看国家公布的国际金融市场美元与该币种的兑换率，并将该货币折算为美元后再进行计算。

率越高，外汇的影子价格就越高，产品是外贸货物的项目经济效益就越好，项目就越容易通过；反之，项目不易通过。影子汇率较高时，引进方案的费用较高，评价的结论将不利于引进项目。

想一想

若美元兑换人民币的外汇牌价是6.85元/美元，则美元的影子汇率是多少？

3）影子价格

国民经济评价中最核心的问题是价格问题。众所周知，价格是对投资项目的效益和费用进行定量分析的重要前提。在我国当前经济生活中，市场竞争机制还不完善，各种产品和服务的价格往往不能正确地反映其实际经济价值，部分行业价格严重失真，导致市场价格不能作为资源配置的正确信号和计量依据。因此，在国民经济评价中，必须对其价格进行还原，使体现出来的价格能够确切地反映供求达到均衡时的产品价额和资源价格。那么为了达到这样的目的，采用影子价格来计算就成为最合适的选择。

影子价格是指在完善的市场经济条件下，资源的分配和利用处于最佳状态（供求均衡）时的均衡价格。它能够最为真实、客观地反映社会必要劳动消耗、资源稀缺程度和市场供求情况，能帮助实现资源的最优化配置。影子价格并不能直接用于实际的交换，而是在经济评价、预测、计划等工作中发挥作用。

（1）市场定价货物的影子价格

①可外贸货物的影子价格。

项目使用或生产可外贸货物，将直接或间接影响国家对这种货物的进口或出口。可外贸货物包括：项目产出物直接出口、间接出口和替代进口；项目投入物直接进口、间接进口和减少出口。

想一想

某出口货物到岸价格为380美元/t，出口费用为25元/t，影子汇率取值1美元＝6.80元人民币，其影子价格是多少？

A. 产出物影子价格的确定。

a. 直接出口产品的影子价格。

影子价格＝离岸价×影子汇率－出口产品到口岸的运费和贸易费用　（7.17）

b. 间接出口产品的影子价格。间接出口是指项目的产品在国内销售，顶替其他同类货物，使其他的货物增加出口。

影子价格＝离岸价×影子汇率－原供应厂到口岸的运费及贸易费用＋原供应厂到用户的运费及贸易费用－项目产出厂到用户的运费及贸易费用　（7.18）

想一想

某进口货物到岸价格为300美元/t，进口费用为32元/t，影子汇率取值1美元＝6.80元人民币，其影子价格是多少？

c. 替代进口产品的影子价格。替代进口是指项目的产品在国内销售，以产顶进，减少进口。

影子价格＝到岸价×影子汇率－项目产出厂到用户的运费及贸易费用＋被替代进口货物从口岸到用户的运费及贸易费用　（7.19）

B. 投入物影子价格的确定。

a. 直接进口投入物的影子价格。

影子价格＝到岸价×影子汇率＋进口投入物从口岸到项目地点的运费及贸易费用　（7.20）

b. 间接进口投入物的影子价格。间接进口是指项目使用国内生产的产品，但挤占其他用户，使得国家的进口增加。

影子价格 = 到岸价 × 影子汇率 + 间接进口投入物从口岸到原用户的运费及贸易费用 − 国内生产供应厂到原用户的运费及贸易费用 + 国内生产供应厂到项目地点的运费及贸易费用　(7.21)

c. 减少出口投入物的影子价格。减少出口是指项目投入物是国内生产的，但由于项目的使用而使国家减少了该种产品的出口。

影子价格 = 离岸价 × 影子汇率 − 投入物原来出口由生产厂到口岸的运费及贸易费用 + 投入物原来出口由生产厂到口岸的运费及贸易费用　(7.22)

原则上，对于那些进出口有不同影响的，应根据上述不同情况采取相应的价格定价方法。但在实践中，为了简化工作，可以只对项目投入物中的直接进口和项目产出物中的直接出口价格测定影子价格，见式(7.23)和式(7.24)，对于其他几种情况仍按国内市场价格定价。

直接进口投入物的影子价格(到厂价) = 到岸价 × 影子汇率 + 进口费用　(7.23)

直接出口产出物的影子价格(出厂价) = 离岸价 × 影子汇率 − 出口费用　(7.24)

②非贸易货物的影子价格。

非贸易货物是指其生产和使用对国家进出口不产生影响的货物。

价格完全取决于市场的，且不直接进出口的项目投入物和产出物，按照非贸易货物定价，其国内市场价格作为确定影子价格的基础，并按照下列公式换算成到厂价和出厂价：

投入物影子价格(到厂价) = 市场价格 + 国内运杂费　(7.25)

产出物影子价格(出厂价) = 市场价格 − 国内运杂费　(7.26)

(2) 不具市场价格的产出效果的影子价格

当项目的产出效果不具有市场价格，或市场价格难以真实反映其经济价值时，需要对项目的产品或服务的影子价格进行重新测算，这时可采用下列方法：

①显示偏好法。按照消费者支付意愿的原则，通过接收到的其他相关市场价格信号，采取“显示偏好”的方法，寻找揭示这些影响的隐藏价值，对其影响的效果进行间接估算。如项目的外部效果导致关联对象产出水平或成本费用的变动，通过对这些变动进行客观量化分析，作为对项目外部效果进行量化的依据。

②陈述偏好法。根据意愿调查评估法，采取“陈述偏好”的方法进行间接评估。一般通过对被评估值的直接调查，直接评价调查对象的支付意愿或接受补偿的意愿，从中推断出项目造成的有关外部影响的影子价格。

(3)特殊投入物的影子价格

特殊投入物是指项目在建设和生产经营中所使用的特殊资源。在社会资源方面主要是人力资源;在自然资源方面主要是土地、森林、矿产、水等资源。

想一想

某公司管理人员的财务工资为50万元/年,对应的影子工资换算系数为0.45,则该公司管理人员的影子工资为多少?

①影子工资。在项目的财务评价中,项目要占用人力资源(劳动力),工资作为劳动力的等价交换成本,被定义为财务费用。在项目的国民经济评价中,由于经济、社会等影响因素,劳动者的货币工资常常偏离竞争性劳动市场所决定的工资水平,因而不能真实地反映单位劳动的边际产品价值,这时就要通过影子工资来对劳动成本进行必要的调整。

在项目的国民经济评价中,通常会把劳动力作为特殊投入物来对待。影子工资是指项目国民经济评价中用以计算劳务社会成本的国家参数,反映国家和社会为建设项目提供劳动力付出的代价,并反映出该劳动力用于拟建项目而使社会为此放弃的原有效益。影子工资由劳动力的边际产出和劳动力的就业或转移而引起的社会资源消耗构成。

影子工资一般是通过影子工资换算系数计算得到的。影子工资换算系数是指影子工资与财务分析中的劳动力工资之间的比值,即:

$$影子工资 = 财务工资 \times 影子工资换算系数 \qquad (7.27)$$

影子工资确定原则:

a.影子工资应该根据项目所在地的劳动就业状况、劳动力就业或转移成本测定;

b.技术劳动力的工资报酬一般可由市场供求决定,影子工资可以以财务实际支付工资计算,即影子工资换算系数取值为1;

c.对于非技术劳动力,其影子工资换算系数取值为0.25~0.8。根据当地的非技术劳动力供求状况决定,非技术劳动力较为富余的地区可取较低值,不太富余的地区可取较高值,中间状况可取0.5。

②土地的影子价格。土地是一种特殊投入物。因为项目使用了土地,对国家而言就产生了相关费用。国家实行政府管制来对建设项目使用土地进行监管。目前我国取得土地使用权的方式有出让、划拨、转让等。由于土地使用的价格严格受到国家土地管制的影响,因此不一定能如实反映出土地的真实价值。综上所述,在项目国民经济评价中,就需要以土地的影子价格作为计算土地费用的依据。

土地的影子价格是指建设项目使用土地资源而使得社会付出的代价。无论是否实际支付财务成本,项目占用的土地都应根据消费者支付意愿或土地用途的机会成本的原则计算其影子价格。土地影子价格由新增资源消耗和土地机会成本两部分组成。新增资源消耗,即为土地改变用途而发生的新增资源消耗,主要包括拆迁补偿费、劳动力安置补助费、养老保险费等;土地机会成本按拟建项目占用土地而使国民经济为此放弃的该土地最佳替代用途的净效益计算。

A. 城市土地影子价格依据以下原则确定：

a. 通过招标、拍卖和挂牌出让方式取得使用权的国有土地，其影子价格应按财务价格计算；

b. 通过划拨、双方协议方式取得使用权的土地，应分析价格优惠或扭曲情况，参照公开市场交易价格，在产生的价格上调整得出影子价格；

c. 经济开发区优惠出让使用权的国有土地，其影子价格应参照当地土地市场同类型的交易价格类比确定；

d. 当难以用市场交易价格类比方法确定土地影子价格时，可采用收益现值法确定，或以开发投资应得收益加土地开发成本确定；

e. 当采用收益现值法时，依据社会折现率对土地未来收益和费用进行折现。

B. 农村土地影子价格依据以下原则确定：项目使用的农村土地，一般是来自政府征用的农村农民集体所有的土地。政府征用农民的土地，被征用土地的农民失去了土地，需要由政府重新安置，安置新的居住房屋、安排新的就业，使农民获得新的生活资料来源，因此要向农民支付征地补偿费用，包括但不限于：耕地补偿费、青苗补偿费、土地建筑物补偿费、安置补偿费等。这些征地补偿费，通常全部或者部分由项目建设方向政府交付。

特别提示

除此之外，项目建设方还要向政府缴纳征地管理费、耕地占用税、耕地开垦费、土地管理费、土地开发费等其他费用。

建设项目占用农村土地，计算土地影子价格需要根据土地征用费进行相应调整。具体规定如下：

a. 项目征用农村土地，土地征用费中的耕地补偿费及青苗补偿费应视为土地机会成本；地上建筑物补偿费及安置补助费应视为新增资源消耗；征地管理费、耕地占用税、耕地开垦费、土地管理费、土地开发费等其他费用应视为转移支付，不列为费用。

b. 项目所支付的征地费中，耕地补偿费、青苗补偿费、安置补偿费等的确定，如果与农民进行了充分协商，能够充分保证农民的应得利益，则土地影子价格应参照当地正常征地补助标准进行调整；如果项目建设方支付给政府的补偿费用除耕地补偿费、青苗补偿费、安置补偿费等外不足以弥补政府实际支付的补偿费用，政府另外以货币或非货币形式对农民进行补偿，则相应的土地影子价格应当根据政府的额外补偿进行调整。

7.2.3　国民经济评价指标

国民经济评价和财务评价类似，也是通过对各个评价指标的计算得出结果，并根据结果编制相关的报表，用来反映国民经济效果。与财务评价不同的是，财务评价的主要内容是关于盈利能力和偿债能力的分析，而国民经济评价主要是对盈利能力进行分析，因此涉及的评价指标主要是盈利能力分析指标。

国民经济评价指标

1)经济净现值

经济净现值(ENPV)是指项目按照社会折现率将计算期内各年的净收益流量折算到建设初期的现值之和。它是反映项目对国民经济净贡献的绝对指标。其计算公式为:

$$ENPV = \sum_{t=1}^{n} \frac{(B-C)_t}{(1+i_s)^t} \tag{7.28}$$

式中 B——经济效益流量;

C——经济费用流量;

$(B-C)_t$——第 t 期的经济净效益流量;

n——项目计算期;

i_s——社会折现率。

判别标准:ENPV≥0,表示国家拟建设的项目在付出成本费用后,可以得到符合社会折现率的社会盈余或除此之外的超额盈余,这时就认为项目是可以考虑接受的;反之,则不可以接受。

2)经济内部收益率

经济内部收益率(EIRR)是指项目在计算期内各年经济净效益流量的现值累计等于零时的折现率。它是反映项目对国民经济净贡献的相对指标。其计算公式为:

$$\sum_{t=1}^{n} \frac{(B-C)_t}{(1+EIRR)^t} = 0 \tag{7.29}$$

式中 B——经济效益流量;

C——经济费用流量;

$(B-C)_t$——第 t 期的经济净效益流量;

n——项目计算期;

EIRR——经济内部收益率。

判别标准:EIRR≥i_s,表示项目对国民经济的净贡献达到或超过了要求的水平,这时应认为项目是可以考虑接受的;反之,则不可以接受。

3)效益费用比

效益费用比(R_{BC})是指项目在计算期内效益流量的现值与费用流量的现值的比率。其计算公式为:

$$R_{BC} = \frac{\sum_{i=1}^{n} B_t(1+i_s)^{-t}}{\sum_{i=1}^{n} C_t(1+i_s)^{-t}} \tag{7.30}$$

式中 B_t——第 t 期的经济效益;

C_t——第 t 期的经济费用。

判别标准:$R_{BC}>1$,表示项目资源配置的经济效益达到了可以被接受的水平。

复习思考题

1. 思考题

(1)什么是财务评价？财务评价的作用是什么？

(2)财务评价包含哪些内容？

(3)简述财务评价的基本方法和步骤。

(4)什么是项目国民经济评价？国民经济评价的作用是什么？

(5)国民经济评价和财务评价有什么共同点？它们的区别又是什么？

(6)什么是社会折现率、影子汇率、影子工资、影子价格？

2. 单选题

(1)下列属于盈利能力分析指标的是(　　)。

A. 投资回收期　　B. 流动比率

C. 财务外汇净现值　　D. 资本金利润率

(2)下列属于项目清偿能力分析指标的是(　　)。

A. 资产负债率　　B. 经营成本

C. 销售税金及附加　　D. 机会成本

(3)内部收益率是指项目在(　　)内,各年净现金流量之和为0时的折现率。

A. 建设期　　B. 运营期

C. 使用寿命期　　D. 整个计算期

(4)下列各项中,属于投资方案静态评价指标的是(　　)。

A. 投资收益率　　B. 内部收益率

C. 净现值　　D. 净现值率

(5)速动比率的计算公式为(　　)。

A. $\frac{\text{速动资产}}{\text{流动资产}}\times 100\%$　　B. $\frac{\text{流动资产}}{\text{流动负债}}\times 100\%$

C. $\frac{\text{流动资产}-\text{存货}}{\text{流动负债}}\times 100\%$　　D. $\frac{\text{流动资产}}{\text{速动资产}}\times 100\%$

(6)某投资项目,其财务各年净现金流量如表7.2所示。已知该项目的基准收益率为12%,则该项目净现值为(　　)万元。

表7.2　某投资项目各年净现金流量　　单位:万元

年份	1	2	3	4	5	6	7	8	9	10
净现金流量	-1 000	180	180	180	180	180	180	180	180	180

A. 17.04　　B. 124.18　　C. -143.67　　D. -36.53

(7)当NPV=0时,表明该项目获利程度(　　)。

A. 等于基准收益率　　B. 高于基准收益率

C. 低于基准收益率　　D. 等于0

(8)企业所有者作为投资人,主要进行(　　)。

A.盈利能力分析　　B.偿债能力分析

C.综合分析　　D.运营能力分析

(9)财务评价的基础是(　　)。

A.企业内部的价格和体系

B.项目可行性研究所预测出的各种财务数据

C.国家现行的财税制度和价格体系

D.市场平均价格

(10)某建设项目的计算期为10年,基准收益率为12%,经计算静态投资回收期为7年,动态投资回收期为12年,则该项目的财务内部收益率为(　　)。

A. IRR = 12%　　B. IRR = 0

C. IRR > 12%　　D. 0 < IRR < 12%

(11)国民经济评价应当采取(　　)方法识别项目的费用和效益。

A.前后对比分析　　B.有无对比分析

C.影子价格　　D.内部收益率

(12)下列属于财务评价与国民经济评价的共同之处是(　　)。

A.评价角度　　B.主要评价参数

C.评价基础　　D.费用和效益的计算价格

(13)已知影子汇率换算系数为1.08,国家外汇牌价为8.03元/美元,则影子汇率为(　　)。

A.7.68元/美元　　B.7.44元/美元

C.8.67元/美元　　D.6.87元/美元

(14)若到岸价为200欧元,影子汇率为10元/欧元,贸易费用为100元,国内运杂费为50元,则直接进口投入物的影子价格为(　　)元。

A.2 150　　B.2 100元　　C.2 050元　　D.2 000

(15)下列(　　)不属于离岸价。

A.货物进口的货价　　B.货物的出厂价

C.国内运费　　D.国内出口商的经销费用

(16)下列公式错误的是(　　)。

A.(市场定价的非外贸货物)投入物影子价格 = 市场价格 + 国内运杂费

B.(市场定价的非外贸货物)产出物影子价格 = 市场价格 − 国内运杂费

C.外贸货物的贸易费用 = 货物口岸价 × 贸易费用率

D.直接出口产出物的影子价格 = 离岸价 × 影子汇率 + 贸易费用 + 国内运杂费

(17)影子工资包括(　　)。

A. 劳动力的机会成本

B. 劳动力转移引起的新增资源消耗

C. 劳动力的机会成本和劳动力转移而引起的新增资源消耗

D. 以上都不对

(18)下列(　　)资源可以用资源的机会成本计算影子价格。

A. 水　　B. 森林　　C. 矿产　　D. 空气

(19)项目国民经济评价只进行(　　)分析。

A. 国民经济盈利能力　　B. 偿债能力

C. 不确定性　　D. 以上都不对

(20)经济净现值越大,表明项目所带来的以绝对数值表示的经济效益(　　)。

A. 越小　　B. 越大　　C. 没有关系　　D. 都不对

3. 多选题

(1)财务评价的作用有(　　)。

A. 是编制项目国民经济评价的基础

B. 评价项目贷款偿还能力

C. 为协调企业利益和国家利益提供依据

D. 为中外合资项目提供双方合作的基础

E. 是项目资金筹措的依据

(2)财务的动态指标有(　　)。

A. 借款偿还期　　B. 财务净现值

C. 投资利润率　　D. 财务内部收益率

E. 资产负债率

(3)财务评价指标体系中,反映盈利能力的指标有(　　)。

A. 投资回收期　　B. 财务净现值

C. 速动比率　　D. 流动比率

E. 资产负债率

(4)如果投资方案在经济上可行,则有(　　)。

A. 财务净年值大于零

B. 财务净现值大于零

C. 财务净现值大于建设项目总投资

D. 财务内部收益率大于基准收益率

E. 财务内部收益率大于单位资金成本

(5)财务评价方法按照是否考虑融资,分为(　　)。

A. 定量分析　　B. 事中分析

C. 融资前分析　　D. 动态分析

E. 融资后分析

(6)下列(　　)属于贸易费用。

A. 货物的储运　　B. 再包装

C. 保险　　　　　　　　　　D. 流通中的损耗

E. 长途运输费用

(7)影子价格是进行国民经济评价专用的价格。影子价格依据国民经济评价的定价原则确定,反映(　　)。

A. 政府调控意愿　　　　　　B. 市场供求关系

C. 资源稀缺程度　　　　　　D. 资源合理配置要求

E. 投入物和产出物真实经济价值

(8)下列说法正确的是(　　)。

A. 城市土地可以采取市场价格测定影子价格

B. 农村土地按照机会成本的方法测定影子价格

C. 土地的影子费用 = 土地机会成本 + 新增资源消耗

D. 新增资源消耗即搬迁费

(9)对农村土地的实际征地费有(　　)。

A. 土地补偿费　　　　　　　B. 剩余劳动力安置费

C. 拆迁费　　　　　　　　　D. 水费

E. 电费

(10)下列关于社会折现率的说法正确的是(　　)。

A. 社会折现率是资金的影子价格

B. 目前我国社会折现率规定为 12%

C. 社会折现率是投入资金的机会成本

D. 社会折现率是项目经济可行性和方案比较的主要依据

E. 社会折现率对不同行业有不同的取值

4. 计算题

(1)某市一家房地产开发公司以 BOT 方式投资 11 700 万元,获得某公寓区 20 年经营使用权,20 年后返还,预计当公寓第 3 年正常运营后,每年的纯收益为 2 000 万元,从第 3 年起纯收益每 5 年增长 5%,该公寓园区的建设期为 2 年,总投资分 2 年投入:一期 6 000 万元,二期 5 700万元。试计算项目的财务净现值、财务内部收益率和动态回收期,并判断项目的财务可行性。(假设投资发生在年初,其他收支发生在年末,基准收益率 12%)

(2)某项目方案有关数据如表 7.3 所示,基准折现率为 10%:

①分别计算其静态投资回收期和动态投资回收期。

②若基准动态回收期为 8 年,试评价方案。

表 7.3　某项目方案的有关数据

序号	目录	年						
		0	1	2	3	4	5	6
1	投资支出	20	500	100				
2	其他支出				300	450	450	450

续表

序号	目录	年						
		0	1	2	3	4	5	6
3	收入				450	700	700	700
4	净现值流量							
5	累计净现值流量	-20	-520	-620	-470	-220	30	280
6	净现值流量折现值							
7	累计折现值							

(3)某进口产品国内现行价格为 216 元/t，其价格系数为 2.36，国内运费及贸易费为 38 元，影子汇率为 6.0 元，试求该进口产品的到岸价格 CIF。

(4)某进口产品的国内现行价格为 318 元/t，其影子价格换算系数为 2.31，按影子价格估算的进口费为 42 元/t，人民币对某外币的影子汇率为 9.8，求该进口产品用外币表示的到岸价格 CIF。

(5)已知某项目产出物所在地最近的口岸的离岸价格为 50 美元/t，影子汇率换算系数为 1.08 元人民币/美元，项目所在地距口岸 280 km，国内运费为每千米 0.15 元/t，贸易费用率按离岸价格的 6% 计算，试求该项目产出物出厂价的影子价格。

附录

复利系数表

$i=1\%$								
n	$(F/P,i,n)$	$(P/F,i,n)$	$(F/A,i,n)$	$(A/F,i,n)$	$(P/A,i,n)$	$(A/P,i,n)$	$(A/G,i,n)$	$(P/G,i,n)$
1	1.010 0	0.990 1	1.000 0	1.000 0	0.990 1	1.010 0	0.000 0	0.000 0
2	1.020 1	0.980 3	2.010 0	0.497 5	1.970 4	0.507 5	0.497 5	0.980 3
3	1.030 3	0.970 6	3.030 1	0.330 0	2.941 0	0.340 0	0.993 4	2.921 5
4	1.040 6	0.961 0	4.060 4	0.246 3	3.902 0	0.256 3	1.487 6	5.804 4
5	1.051 0	0.951 5	5.101 0	0.196 0	4.853 4	0.206 0	1.980 1	9.610 3
6	1.061 5	0.942 0	6.152 0	0.162 5	5.795 5	0.172 5	2.471 0	14.320 5
7	1.072 1	0.932 7	7.213 5	0.138 6	6.728 2	0.148 6	2.960 2	19.916 8
8	1.082 9	0.923 5	8.285 7	0.120 7	7.651 7	0.130 7	3.447 8	26.381 2
9	1.093 7	0.914 3	9.368 5	0.106 7	8.566 0	0.116 7	3.933 7	33.695 9
10	1.104 6	0.905 3	10.462 2	0.095 6	9.471 3	0.105 6	4.417 9	41.843 5
11	1.115 7	0.896 3	11.566 8	0.086 5	10.367 6	0.096 5	4.900 5	50.806 7
12	1.126 8	0.887 4	12.682 5	0.078 8	11.255 1	0.088 8	5.381 5	60.568 7
13	1.138 1	0.878 7	13.809 3	0.072 4	12.133 7	0.082 4	5.860 7	71.112 6
14	1.149 5	0.870 0	14.947 4	0.066 9	13.003 7	0.076 9	6.338 4	82.422 1
15	1.161 0	0.861 3	16.096 9	0.062 1	13.865 1	0.072 1	6.814 3	94.481 0
16	1.172 6	0.852 8	17.257 9	0.057 9	14.717 9	0.067 9	7.288 6	107.273 4
17	1.184 3	0.844 4	18.430 4	0.054 3	15.562 3	0.064 3	7.761 3	120.783 4
18	1.196 1	0.836 0	19.614 7	0.051 0	16.398 3	0.061 0	8.232 3	134.995 7
19	1.208 1	0.827 7	20.810 9	0.048 1	17.226 0	0.058 1	8.701 7	149.895 0
20	1.220 2	0.819 5	22.019 0	0.045 4	18.045 6	0.055 4	9.169 4	165.466 4

续表

i=1%								
n	(F/P,i,n)	(P/F,i,n)	(F/A,i,n)	(A/F,i,n)	(P/A,i,n)	(A/P,i,n)	(A/G,i,n)	(P/G,i,n)
21	1.232 4	0.811 4	23.239 2	0.043 0	18.857 0	0.053 0	9.635 4	181.695 0
22	1.244 7	0.803 4	24.471 6	0.040 9	19.660 4	0.050 9	10.099 8	198.566 3
23	1.257 2	0.795 4	25.716 3	0.038 9	20.455 8	0.048 9	10.562 6	216.066 0
24	1.269 7	0.787 6	26.973 5	0.037 1	21.243 4	0.047 1	11.023 7	234.180 0
25	1.282 4	0.779 8	28.243 2	0.035 4	22.023 2	0.045 4	11.483 1	252.894 5
26	1.295 3	0.772 0	29.525 6	0.033 9	22.795 2	0.043 9	11.940 9	272.195 7
27	1.308 2	0.764 4	30.820 9	0.032 4	23.559 6	0.042 4	12.397 1	292.070 2
28	1.321 3	0.756 8	32.129 1	0.031 1	24.316 4	0.041 1	12.851 6	312.504 7
29	1.334 5	0.749 3	33.450 4	0.029 9	25.065 8	0.039 9	13.304 4	333.486 3
30	1.347 8	0.741 9	34.784 9	0.028 7	25.807 7	0.038 7	13.755 7	355.002 1
31	1.361 3	0.734 6	36.132 7	0.027 7	26.542 3	0.037 7	14.205 2	377.039 4
32	1.374 9	0.727 3	37.494 1	0.026 7	27.269 6	0.036 7	14.653 2	399.585 8
33	1.388 7	0.720 1	38.869 0	0.025 7	27.989 7	0.035 7	15.099 5	422.629 1
34	1.402 6	0.713 0	40.257 7	0.024 8	28.702 7	0.034 8	15.544 1	446.157 2
35	1.416 6	0.705 9	41.660 3	0.024 0	29.408 6	0.034 0	15.987 1	470.158 3
40	1.488 9	0.671 7	48.886 4	0.020 5	32.834 7	0.030 5	18.177 6	596.856 1
45	1.564 8	0.639 1	56.481 1	0.017 7	36.094 5	0.027 7	20.327 3	733.703 7
50	1.644 6	0.608 0	64.463 2	0.015 5	39.196 1	0.025 5	22.436 3	879.417 6

i=2%								
n	(F/P,i,n)	(P/F,i,n)	(F/A,i,n)	(A/F,i,n)	(P/A,i,n)	(A/P,i,n)	(A/G,i,n)	(P/G,i,n)
1	1.020 0	0.980 4	1.000 0	1.000 0	0.980 4	1.020 0	0.000 0	0.000 0
2	1.040 4	0.961 2	2.020 0	0.495 0	1.941 6	0.515 0	0.495 0	0.961 2
3	1.061 2	0.942 3	3.060 4	0.326 8	2.883 9	0.346 8	0.986 8	2.845 8
4	1.082 4	0.923 8	4.121 6	0.242 6	3.807 7	0.262 6	1.475 2	5.617 3
5	1.104 1	0.905 7	5.204 0	0.192 2	4.713 5	0.212 2	1.960 4	9.240 3
6	1.126 2	0.888 0	6.308 1	0.158 5	5.601 4	0.178 5	2.442 3	13.680 1
7	1.148 7	0.870 6	7.434 3	0.134 5	6.472 0	0.154 5	2.920 8	18.903 5

续表

$i=2\%$								
n	$(F/P,i,n)$	$(P/F,i,n)$	$(F/A,i,n)$	$(A/F,i,n)$	$(P/A,i,n)$	$(A/P,i,n)$	$(A/G,i,n)$	$(P/G,i,n)$
8	1.171 7	0.853 5	8.583 0	0.116 5	7.325 5	0.136 5	3.396 1	24.877 9
9	1.195 1	0.836 8	9.754 6	0.102 5	8.162 2	0.122 5	3.868 1	31.572 0
10	1.219 0	0.820 3	10.949 7	0.091 3	8.982 6	0.111 3	4.336 7	38.955 1
11	1.243 4	0.804 3	12.168 7	0.082 2	9.786 8	0.102 2	4.802 1	46.997 7
12	1.268 2	0.788 5	13.412 1	0.074 6	10.575 3	0.094 6	5.264 2	55.671 2
13	1.293 6	0.773 0	14.680 3	0.068 1	11.348 4	0.088 1	5.723 1	64.947 5
14	1.319 5	0.757 9	15.973 9	0.062 6	12.106 2	0.082 6	6.178 6	74.799 9
15	1.345 9	0.743 0	17.293 4	0.057 8	12.849 3	0.077 8	6.630 9	85.202 1
16	1.372 8	0.728 4	18.639 3	0.053 7	13.577 7	0.073 7	7.079 9	96.128 8
17	1.400 2	0.714 2	20.012 1	0.050 0	14.291 9	0.070 0	7.525 6	107.555 4
18	1.428 2	0.700 2	21.412 3	0.046 7	14.992 0	0.066 7	7.968 1	119.458 1
19	1.456 8	0.686 4	22.840 6	0.043 8	15.678 5	0.063 8	8.407 3	131.813 9
20	1.485 9	0.673 0	24.297 4	0.041 2	16.351 4	0.061 2	8.843 3	144.600 3
21	1.515 7	0.659 8	25.783 3	0.038 8	17.011 2	0.058 8	9.276 0	157.795 9
22	1.546 0	0.646 8	27.299 0	0.036 6	17.658 0	0.056 6	9.705 5	171.379 5
23	1.576 9	0.634 2	28.845 0	0.034 7	18.292 2	0.054 7	10.131 7	185.330 9
24	1.608 4	0.621 7	30.421 9	0.032 9	18.913 9	0.052 9	10.554 7	199.630 5
25	1.640 6	0.609 5	32.030 3	0.031 2	19.523 5	0.051 2	10.974 5	214.259 2
26	1.673 4	0.597 6	33.670 9	0.029 7	20.121 0	0.049 7	11.391 0	229.198 7
27	1.706 9	0.585 9	35.344 3	0.028 3	20.706 9	0.048 3	11.804 3	244.431 1
28	1.741 0	0.574 4	37.051 2	0.027 0	21.281 3	0.047 0	12.214 5	259.939 2
29	1.775 8	0.563 1	38.792 2	0.025 8	21.844 4	0.045 8	12.621 4	275.706 4
30	1.811 4	0.552 1	40.568 1	0.024 6	22.396 5	0.044 6	13.025 1	291.716 4
31	1.847 6	0.541 2	42.379 4	0.023 6	22.937 7	0.043 6	13.425 7	307.953 8
32	1.884 5	0.530 6	44.227 0	0.022 6	23.468 3	0.042 6	13.823 0	324.403 5
33	1.922 2	0.520 2	46.111 6	0.021 7	23.988 6	0.041 7	14.217 2	341.050 8
34	1.960 7	0.510 0	48.033 8	0.020 8	24.498 6	0.040 8	14.608 3	357.881 7
35	1.999 9	0.500 0	49.994 5	0.020 0	24.998 6	0.040 0	14.996 1	374.882 6

续表

i=2%								
n	(F/P,i,n)	(P/F,i,n)	(F/A,i,n)	(A/F,i,n)	(P/A,i,n)	(A/P,i,n)	(A/G,i,n)	(P/G,i,n)
40	2.208 0	0.452 9	60.402 0	0.016 6	27.355 5	0.036 6	16.888 5	461.993 1
45	2.437 9	0.410 2	71.892 7	0.013 9	29.490 2	0.033 9	18.703 4	551.565 2
50	2.691 6	0.371 5	84.579 4	0.011 8	31.423 6	0.031 8	20.442 0	642.360 6

i=3%								
n	(F/P,i,n)	(P/F,i,n)	(F/A,i,n)	(A/F,i,n)	(P/A,i,n)	(A/P,i,n)	(A/G,i,n)	(P/G,i,n)
1	1.030 0	0.970 9	1.000 0	1.000 0	0.970 9	1.030 0	0.000 0	0.000 0
2	1.060 9	0.942 6	2.030 0	0.492 6	1.913 5	0.522 6	0.492 6	0.942 6
3	1.092 7	0.915 1	3.090 9	0.323 5	2.828 6	0.353 5	0.980 3	2.772 9
4	1.125 5	0.888 5	4.183 6	0.239 0	3.717 1	0.269 0	1.463 1	5.438 3
5	1.159 3	0.862 6	5.309 1	0.188 4	4.579 7	0.218 4	1.940 9	8.888 8
6	1.194 1	0.837 5	6.468 4	0.154 6	5.417 2	0.184 6	2.413 8	13.076 2
7	1.229 9	0.813 1	7.662 5	0.130 5	6.230 3	0.160 5	2.881 9	17.954 7
8	1.266 8	0.789 4	8.892 3	0.112 5	7.019 7	0.142 5	3.345 0	23.480 6
9	1.304 8	0.766 4	10.159 1	0.098 4	7.786 1	0.128 4	3.803 2	29.611 9
10	1.343 9	0.744 1	11.463 9	0.087 2	8.530 2	0.117 2	4.256 5	36.308 8
11	1.384 2	0.722 4	12.807 8	0.078 1	9.252 6	0.108 1	4.704 9	43.533 0
12	1.425 8	0.701 4	14.192 0	0.070 5	9.954 0	0.100 5	5.148 5	51.248 2
13	1.468 5	0.681 0	15.617 8	0.064 0	10.635 0	0.094 0	5.587 2	59.419 6
14	1.512 6	0.661 1	17.086 3	0.058 5	11.296 1	0.088 5	6.021 0	68.014 1
15	1.558 0	0.641 9	18.598 9	0.053 8	11.937 9	0.083 8	6.450 0	77.000 2
16	1.604 7	0.623 2	20.156 9	0.049 6	12.561 1	0.079 6	6.874 2	86.347 7
17	1.652 8	0.605 0	21.761 6	0.046 0	13.166 1	0.076 0	7.293 6	96.028 0
18	1.702 4	0.587 4	23.414 4	0.042 7	13.753 5	0.072 7	7.708 1	106.013 7
19	1.753 5	0.570 3	25.116 9	0.039 8	14.323 8	0.069 8	8.117 9	116.278 8
20	1.806 1	0.553 7	26.870 4	0.037 2	14.877 5	0.067 2	8.522 9	126.798 7
21	1.860 3	0.537 5	28.676 5	0.034 9	15.415 0	0.064 9	8.923 1	137.549 6
22	1.916 1	0.521 9	30.536 8	0.032 7	15.936 9	0.062 7	9.318 6	148.509 4

续表

i=3%								
n	(F/P,i,n)	(P/F,i,n)	(F/A,i,n)	(A/F,i,n)	(P/A,i,n)	(A/P,i,n)	(A/G,i,n)	(P/G,i,n)
23	1.973 6	0.506 7	32.452 9	0.030 8	16.443 6	0.060 8	9.709 3	159.656 6
24	2.032 8	0.491 9	34.426 5	0.029 0	16.935 5	0.059 0	10.095 4	170.971 1
25	2.093 8	0.477 6	36.459 3	0.027 4	17.413 1	0.057 4	10.476 8	182.433 6
26	2.156 6	0.463 7	38.553 0	0.025 9	17.876 8	0.055 9	10.853 5	194.026 0
27	2.221 3	0.450 2	40.709 6	0.024 6	18.327 0	0.054 6	11.225 5	205.730 9
28	2.287 9	0.437 1	42.930 9	0.023 3	18.764 1	0.053 3	11.593 0	217.532 0
29	2.356 6	0.424 3	45.218 9	0.022 1	19.188 5	0.052 1	11.955 8	229.413 7
30	2.427 3	0.412 0	47.575 4	0.021 0	19.600 4	0.051 0	12.314 1	241.361 3
31	2.500 1	0.400 0	50.002 7	0.020 0	20.000 4	0.050 0	12.667 8	253.360 9
32	2.575 1	0.388 3	52.502 8	0.019 0	20.388 8	0.049 0	13.016 9	265.399 3
33	2.652 3	0.377 0	55.077 8	0.018 2	20.765 8	0.048 2	13.361 6	277.464 2
34	2.731 9	0.366 0	57.730 2	0.017 3	21.131 8	0.047 3	13.701 8	289.543 7
35	2.813 9	0.355 4	60.462 1	0.016 5	21.487 2	0.046 5	14.037 5	301.626 7
40	3.262 0	0.306 6	75.401 3	0.013 3	23.114 8	0.043 3	15.650 2	361.749 9
45	3.781 6	0.264 4	92.719 9	0.010 8	24.518 7	0.040 8	17.155 6	420.632 5
50	4.383 9	0.228 1	112.796 9	0.008 9	25.729 8	0.038 9	18.557 5	477.480 3

i=4%								
n	(F/P,i,n)	(P/F,i,n)	(F/A,i,n)	(A/F,i,n)	(P/A,i,n)	(A/P,i,n)	(A/G,i,n)	(P/G,i,n)
1	1.040 0	0.961 5	1.000 0	1.000 0	0.961 5	1.040 0	0.000 0	0.000 0
2	1.081 6	0.924 6	2.040 0	0.490 2	1.886 1	0.530 2	0.490 2	0.924 6
3	1.124 9	0.889 0	3.121 6	0.320 3	2.775 1	0.360 3	0.973 9	2.702 5
4	1.169 9	0.854 8	4.246 5	0.235 5	3.629 9	0.275 5	1.451 0	5.267 0
5	1.216 7	0.821 9	5.416 3	0.184 6	4.451 8	0.224 6	1.921 6	8.554 7
6	1.265 3	0.790 3	6.633 0	0.150 8	5.242 1	0.190 8	2.385 7	12.506 2
7	1.315 9	0.759 9	7.898 3	0.126 6	6.002 1	0.166 6	2.843 3	17.065 7
8	1.368 6	0.730 7	9.214 2	0.108 5	6.732 7	0.148 5	3.294 4	22.180 6
9	1.423 3	0.702 6	10.582 8	0.094 5	7.435 3	0.134 5	3.739 1	27.801 3

续表

$i=4\%$								
n	$(F/P,i,n)$	$(P/F,i,n)$	$(F/A,i,n)$	$(A/F,i,n)$	$(P/A,i,n)$	$(A/P,i,n)$	$(A/G,i,n)$	$(P/G,i,n)$
10	1.480 2	0.675 6	12.006 1	0.083 3	8.110 9	0.123 3	4.177 3	33.881 4
11	1.539 5	0.649 6	13.486 4	0.074 1	8.760 5	0.114 1	4.609 0	40.377 2
12	1.601 0	0.624 6	15.025 8	0.066 6	9.385 1	0.106 6	5.034 3	47.247 7
13	1.665 1	0.600 6	16.626 8	0.060 1	9.985 6	0.100 1	5.453 3	54.454 6
14	1.731 7	0.577 5	18.291 9	0.054 7	10.563 1	0.094 7	5.865 9	61.961 8
15	1.800 9	0.555 3	20.023 6	0.049 9	11.118 4	0.089 9	6.272 1	69.735 5
16	1.873 0	0.533 9	21.824 5	0.045 8	11.652 3	0.085 8	6.672 0	77.744 1
17	1.947 9	0.513 4	23.697 5	0.042 2	12.165 7	0.082 2	7.065 6	85.958 1
18	2.025 8	0.493 6	25.645 4	0.039 0	12.659 3	0.079 0	7.453 0	94.349 8
19	2.106 8	0.474 6	27.671 2	0.036 1	13.133 9	0.076 1	7.834 2	102.893 3
20	2.191 1	0.456 4	29.778 1	0.033 6	13.590 3	0.073 6	8.209 1	111.564 7
21	2.278 8	0.438 8	31.969 2	0.031 3	14.029 2	0.071 3	8.577 9	120.341 4
22	2.369 9	0.422 0	34.248 0	0.029 2	14.451 1	0.069 2	8.940 7	129.202 4
23	2.464 7	0.405 7	36.617 9	0.027 3	14.856 8	0.067 3	9.297 3	138.128 4
24	2.563 3	0.390 1	39.082 6	0.025 6	15.247 0	0.065 6	9.647 9	147.101 2
25	2.665 8	0.375 1	41.645 9	0.024 0	15.622 1	0.064 0	9.992 5	156.104 0
26	2.772 5	0.360 7	44.311 7	0.022 6	15.982 8	0.062 6	10.331 2	165.121 2
27	2.883 4	0.346 8	47.084 2	0.021 2	16.329 6	0.061 2	10.664 0	174.138 5
28	2.998 7	0.333 5	49.967 6	0.020 0	16.663 1	0.060 0	10.990 9	183.142 4
29	3.118 7	0.320 7	52.966 3	0.018 9	16.983 7	0.058 9	11.312 0	192.120 6
30	3.243 4	0.308 3	56.084 9	0.017 8	17.292 0	0.057 8	11.627 4	201.061 8
31	3.373 1	0.296 5	59.328 3	0.016 9	17.588 5	0.056 9	11.937 1	209.955 6
32	3.508 1	0.285 1	62.701 5	0.015 9	17.873 6	0.055 9	12.241 1	218.792 4
33	3.648 4	0.274 1	66.209 5	0.015 1	18.147 6	0.055 1	12.539 6	227.563 4
34	3.794 3	0.263 6	69.857 9	0.014 3	18.411 2	0.054 3	12.832 4	236.260 7
35	3.946 1	0.253 4	73.652 2	0.013 6	18.664 6	0.053 6	13.119 8	244.876 8
40	4.801 0	0.208 3	95.025 5	0.010 5	19.792 8	0.050 5	14.476 5	286.530 3
45	5.841 2	0.171 2	121.029 4	0.008 3	20.720 0	0.048 3	15.704 7	325.402 8
50	7.106 7	0.140 7	152.667 1	0.006 6	21.482 2	0.046 6	16.812 2	361.163 8

$i=5\%$								
n	$(F/P,i,n)$	$(P/F,i,n)$	$(F/A,i,n)$	$(A/F,i,n)$	$(P/A,i,n)$	$(A/P,i,n)$	$(A/G,i,n)$	$(P/G,i,n)$
1	1.050 0	0.952 4	1.000 0	1.000 0	0.952 4	1.050 0	0.000 0	0.000 0
2	1.102 5	0.907 0	2.050 0	0.487 8	1.859 4	0.537 8	0.487 8	0.907 0
3	1.157 6	0.863 8	3.152 5	0.317 2	2.723 2	0.367 2	0.967 5	2.634 7
4	1.215 5	0.822 7	4.310 1	0.232 0	3.546 0	0.282 0	1.439 1	5.102 8
5	1.276 3	0.783 5	5.525 6	0.181 0	4.329 5	0.231 0	1.902 5	8.236 9
6	1.340 1	0.746 2	6.801 9	0.147 0	5.075 7	0.197 0	2.357 9	11.968 0
7	1.407 1	0.710 7	8.142 0	0.122 8	5.786 4	0.172 8	2.805 2	16.232 1
8	1.477 5	0.676 8	9.549 1	0.104 7	6.463 2	0.154 7	3.244 5	20.970 0
9	1.551 3	0.644 6	11.026 6	0.090 7	7.107 8	0.140 7	3.675 8	26.126 8
10	1.628 9	0.613 9	12.577 9	0.079 5	7.721 7	0.129 5	4.099 1	31.652 0
11	1.710 3	0.584 7	14.206 8	0.070 4	8.306 4	0.120 4	4.514 4	37.498 8
12	1.795 9	0.556 8	15.917 1	0.062 8	8.863 3	0.112 8	4.921 9	43.624 1
13	1.885 6	0.530 3	17.713 0	0.056 5	9.393 6	0.106 5	5.321 5	49.987 9
14	1.979 9	0.505 1	19.598 6	0.051 0	9.898 6	0.101 0	5.713 3	56.553 8
15	2.078 9	0.481 0	21.578 6	0.046 3	10.379 7	0.096 3	6.097 3	63.288 0
16	2.182 9	0.458 1	23.657 5	0.042 3	10.837 8	0.092 3	6.473 6	70.159 7
17	2.292 0	0.436 3	25.840 4	0.038 7	11.274 1	0.088 7	6.842 3	77.140 5
18	2.406 6	0.415 5	28.132 4	0.035 5	11.689 6	0.085 5	7.203 4	84.204 3
19	2.527 0	0.395 7	30.539 0	0.032 7	12.085 3	0.082 7	7.556 9	91.327 5
20	2.653 3	0.376 9	33.066 0	0.030 2	12.462 2	0.080 2	7.903 0	98.488 4
21	2.786 0	0.358 9	35.719 3	0.028 0	12.821 2	0.078 0	8.241 6	105.667 3
22	2.925 3	0.341 8	38.505 2	0.026 0	13.163 0	0.076 0	8.573 0	112.846 1
23	3.071 5	0.325 6	41.430 5	0.024 1	13.488 6	0.074 1	8.897 1	120.008 7
24	3.225 1	0.310 1	44.502 0	0.022 5	13.798 6	0.072 5	9.214 0	127.140 2
25	3.386 4	0.295 3	47.727 1	0.021 0	14.093 9	0.071 0	9.523 8	134.227 5
26	3.555 7	0.281 2	51.113 5	0.019 6	14.375 2	0.069 6	9.826 6	141.258 5
27	3.733 5	0.267 8	54.669 1	0.018 3	14.643 0	0.068 3	10.122 4	148.222 6
28	3.920 1	0.255 1	58.402 6	0.017 1	14.898 1	0.067 1	10.411 4	155.110 1

续表

i=5%								
n	(F/P,i,n)	(P/F,i,n)	(F/A,i,n)	(A/F,i,n)	(P/A,i,n)	(A/P,i,n)	(A/G,i,n)	(P/G,i,n)
29	4.116 1	0.242 9	62.322 7	0.016 0	15.141 1	0.066 0	10.693 6	161.912 6
30	4.321 9	0.231 4	66.438 8	0.015 1	15.372 5	0.065 1	10.969 1	168.622 6
31	4.538 0	0.220 4	70.760 8	0.014 1	15.592 8	0.064 1	11.238 1	175.233 3
32	4.764 9	0.209 9	75.298 8	0.013 3	15.802 7	0.063 3	11.500 5	181.739 2
33	5.003 2	0.199 9	80.063 8	0.012 5	16.002 5	0.062 5	11.756 6	188.135 1
34	5.253 3	0.190 4	85.067 0	0.011 8	16.192 9	0.061 8	12.006 3	194.416 8
35	5.516 0	0.181 3	90.320 3	0.011 1	16.374 2	0.061 1	12.249 8	200.580 7
40	7.040 0	0.142 0	120.799 8	0.008 3	17.159 1	0.058 3	13.377 5	229.545 2
45	8.985 0	0.111 3	159.700 2	0.006 3	17.774 1	0.056 3	14.364 4	255.314 5
50	11.467 4	0.087 2	209.348 0	0.004 8	18.255 9	0.054 8	15.223 3	277.914 8

i=6%								
n	(F/P,i,n)	(P/F,i,n)	(F/A,i,n)	(A/F,i,n)	(P/A,i,n)	(A/P,i,n)	(A/G,i,n)	(P/G,i,n)
1	1.060 0	0.943 4	1.000 0	1.000 0	0.943 4	1.060 0	0.000 0	0.000 0
2	1.123 6	0.890 0	2.060 0	0.485 4	1.833 4	0.545 4	0.485 4	0.890 0
3	1.191 0	0.839 6	3.183 6	0.314 1	2.673 0	0.374 1	0.961 2	2.569 2
4	1.262 5	0.792 1	4.374 6	0.228 6	3.465 1	0.288 6	1.427 2	4.945 5
5	1.338 2	0.747 3	5.637 1	0.177 4	4.212 4	0.237 4	1.883 6	7.934 5
6	1.418 5	0.705 0	6.975 3	0.143 4	4.917 3	0.203 4	2.330 4	11.459 4
7	1.503 6	0.665 1	8.393 8	0.119 1	5.582 4	0.179 1	2.767 6	15.449 7
8	1.593 8	0.627 4	9.897 5	0.101 0	6.209 8	0.161 0	3.195 2	19.841 6
9	1.689 5	0.591 9	11.491 3	0.087 0	6.801 7	0.147 0	3.613 3	24.576 8
10	1.790 8	0.558 4	13.180 8	0.075 9	7.360 1	0.135 9	4.022 0	29.602 3
11	1.898 3	0.526 8	14.971 6	0.066 8	7.886 9	0.126 8	4.421 3	34.870 2
12	2.012 2	0.497 0	16.869 9	0.059 3	8.383 8	0.119 3	4.811 3	40.336 9
13	2.132 9	0.468 8	18.882 1	0.053 0	8.852 7	0.113 0	5.192 0	45.962 9
14	2.260 9	0.442 3	21.015 1	0.047 6	9.295 0	0.107 6	5.563 5	51.712 8
15	2.396 6	0.417 3	23.276 0	0.043 0	9.712 2	0.103 0	5.926 0	57.554 6

续表

i =6%								
n	(F/P,i,n)	(P/F,i,n)	(F/A,i,n)	(A/F,i,n)	(P/A,i,n)	(A/P,i,n)	(A/G,i,n)	(P/G,i,n)
16	2.540 4	0.393 6	25.672 5	0.039 0	10.105 9	0.099 0	6.279 4	63.459 2
17	2.692 8	0.371 4	28.212 9	0.035 4	10.477 3	0.095 4	6.624 0	69.401 1
18	2.854 3	0.350 3	30.905 7	0.032 4	10.827 6	0.092 4	6.959 7	75.356 9
19	3.025 6	0.330 5	33.760 0	0.029 6	11.158 1	0.089 6	7.286 7	81.306 2
20	3.207 1	0.311 8	36.785 6	0.027 2	11.469 9	0.087 2	7.605 1	87.230 4
21	3.399 6	0.294 2	39.992 7	0.025 0	11.764 1	0.085 0	7.915 1	93.113 6
22	3.603 5	0.277 5	43.392 3	0.023 0	12.041 6	0.083 0	8.216 6	98.941 2
23	3.819 7	0.261 8	46.995 8	0.021 3	12.303 4	0.081 3	8.509 9	104.700 7
24	4.048 9	0.247 0	50.815 6	0.019 7	12.550 4	0.079 7	8.795 1	110.381 2
25	4.291 9	0.233 0	54.864 5	0.018 2	12.783 4	0.078 2	9.072 2	115.973 2
26	4.549 4	0.219 8	59.156 4	0.016 9	13.003 2	0.076 9	9.341 4	121.468 4
27	4.822 3	0.207 4	63.705 8	0.015 7	13.210 5	0.075 7	9.602 9	126.860 0
28	5.111 7	0.195 6	68.528 1	0.014 6	13.406 2	0.074 6	9.856 8	132.142 0
29	5.418 4	0.184 6	73.639 8	0.013 6	13.590 7	0.073 6	10.103 2	137.309 6
30	5.743 5	0.174 1	79.058 2	0.012 6	13.764 8	0.072 6	10.342 2	142.358 8
31	6.088 1	0.164 3	84.801 7	0.011 8	13.929 1	0.071 8	10.574 0	147.286 4
32	6.453 4	0.155 0	90.889 8	0.011 0	14.084 0	0.071 0	10.798 8	152.090 1
33	6.840 6	0.146 2	97.343 2	0.010 3	14.230 2	0.070 3	11.016 6	156.768 1
34	7.251 0	0.137 9	104.183 8	0.009 6	14.368 1	0.069 6	11.227 6	161.319 2
35	7.686 1	0.130 1	111.434 8	0.009 0	14.498 2	0.069 0	11.431 9	165.742 7
40	10.285 7	0.097 2	154.762 0	0.006 5	15.046 3	0.066 5	12.359 0	185.956 8
45	13.764 6	0.072 7	212.743 5	0.004 7	15.455 8	0.064 7	13.141 3	203.109 6
50	18.420 2	0.054 3	290.335 9	0.003 4	15.761 9	0.063 4	13.796 4	217.457 4

i =7%								
n	(F/P,i,n)	(P/F,i,n)	(F/A,i,n)	(A/F,i,n)	(P/A,i,n)	(A/P,i,n)	(A/G,i,n)	(P/G,i,n)
1	1.070 0	0.934 6	1.000 0	1.000 0	0.934 6	1.070 0	0.000 0	0.000 0
2	1.144 9	0.873 4	2.070 0	0.483 1	1.808 0	0.553 1	0.483 1	0.873 4

续表

i =7%								
n	(F/P,i,n)	(P/F,i,n)	(F/A,i,n)	(A/F,i,n)	(P/A,i,n)	(A/P,i,n)	(A/G,i,n)	(P/G,i,n)
3	1.225 0	0.816 3	3.214 9	0.311 1	2.624 3	0.381 1	0.954 9	2.506 0
4	1.310 8	0.762 9	4.439 9	0.225 2	3.387 2	0.295 2	1.415 5	4.794 7
5	1.402 6	0.713 0	5.750 7	0.173 9	4.100 2	0.243 9	1.865 0	7.646 7
6	1.500 7	0.666 3	7.153 3	0.139 8	4.766 5	0.209 8	2.303 2	10.978 4
7	1.605 8	0.622 7	8.654 0	0.115 6	5.389 3	0.185 6	2.730 4	14.714 9
8	1.718 2	0.582 0	10.259 8	0.097 5	5.971 3	0.167 5	3.146 5	18.788 9
9	1.838 5	0.543 9	11.978 0	0.083 5	6.515 2	0.153 5	3.551 7	23.140 4
10	1.967 2	0.508 3	13.816 4	0.072 4	7.023 6	0.142 4	3.946 1	27.715 6
11	2.104 9	0.475 1	15.783 6	0.063 4	7.498 7	0.133 4	4.329 6	32.466 5
12	2.252 2	0.444 0	17.888 5	0.055 9	7.942 7	0.125 9	4.702 5	37.350 6
13	2.409 8	0.415 0	20.140 6	0.049 7	8.357 7	0.119 7	5.064 8	42.330 2
14	2.578 5	0.387 8	22.550 5	0.044 3	8.745 5	0.114 3	5.416 7	47.371 8
15	2.759 0	0.362 4	25.129 0	0.039 8	9.107 9	0.109 8	5.758 3	52.446 1
16	2.952 2	0.338 7	27.888 1	0.035 9	9.446 6	0.105 9	6.089 7	57.527 1
17	3.158 8	0.316 6	30.840 2	0.032 4	9.763 2	0.102 4	6.411 0	62.592 3
18	3.379 9	0.295 9	33.999 0	0.029 4	10.059 1	0.099 4	6.722 5	67.621 9
19	3.616 5	0.276 5	37.379 0	0.026 8	10.335 6	0.096 8	7.024 2	72.599 1
20	3.869 7	0.258 4	40.995 5	0.024 4	10.594 0	0.094 4	7.316 3	77.509 1
21	4.140 6	0.241 5	44.865 2	0.022 3	10.835 5	0.092 3	7.599 0	82.339 3
22	4.430 4	0.225 7	49.005 7	0.020 4	11.061 2	0.090 4	7.872 5	87.079 3
23	4.740 5	0.210 9	53.436 1	0.018 7	11.272 2	0.088 7	8.136 9	91.720 1
24	5.072 4	0.197 1	58.176 7	0.017 2	11.469 3	0.087 2	8.392 3	96.254 5
25	5.427 4	0.184 2	63.249 0	0.015 8	11.653 6	0.085 8	8.639 1	100.676 5
26	5.807 4	0.172 2	68.676 5	0.014 6	11.825 8	0.084 6	8.877 3	104.981 4
27	6.213 9	0.160 9	74.483 8	0.013 4	11.986 7	0.083 4	9.107 2	109.165 6
28	6.648 8	0.150 4	80.697 7	0.012 4	12.137 1	0.082 4	9.328 9	113.226 4
29	7.114 3	0.140 6	87.346 5	0.011 4	12.277 7	0.081 4	9.542 7	117.162 2
30	7.612 3	0.131 4	94.460 8	0.010 6	12.409 0	0.080 6	9.748 7	120.971 8

续表

i=7%								
n	(F/P,i,n)	(P/F,i,n)	(F/A,i,n)	(A/F,i,n)	(P/A,i,n)	(A/P,i,n)	(A/G,i,n)	(P/G,i,n)
31	8.145 1	0.122 8	102.073 0	0.009 8	12.531 8	0.079 8	9.947 1	124.655 0
32	8.715 3	0.114 7	110.218 2	0.009 1	12.646 6	0.079 1	10.138 1	128.212 0
33	9.325 3	0.107 2	118.933 4	0.008 4	12.753 8	0.078 4	10.321 9	131.643 5
34	9.978 1	0.100 2	128.258 8	0.007 8	12.854 0	0.077 8	10.498 7	134.950 7
35	10.676 6	0.093 7	138.236 9	0.007 2	12.947 7	0.077 2	10.668 7	138.135 3
40	14.974 5	0.066 8	199.635 1	0.005 0	13.331 7	0.075 0	11.423 3	152.292 8
45	21.002 5	0.047 6	285.749 3	0.003 5	13.605 5	0.073 5	12.036 0	163.755 9
50	29.457 0	0.033 9	406.528 9	0.002 5	13.800 7	0.072 5	12.528 7	172.905 1

i=8%								
n	(F/P,i,n)	(P/F,i,n)	(F/A,i,n)	(A/F,i,n)	(P/A,i,n)	(A/P,i,n)	(A/G,i,n)	(P/G,i,n)
1	1.080 0	0.925 9	1.000 0	1.000 0	0.925 9	1.080 0	0.000 0	0.000 0
2	1.166 4	0.857 3	2.080 0	0.480 8	1.783 3	0.560 8	0.480 8	0.857 3
3	1.259 7	0.793 8	3.246 4	0.308 0	2.577 1	0.388 0	0.948 7	2.445 0
4	1.360 5	0.735 0	4.506 1	0.221 9	3.312 1	0.301 9	1.404 0	4.650 1
5	1.469 3	0.680 6	5.866 6	0.170 5	3.992 7	0.250 5	1.846 5	7.372 4
6	1.586 9	0.630 2	7.335 9	0.136 3	4.622 9	0.216 3	2.276 3	10.523 3
7	1.713 8	0.583 5	8.922 8	0.112 1	5.206 4	0.192 1	2.693 7	14.024 2
8	1.850 9	0.540 3	10.636 6	0.094 0	5.746 6	0.174 0	3.098 5	17.806 1
9	1.999 0	0.500 2	12.487 6	0.080 1	6.246 9	0.160 1	3.491 0	21.808 1
10	2.158 9	0.463 2	14.486 6	0.069 0	6.710 1	0.149 0	3.871 3	25.976 8
11	2.331 6	0.428 9	16.645 5	0.060 1	7.139 0	0.140 1	4.239 5	30.265 7
12	2.518 2	0.397 1	18.977 1	0.052 7	7.536 1	0.132 7	4.595 7	34.633 9
13	2.719 6	0.367 7	21.495 3	0.046 5	7.903 8	0.126 5	4.940 2	39.046 3
14	2.937 2	0.340 5	24.214 9	0.041 3	8.244 2	0.121 3	5.273 1	43.472 3
15	3.172 2	0.315 2	27.152 1	0.036 8	8.559 5	0.116 8	5.594 5	47.885 7
16	3.425 9	0.291 9	30.324 3	0.033 0	8.851 4	0.113 0	5.904 6	52.264 0
17	3.700 0	0.270 3	33.750 2	0.029 6	9.121 6	0.109 6	6.203 7	56.588 3

续表

i = 8%								
n	$(F/P,i,n)$	$(P/F,i,n)$	$(F/A,i,n)$	$(A/F,i,n)$	$(P/A,i,n)$	$(A/P,i,n)$	$(A/G,i,n)$	$(P/G,i,n)$
18	3.996 0	0.250 2	37.450 2	0.026 7	9.371 9	0.106 7	6.492 0	60.842 6
19	4.315 7	0.231 7	41.446 3	0.024 1	9.603 6	0.104 1	6.769 7	65.013 4
20	4.661 0	0.214 5	45.762 0	0.021 9	9.818 1	0.101 9	7.036 9	69.089 8
21	5.033 8	0.198 7	50.422 9	0.019 8	10.016 8	0.099 8	7.294 0	73.062 9
22	5.436 5	0.183 9	55.456 8	0.018 0	10.200 7	0.098 0	7.541 2	76.925 7
23	5.871 5	0.170 3	60.893 3	0.016 4	10.371 1	0.096 4	7.778 6	80.672 6
24	6.341 2	0.157 7	66.764 8	0.015 0	10.528 8	0.095 0	8.006 6	84.299 7
25	6.848 5	0.146 0	73.105 9	0.013 7	10.674 8	0.093 7	8.225 4	87.804 1
26	7.396 4	0.135 2	79.954 4	0.012 5	10.810 0	0.092 5	8.435 2	91.184 2
27	7.988 1	0.125 2	87.350 8	0.011 4	10.935 2	0.091 4	8.636 3	94.439 0
28	8.627 1	0.115 9	95.338 8	0.010 5	11.051 1	0.090 5	8.828 9	97.568 7
29	9.317 3	0.107 3	103.965 9	0.009 6	11.158 4	0.089 6	9.013 3	100.573 8
30	10.062 7	0.099 4	113.283 2	0.008 8	11.257 8	0.088 8	9.189 7	103.455 8
31	10.867 7	0.092 0	123.345 9	0.008 1	11.349 8	0.088 1	9.358 4	106.216 3
32	11.737 1	0.085 2	134.213 5	0.007 5	11.435 0	0.087 5	9.519 7	108.857 5
33	12.676 0	0.078 9	145.950 6	0.006 9	11.513 9	0.086 9	9.673 7	111.381 9
34	13.690 1	0.073 0	158.626 7	0.006 3	11.586 9	0.086 3	9.820 8	113.792 4
35	14.785 3	0.067 6	172.316 8	0.005 8	11.654 6	0.085 8	9.961 1	116.092 0
40	21.724 5	0.046 0	259.056 5	0.003 9	11.924 6	0.083 9	10.569 9	126.042 2
45	31.920 4	0.031 3	386.505 6	0.002 6	12.108 4	0.082 6	11.044 7	133.733 1
50	46.901 6	0.021 3	573.770 2	0.001 7	12.233 5	0.081 7	11.410 7	139.592 8

i = 9%								
n	$(F/P,i,n)$	$(P/F,i,n)$	$(F/A,i,n)$	$(A/F,i,n)$	$(P/A,i,n)$	$(A/P,i,n)$	$(A/G,i,n)$	$(P/G,i,n)$
1	1.090 0	0.917 4	1.000 0	1.000 0	0.917 4	1.090 0	0.000 0	0.000 0
2	1.188 1	0.841 7	2.090 0	0.478 5	1.759 1	0.568 5	0.478 5	0.841 7
3	1.295 0	0.772 2	3.278 1	0.305 1	2.531 3	0.395 1	0.942 6	2.386 0
4	1.411 6	0.708 4	4.573 1	0.218 7	3.239 7	0.308 7	1.392 5	4.511 3

续表

i =9%								
n	(F/P,i,n)	(P/F,i,n)	(F/A,i,n)	(A/F,i,n)	(P/A,i,n)	(A/P,i,n)	(A/G,i,n)	(P/G,i,n)
5	1.538 6	0.649 9	5.984 7	0.167 1	3.889 7	0.257 1	1.828 2	7.111 0
6	1.677 1	0.596 3	7.523 3	0.132 9	4.485 9	0.222 9	2.249 8	10.092 4
7	1.828 0	0.547 0	9.200 4	0.108 7	5.033 0	0.198 7	2.657 4	13.374 6
8	1.992 6	0.501 9	11.028 5	0.090 7	5.534 8	0.180 7	3.051 2	16.887 7
9	2.171 9	0.460 4	13.021 0	0.076 8	5.995 2	0.166 8	3.431 2	20.571 1
10	2.367 4	0.422 4	15.192 9	0.065 8	6.417 7	0.155 8	3.797 8	24.372 8
11	2.580 4	0.387 5	17.560 3	0.056 9	6.805 2	0.146 9	4.151 0	28.248 1
12	2.812 7	0.355 5	20.140 7	0.049 7	7.160 7	0.139 7	4.491 0	32.159 0
13	3.065 8	0.326 2	22.953 4	0.043 6	7.486 9	0.133 6	4.818 2	36.073 1
14	3.341 7	0.299 2	26.019 2	0.038 4	7.786 2	0.128 4	5.132 6	39.963 3
15	3.642 5	0.274 5	29.360 9	0.034 1	8.060 7	0.124 1	5.434 6	43.806 9
16	3.970 3	0.251 9	33.003 4	0.030 3	8.312 6	0.120 3	5.724 5	47.584 9
17	4.327 6	0.231 1	36.973 7	0.027 0	8.543 6	0.117 0	6.002 4	51.282 1
18	4.717 1	0.212 0	41.301 3	0.024 2	8.755 6	0.114 2	6.268 7	54.886 0
19	5.141 7	0.194 5	46.018 5	0.021 7	8.950 1	0.111 7	6.523 6	58.386 8
20	5.604 4	0.178 4	51.160 1	0.019 5	9.128 5	0.109 5	6.767 4	61.777 0
21	6.108 8	0.163 7	56.764 5	0.017 6	9.292 2	0.107 6	7.000 6	65.050 9
22	6.658 6	0.150 2	62.873 3	0.015 9	9.442 4	0.105 9	7.223 2	68.204 8
23	7.257 9	0.137 8	69.531 9	0.014 4	9.580 2	0.104 4	7.435 7	71.235 9
24	7.911 1	0.126 4	76.789 8	0.013 0	9.706 6	0.103 0	7.638 4	74.143 3
25	8.623 1	0.116 0	84.700 9	0.011 8	9.822 6	0.101 8	7.831 6	76.926 5
26	9.399 2	0.106 4	93.324 0	0.010 7	9.929 0	0.100 7	8.015 6	79.586 3
27	10.245 1	0.097 6	102.723 1	0.009 7	10.026 6	0.099 7	8.190 6	82.124 1
28	11.167 1	0.089 5	112.968 2	0.008 9	10.116 1	0.098 9	8.357 1	84.541 9
29	12.172 2	0.082 2	124.135 4	0.008 1	10.198 3	0.098 1	8.515 4	86.842 2
30	13.267 7	0.075 4	136.307 5	0.007 3	10.273 7	0.097 3	8.665 7	89.028 0
31	14.461 8	0.069 1	149.575 2	0.006 7	10.342 8	0.096 7	8.808 3	91.102 4
32	15.763 3	0.063 4	164.037 0	0.006 1	10.406 2	0.096 1	8.943 6	93.069 0

续表

i = 9%								
n	(F/P,i,n)	(P/F,i,n)	(F/A,i,n)	(A/F,i,n)	(P/A,i,n)	(A/P,i,n)	(A/G,i,n)	(P/G,i,n)
33	17.182 0	0.058 2	179.800 3	0.005 6	10.464 4	0.095 6	9.071 8	94.931 4
34	18.728 4	0.053 4	196.982 3	0.005 1	10.517 8	0.095 1	9.193 3	96.693 5
35	20.414 0	0.049 0	215.710 8	0.004 6	10.566 8	0.094 6	9.308 3	98.359 0
40	31.409 4	0.031 8	337.882 4	0.003 0	10.757 4	0.093 0	9.795 7	105.376 2
45	48.327 3	0.020 7	525.858 7	0.001 9	10.881 2	0.091 9	10.160 3	110.556 1
50	74.357 5	0.013 4	815.083 6	0.001 2	10.961 7	0.091 2	10.429 5	114.325 1

i = 10%								
n	(F/P,i,n)	(P/F,i,n)	(F/A,i,n)	(A/F,i,n)	(P/A,i,n)	(A/P,i,n)	(A/G,i,n)	(P/G,i,n)
1	1.100 0	0.909 1	1.000 0	1.000 0	0.909 1	1.100 0	0.000 0	0.000 0
2	1.210 0	0.826 4	2.100 0	0.476 2	1.735 5	0.576 2	0.476 2	0.826 4
3	1.331 0	0.751 3	3.310 0	0.302 1	2.486 9	0.402 1	0.936 6	2.329 1
4	1.464 1	0.683 0	4.641 0	0.215 5	3.169 9	0.315 5	1.381 2	4.378 1
5	1.610 5	0.620 9	6.105 1	0.163 8	3.790 8	0.263 8	1.810 1	6.861 8
6	1.771 6	0.564 5	7.715 6	0.129 6	4.355 3	0.229 6	2.223 6	9.684 2
7	1.948 7	0.513 2	9.487 2	0.105 4	4.868 4	0.205 4	2.621 6	12.763 1
8	2.143 6	0.466 5	11.435 9	0.087 4	5.334 9	0.187 4	3.004 5	16.028 7
9	2.357 9	0.424 1	13.579 5	0.073 6	5.759 0	0.173 6	3.372 4	19.421 5
10	2.593 7	0.385 5	15.937 4	0.062 7	6.144 6	0.162 7	3.725 5	22.891 3
11	2.853 1	0.350 5	18.531 2	0.054 0	6.495 1	0.154 0	4.064 1	26.396 3
12	3.138 4	0.318 6	21.384 3	0.046 8	6.813 7	0.146 8	4.388 4	29.901 2
13	3.452 3	0.289 7	24.522 7	0.040 8	7.103 4	0.140 8	4.698 8	33.377 2
14	3.797 5	0.263 3	27.975 0	0.035 7	7.366 7	0.135 7	4.995 5	36.800 5
15	4.177 2	0.239 4	31.772 5	0.031 5	7.606 1	0.131 5	5.278 9	40.152 0
16	4.595 0	0.217 6	35.949 7	0.027 8	7.823 7	0.127 8	5.549 3	43.416 4
17	5.054 5	0.197 8	40.544 7	0.024 7	8.021 6	0.124 7	5.807 1	46.581 9
18	5.559 9	0.179 9	45.599 2	0.021 9	8.201 4	0.121 9	6.052 6	49.639 5
19	6.115 9	0.163 5	51.159 1	0.019 5	8.364 9	0.119 5	6.286 1	52.582 7

续表

$i=10\%$								
n	$(F/P,i,n)$	$(P/F,i,n)$	$(F/A,i,n)$	$(A/F,i,n)$	$(P/A,i,n)$	$(A/P,i,n)$	$(A/G,i,n)$	$(P/G,i,n)$
20	6.727 5	0.148 6	57.275 0	0.017 5	8.513 6	0.117 5	6.508 1	55.406 9
21	7.400 2	0.135 1	64.002 5	0.015 6	8.648 7	0.115 6	6.718 9	58.109 5
22	8.140 3	0.122 8	71.402 7	0.014 0	8.771 5	0.114 0	6.918 9	60.689 3
23	8.954 3	0.111 7	79.543 0	0.012 6	8.883 2	0.112 6	7.108 5	63.146 2
24	9.849 7	0.101 5	88.497 3	0.011 3	8.984 7	0.111 3	7.288 1	65.481 3
25	10.834 7	0.092 3	98.347 1	0.010 2	9.077 0	0.110 2	7.458 0	67.696 4
26	11.918 2	0.083 9	109.181 8	0.009 2	9.160 9	0.109 2	7.618 6	69.794 0
27	13.110 0	0.076 3	121.099 9	0.008 3	9.237 2	0.108 3	7.770 4	71.777 3
28	14.421 0	0.069 3	134.209 9	0.007 5	9.306 6	0.107 5	7.913 7	73.649 5
29	15.863 1	0.063 0	148.630 9	0.006 7	9.369 6	0.106 7	8.048 9	75.414 6
30	17.449 4	0.057 3	164.494 0	0.006 1	9.426 9	0.106 1	8.176 2	77.076 6
31	19.194 3	0.052 1	181.943 4	0.005 5	9.479 0	0.105 5	8.296 2	78.639 5
32	21.113 8	0.047 4	201.137 8	0.005 0	9.526 4	0.105 0	8.409 1	80.107 8
33	23.225 2	0.043 1	222.251 5	0.004 5	9.569 4	0.104 5	8.515 2	81.485 6
34	25.547 7	0.039 1	245.476 7	0.004 1	9.608 6	0.104 1	8.614 9	82.777 3
35	28.102 4	0.035 6	271.024 4	0.003 7	9.644 2	0.103 7	8.708 6	83.987 2
40	45.259 3	0.022 1	442.592 6	0.002 3	9.779 1	0.102 3	9.096 2	88.952 5
45	72.890 5	0.013 7	718.904 8	0.001 4	9.862 8	0.101 4	9.374 0	92.454 4
50	117.390 9	0.008 5	1 163.908 5	0.000 9	9.914 8	0.100 9	9.570 4	94.888 9

$i=12\%$								
n	$(F/P,i,n)$	$(P/F,i,n)$	$(F/A,i,n)$	$(A/F,i,n)$	$(P/A,i,n)$	$(A/P,i,n)$	$(A/G,i,n)$	$(P/G,i,n)$
1	1.120 0	0.892 9	1.000 0	1.000 0	0.892 9	1.120 0	0.000 0	0.000 0
2	1.254 4	0.797 2	2.120 0	0.471 7	1.690 1	0.591 7	0.471 7	0.797 2
3	1.404 9	0.711 8	3.374 4	0.296 3	2.401 8	0.416 3	0.924 6	2.220 8
4	1.573 5	0.635 5	4.779 3	0.209 2	3.037 3	0.329 2	1.358 9	4.127 3
5	1.762 3	0.567 4	6.352 8	0.157 4	3.604 8	0.277 4	1.774 6	6.397 0
6	1.973 8	0.506 6	8.115 2	0.123 2	4.111 4	0.243 2	2.172 0	8.930 2

续表

i = 12%								
n	(F/P,i,n)	(P/F,i,n)	(F/A,i,n)	(A/F,i,n)	(P/A,i,n)	(A/P,i,n)	(A/G,i,n)	(P/G,i,n)
7	2.210 7	0.452 3	10.089 0	0.099 1	4.563 8	0.219 1	2.551 5	11.644 3
8	2.476 0	0.403 9	12.299 7	0.081 3	4.967 6	0.201 3	2.913 1	14.471 4
9	2.773 1	0.360 6	14.775 7	0.067 7	5.328 2	0.187 7	3.257 4	17.356 3
10	3.105 8	0.322 0	17.548 7	0.057 0	5.650 2	0.177 0	3.584 7	20.254 1
11	3.478 5	0.287 5	20.654 6	0.048 4	5.937 7	0.168 4	3.895 3	23.128 8
12	3.896 0	0.256 7	24.133 1	0.041 4	6.194 4	0.161 4	4.189 7	25.952 3
13	4.363 5	0.229 2	28.029 1	0.035 7	6.423 5	0.155 7	4.468 3	28.702 4
14	4.887 1	0.204 6	32.392 6	0.030 9	6.628 2	0.150 9	4.731 7	31.362 4
15	5.473 6	0.182 7	37.279 7	0.026 8	6.810 9	0.146 8	4.980 3	33.920 2
16	6.130 4	0.163 1	42.753 3	0.023 4	6.974 0	0.143 4	5.214 7	36.367 0
17	6.866 0	0.145 6	48.883 7	0.020 5	7.119 6	0.140 5	5.435 3	38.697 3
18	7.690 0	0.130 0	55.749 7	0.017 9	7.249 7	0.137 9	5.642 7	40.908 0
19	8.612 8	0.116 1	63.439 7	0.015 8	7.365 8	0.135 8	5.837 5	42.997 9
20	9.646 3	0.103 7	72.052 4	0.013 9	7.469 4	0.133 9	6.020 2	44.967 6
21	10.803 8	0.092 6	81.698 7	0.012 2	7.562 0	0.132 2	6.191 3	46.818 8
22	12.100 3	0.082 6	92.502 6	0.010 8	7.644 6	0.130 8	6.351 4	48.554 3
23	13.552 3	0.073 8	104.602 9	0.009 6	7.718 4	0.129 6	6.501 0	50.177 6
24	15.178 6	0.065 9	118.155 2	0.008 5	7.784 3	0.128 5	6.640 6	51.692 9
25	17.000 1	0.058 8	133.333 9	0.007 5	7.843 1	0.127 5	6.770 8	53.104 6
26	19.040 1	0.052 5	150.333 9	0.006 7	7.895 7	0.126 7	6.892 1	54.417 7
27	21.324 9	0.046 9	169.374 0	0.005 9	7.942 6	0.125 9	7.004 9	55.636 9
28	23.883 9	0.041 9	190.698 9	0.005 2	7.984 4	0.125 2	7.109 8	56.767 4
29	26.749 9	0.037 4	214.582 8	0.004 7	8.021 8	0.124 7	7.207 1	57.814 1
30	29.959 9	0.033 4	241.332 7	0.004 1	8.055 2	0.124 1	7.297 4	58.782 1
31	33.555 1	0.029 8	271.292 6	0.003 7	8.085 0	0.123 7	7.381 1	59.676 1
32	37.581 7	0.026 6	304.847 7	0.003 3	8.111 6	0.123 3	7.458 6	60.501 0
33	42.091 5	0.023 8	342.429 4	0.002 9	8.135 4	0.122 9	7.530 2	61.261 2
34	47.142 5	0.021 2	384.521 0	0.002 6	8.156 6	0.122 6	7.596 5	61.961 2

续表

i = 12%								
n	(F/P,i,n)	(P/F,i,n)	(F/A,i,n)	(A/F,i,n)	(P/A,i,n)	(A/P,i,n)	(A/G,i,n)	(P/G,i,n)
35	52.799 6	0.018 9	431.663 5	0.002 3	8.175 5	0.122 3	7.657 7	62.605 2
40	93.051 0	0.010 7	767.091 4	0.001 3	8.243 8	0.121 3	7.898 8	65.115 9
45	163.987 6	0.006 1	1 358.230 0	0.000 7	8.282 5	0.120 7	8.057 2	66.734 2
50	289.002 2	0.003 5	2 400.018 2	0.000 4	8.304 5	0.120 4	8.159 7	67.762 4

i = 15%								
n	(F/P,i,n)	(P/F,i,n)	(F/A,i,n)	(A/F,i,n)	(P/A,i,n)	(A/P,i,n)	(A/G,i,n)	(P/G,i,n)
1	1.150 0	0.869 6	1.000 0	1.000 0	0.869 6	1.150 0	0.000 0	0.000 0
2	1.322 5	0.756 1	2.150 0	0.465 1	1.625 7	0.615 1	0.465 1	0.756 1
3	1.520 9	0.657 5	3.472 5	0.288 0	2.283 2	0.438 0	0.907 1	2.071 2
4	1.749 0	0.571 8	4.993 4	0.200 3	2.855 0	0.350 3	1.326 3	3.786 4
5	2.011 4	0.497 2	6.742 4	0.148 3	3.352 2	0.298 3	1.722 8	5.775 1
6	2.313 1	0.432 3	8.753 7	0.114 2	3.784 5	0.264 2	2.097 2	7.936 8
7	2.660 0	0.375 9	11.066 8	0.090 4	4.160 4	0.240 4	2.449 8	10.192 4
8	3.059 0	0.326 9	13.726 8	0.072 9	4.487 3	0.222 9	2.781 3	12.480 7
9	3.517 9	0.284 3	16.785 8	0.059 6	4.771 6	0.209 6	3.092 2	14.754 8
10	4.045 6	0.247 2	20.303 7	0.049 3	5.018 8	0.199 3	3.383 2	16.979 5
11	4.652 4	0.214 9	24.349 3	0.041 1	5.233 7	0.191 1	3.654 9	19.128 9
12	5.350 3	0.186 9	29.001 7	0.034 5	5.420 6	0.184 5	3.908 2	21.184 9
13	6.152 8	0.162 5	34.351 9	0.029 1	5.583 1	0.179 1	4.143 8	23.135 2
14	7.075 7	0.141 3	40.504 7	0.024 7	5.724 5	0.174 7	4.362 4	24.972 5
15	8.137 1	0.122 9	47.580 4	0.021 0	5.847 4	0.171 0	4.565 0	26.693 0
16	9.357 6	0.106 9	55.717 5	0.017 9	5.954 2	0.167 9	4.752 2	28.296 0
17	10.761 3	0.092 9	65.075 1	0.015 4	6.047 2	0.165 4	4.925 1	29.782 8
18	12.375 5	0.080 8	75.836 4	0.013 2	6.128 0	0.163 2	5.084 3	31.156 5
19	14.231 8	0.070 3	88.211 8	0.011 3	6.198 2	0.161 3	5.230 7	32.421 3
20	16.366 5	0.061 1	102.443 6	0.009 8	6.259 3	0.159 8	5.365 1	33.582 2
21	18.821 5	0.053 1	118.810 1	0.008 4	6.312 5	0.158 4	5.488 3	34.644 8

续表

i=15%								
n	(F/P,i,n)	(P/F,i,n)	(F/A,i,n)	(A/F,i,n)	(P/A,i,n)	(A/P,i,n)	(A/G,i,n)	(P/G,i,n)
22	21.644 7	0.046 2	137.631 6	0.007 3	6.358 7	0.157 3	5.601 0	35.615 0
23	24.891 5	0.040 2	159.276 4	0.006 3	6.398 8	0.156 3	5.704 0	36.498 8
24	28.625 2	0.034 9	184.167 8	0.005 4	6.433 8	0.155 4	5.797 9	37.302 3
25	32.919 0	0.030 4	212.793 0	0.004 7	6.464 1	0.154 7	5.883 4	38.031 4
26	37.856 8	0.026 4	245.712 0	0.004 1	6.490 6	0.154 1	5.961 2	38.691 8
27	43.535 3	0.023 0	283.568 8	0.003 5	6.513 5	0.153 5	6.031 9	39.289 0
28	50.065 6	0.020 0	327.104 1	0.003 1	6.533 5	0.153 1	6.096 0	39.828 3
29	57.575 5	0.017 4	377.169 7	0.002 7	6.550 9	0.152 7	6.154 1	40.314 6
30	66.211 8	0.015 1	434.745 1	0.002 3	6.566 0	0.152 3	6.206 6	40.752 6
31	76.143 5	0.013 1	500.956 9	0.002 0	6.579 1	0.152 0	6.254 1	41.146 6
32	87.565 1	0.011 4	577.100 5	0.001 7	6.590 5	0.151 7	6.297 0	41.500 6
33	100.699 8	0.009 9	664.665 5	0.001 5	6.600 5	0.151 5	6.335 7	41.818 4
34	115.804 8	0.008 6	765.365 4	0.001 3	6.609 1	0.151 3	6.370 5	42.103 3
35	133.175 5	0.007 5	881.170 2	0.001 1	6.616 6	0.151 1	6.401 9	42.358 6
40	267.863 5	0.003 7	1 779.090 3	0.000 6	6.641 8	0.150 6	6.516 8	43.283 0
45	538.769 3	0.001 9	3 585.128 5	0.000 3	6.654 3	0.150 3	6.583 0	43.805 1
50	1 083.657 4	0.000 9	7 217.716 3	0.000 1	6.660 5	0.150 1	6.620 5	44.095 8

i=18%								
n	(F/P,i,n)	(P/F,i,n)	(F/A,i,n)	(A/F,i,n)	(P/A,i,n)	(A/P,i,n)	(A/G,i,n)	(P/G,i,n)
1	1.180 0	0.847 5	1.000 0	1.000 0	0.847 5	1.180 0	0.000 0	0.000 0
2	1.392 4	0.718 2	2.180 0	0.458 7	1.565 6	0.638 7	0.458 7	0.718 2
3	1.643 0	0.608 6	3.572 4	0.279 9	2.174 3	0.459 9	0.890 2	1.935 4
4	1.938 8	0.515 8	5.215 4	0.191 7	2.690 1	0.371 7	1.294 7	3.482 8
5	2.287 8	0.437 1	7.154 2	0.139 8	3.127 2	0.319 8	1.672 8	5.231 2
6	2.699 6	0.370 4	9.442 0	0.105 9	3.497 6	0.285 9	2.025 2	7.083 4
7	3.185 5	0.313 9	12.141 5	0.082 4	3.811 5	0.262 4	2.352 6	8.967 0
8	3.758 9	0.266 0	15.327 0	0.065 2	4.077 6	0.245 2	2.655 8	10.829 2

续表

i = 18%								
n	(F/P,i,n)	(P/F,i,n)	(F/A,i,n)	(A/F,i,n)	(P/A,i,n)	(A/P,i,n)	(A/G,i,n)	(P/G,i,n)
9	4.435 5	0.225 5	19.085 9	0.052 4	4.303 0	0.232 4	2.935 8	12.632 9
10	5.233 8	0.191 1	23.521 3	0.042 5	4.494 1	0.222 5	3.193 6	14.352 5
11	6.175 9	0.161 9	28.755 1	0.034 8	4.656 0	0.214 8	3.430 3	15.971 6
12	7.287 6	0.137 2	34.931 1	0.028 6	4.793 2	0.208 6	3.647 0	17.481 1
13	8.599 4	0.116 3	42.218 7	0.023 7	4.909 5	0.203 7	3.844 9	18.876 5
14	10.147 2	0.098 5	50.818 0	0.019 7	5.008 1	0.199 7	4.025 0	20.157 6
15	11.973 7	0.083 5	60.965 3	0.016 4	5.091 6	0.196 4	4.188 7	21.326 9
16	14.129 0	0.070 8	72.939 0	0.013 7	5.162 4	0.193 7	4.336 9	22.388 5
17	16.672 2	0.060 0	87.068 0	0.011 5	5.222 3	0.191 5	4.470 8	23.348 2
18	19.673 3	0.050 8	103.740 3	0.009 6	5.273 2	0.189 6	4.591 6	24.212 3
19	23.214 4	0.043 1	123.413 5	0.008 1	5.316 2	0.188 1	4.700 3	24.987 7
20	27.393 0	0.036 5	146.628 0	0.006 8	5.352 7	0.186 8	4.797 8	25.681 3
21	32.323 8	0.030 9	174.021 0	0.005 7	5.383 7	0.185 7	4.885 1	26.300 0
22	38.142 1	0.026 2	206.344 8	0.004 8	5.409 9	0.184 8	4.963 2	26.850 6
23	45.007 6	0.022 2	244.486 8	0.004 1	5.432 1	0.184 1	5.032 9	27.339 4
24	53.109 0	0.018 8	289.494 5	0.003 5	5.450 9	0.183 5	5.095 0	27.772 5
25	62.668 6	0.016 0	342.603 5	0.002 9	5.466 9	0.182 9	5.150 2	28.155 5
26	73.949 0	0.013 5	405.272 1	0.002 5	5.480 4	0.182 5	5.199 1	28.493 5
27	87.259 8	0.011 5	479.221 1	0.002 1	5.491 9	0.182 1	5.242 5	28.791 5
28	102.966 6	0.009 7	566.480 9	0.001 8	5.501 6	0.181 8	5.281 0	29.053 7
29	121.500 5	0.008 2	669.447 5	0.001 5	5.509 8	0.181 5	5.314 9	29.284 2
30	143.370 6	0.007 0	790.948 0	0.001 3	5.516 8	0.181 3	5.344 8	29.486 4
31	169.177 4	0.005 9	934.318 6	0.001 1	5.522 7	0.181 1	5.371 2	29.663 8
32	199.629 3	0.005 0	1 103.496 0	0.000 9	5.527 7	0.180 9	5.394 5	29.819 1
33	235.562 5	0.004 2	1 303.125 3	0.000 8	5.532 0	0.180 8	5.414 9	29.954 9
34	277.9638	0.003 6	1 538.687 8	0.000 6	5.535 6	0.180 6	5.432 8	30.073 6
35	327.997 3	0.003 0	1 816.651 6	0.000 6	5.538 6	0.180 6	5.448 5	30.177 3
40	750.378 3	0.001 3	4 163.213 0	0.000 2	5.548 2	0.180 2	5.502 2	30.526 9

续表

i=18%								
n	(F/P,i,n)	(P/F,i,n)	(F/A,i,n)	(A/F,i,n)	(P/A,i,n)	(A/P,i,n)	(A/G,i,n)	(P/G,i,n)
45	1 716.683 9	0.000 6	9 531.577 1	0.000 1	5.552 3	0.180 1	5.529 3	30.700 6
50	3 927.356 9	0.000 3	21 813.093 7	0.000 0	5.554 1	0.180 0	5.542 8	30.785 6

i=20%								
n	(F/P,i,n)	(P/F,i,n)	(F/A,i,n)	(A/F,i,n)	(P/A,i,n)	(A/P,i,n)	(A/G,i,n)	(P/G,i,n)
1	1.200 0	0.833 3	1.000 0	1.000 0	0.833 3	1.200 0	0.000 0	0.000 0
2	1.440 0	0.694 4	2.200 0	0.454 5	1.527 8	0.654 5	0.454 5	0.694 4
3	1.728 0	0.578 7	3.640 0	0.274 7	2.106 5	0.474 7	0.879 1	1.851 9
4	2.073 6	0.482 3	5.368 0	0.186 3	2.588 7	0.386 3	1.274 2	3.298 6
5	2.488 3	0.401 9	7.441 6	0.134 4	2.990 6	0.334 4	1.640 5	4.906 1
6	2.986 0	0.334 9	9.929 9	0.100 7	3.325 5	0.300 7	1.978 8	6.580 6
7	3.583 2	0.279 1	12.915 9	0.077 4	3.604 6	0.277 4	2.290 2	8.255 1
8	4.299 8	0.232 6	16.499 1	0.060 6	3.837 2	0.260 6	2.575 6	9.883 1
9	5.159 8	0.193 8	20.798 9	0.048 1	4.031 0	0.248 1	2.836 4	11.433 5
10	6.191 7	0.161 5	25.958 7	0.038 5	4.192 5	0.238 5	3.073 9	12.887 1
11	7.430 1	0.134 6	32.150 4	0.031 1	4.327 1	0.231 1	3.289 3	14.233 0
12	8.916 1	0.112 2	39.580 5	0.025 3	4.439 2	0.225 3	3.484 1	15.466 7
13	10.699 3	0.093 5	48.496 6	0.020 6	4.532 7	0.220 6	3.659 7	16.588 3
14	12.839 2	0.077 9	59.195 9	0.016 9	4.610 6	0.216 9	3.817 5	17.600 8
15	15.407 0	0.064 9	72.035 1	0.013 9	4.675 5	0.213 9	3.958 8	18.509 5
16	18.488 4	0.054 1	87.442 1	0.011 4	4.729 6	0.211 4	4.085 1	19.320 8
17	22.186 1	0.045 1	105.930 6	0.009 4	4.774 6	0.209 4	4.197 6	20.041 9
18	26.623 3	0.037 6	128.116 7	0.007 8	4.812 2	0.207 8	4.297 5	20.680 5
19	31.948 0	0.031 3	154.740 0	0.006 5	4.843 5	0.206 5	4.386 1	21.243 9
20	38.337 6	0.026 1	186.688 0	0.005 4	4.869 6	0.205 4	4.464 3	21.739 5
21	46.005 1	0.021 7	225.025 6	0.004 4	4.891 3	0.204 4	4.533 4	22.174 2
22	55.206 1	0.018 1	271.030 7	0.003 7	4.909 4	0.203 7	4.594 1	22.554 6
23	66.247 4	0.015 1	326.236 9	0.003 1	4.924 5	0.203 1	4.647 5	22.886 7

续表

i = 20%								
n	(F/P,i,n)	(P/F,i,n)	(F/A,i,n)	(A/F,i,n)	(P/A,i,n)	(A/P,i,n)	(A/G,i,n)	(P/G,i,n)
24	79.496 8	0.012 6	392.484 2	0.002 5	4.937 1	0.202 5	4.694 3	23.176 0
25	95.396 2	0.010 5	471.981 1	0.002 1	4.947 6	0.202 1	4.735 2	23.427 6
26	114.475 5	0.008 7	567.377 3	0.001 8	4.956 3	0.201 8	4.770 9	23.646 0
27	137.370 6	0.007 3	681.852 8	0.001 5	4.963 6	0.201 5	4.802 0	23.835 3
28	164.844 7	0.006 1	819.223 3	0.001 2	4.969 7	0.201 2	4.829 1	23.999 1
29	197.813 6	0.005 1	984.068 0	0.001 0	4.974 7	0.201 0	4.852 7	24.140 6
30	237.376 3	0.004 2	1 181.881 6	0.000 8	4.978 9	0.200 8	4.873 1	24.262 8
31	284.851 6	0.003 5	1 419.257 9	0.000 7	4.982 4	0.200 7	4.890 8	24.368 1
32	341.821 9	0.002 9	1 704.109 5	0.000 6	4.985 4	0.200 6	4.906 1	24.458 8
33	410.186 3	0.002 4	2 045.931 4	0.000 5	4.987 8	0.200 5	4.919 4	24.536 8
34	492.223 5	0.002 0	2 456.117 6	0.000 4	4.989 8	0.200 4	4.930 8	24.603 8
35	590.668 2	0.001 7	2 948.341 1	0.000 3	4.991 5	0.200 3	4.940 6	24.661 4
40	1 469.771 6	0.000 7	7 343.857 8	0.000 1	4.996 6	0.200 1	4.972 8	24.846 9
45	3 657.262 0	0.000 3	18 281.309 9	0.000 1	4.998 6	0.200 1	4.987 7	24.931 6
50	9 100.438 2	0.000 1	45 497.190 8	0.000 0	4.999 5	0.200 0	4.994 5	24.969 8

i = 25%								
n	(F/P,i,n)	(P/F,i,n)	(F/A,i,n)	(A/F,i,n)	(P/A,i,n)	(A/P,i,n)	(A/G,i,n)	(P/G,i,n)
1	1.250 0	0.800 0	1.000 0	1.000 0	0.800 0	1.250 0	0.000 0	0.000 0
2	1.562 5	0.640 0	2.250 0	0.444 4	1.440 0	0.694 4	0.444 4	0.640 0
3	1.953 1	0.512 0	3.812 5	0.262 3	1.952 0	0.512 3	0.852 5	1.664 0
4	2.441 4	0.409 6	5.765 6	0.173 4	2.361 6	0.423 4	1.224 9	2.892 8
5	3.051 8	0.327 7	8.207 0	0.121 8	2.689 3	0.371 8	1.563 1	4.203 5
6	3.814 7	0.262 1	11.258 8	0.088 8	2.951 4	0.338 8	1.868 3	5.514 2
7	4.768 4	0.209 7	15.073 5	0.066 3	3.161 1	0.316 3	2.142 4	6.772 5
8	5.960 5	0.167 8	19.841 9	0.050 4	3.328 9	0.300 4	2.387 2	7.946 9
9	7.450 6	0.134 2	25.802 3	0.038 8	3.463 1	0.288 8	2.604 8	9.020 7
10	9.313 2	0.107 4	33.252 9	0.030 1	3.570 5	0.280 1	2.797 1	9.987 0

续表

i=25%								
n	(F/P,i,n)	(P/F,i,n)	(F/A,i,n)	(A/F,i,n)	(P/A,i,n)	(A/P,i,n)	(A/G,i,n)	(P/G,i,n)
11	11.641 5	0.085 9	42.566 1	0.023 5	3.656 4	0.273 5	2.966 3	10.846 0
12	14.551 9	0.068 7	54.207 7	0.018 4	3.725 1	0.268 4	3.114 5	11.602 0
13	18.189 9	0.055 0	68.759 6	0.014 5	3.780 1	0.264 5	3.243 7	12.261 7
14	22.737 4	0.044 0	86.949 5	0.011 5	3.824 1	0.261 5	3.355 9	12.833 4
15	28.421 7	0.035 2	109.686 8	0.009 1	3.859 3	0.259 1	3.453 0	13.326 0
16	35.527 1	0.028 1	138.108 5	0.007 2	3.887 4	0.257 2	3.536 6	13.748 2
17	44.408 9	0.022 5	173.635 7	0.005 8	3.909 9	0.255 8	3.608 4	14.108 5
18	55.511 2	0.018 0	218.044 6	0.004 6	3.927 9	0.254 6	3.669 8	14.414 7
19	69.388 9	0.014 4	273.555 8	0.003 7	3.942 4	0.253 7	3.722 2	14.674 1
20	86.736 2	0.011 5	342.944 7	0.002 9	3.953 9	0.252 9	3.766 7	14.893 2
21	108.420 2	0.009 2	429.680 9	0.002 3	3.963 1	0.252 3	3.804 5	15.077 7
22	135.525 3	0.007 4	538.101 1	0.001 9	3.970 5	0.251 9	3.836 5	15.232 6
23	169.406 6	0.005 9	673.626 4	0.001 5	3.976 4	0.251 5	3.863 4	15.362 5
24	211.758 2	0.004 7	843.032 9	0.001 2	3.981 1	0.251 2	3.886 1	15.471 1
25	264.697 8	0.003 8	1 054.791 2	0.000 9	3.984 9	0.250 9	3.905 2	15.561 8
26	330.872 2	0.003 0	1 319.489 0	0.000 8	3.987 9	0.250 8	3.921 2	15.637 3
27	413.590 3	0.002 4	1 650.361 2	0.000 6	3.990 3	0.250 6	3.934 6	15.700 2
28	516.987 9	0.001 9	2 063.951 5	0.000 5	3.992 3	0.250 5	3.945 7	15.752 4
29	646.234 9	0.001 5	2 580.939 4	0.000 4	3.993 8	0.250 4	3.955 1	15.795 7
30	807.793 6	0.001 2	3 227.174 3	0.000 3	3.995 0	0.250 3	3.962 8	15.831 6
31	1 009.742 0	0.001 0	4 034.967 8	0.000 2	3.996 0	0.250 2	3.969 3	15.861 4
32	1 262.177 4	0.000 8	5 044.709 8	0.000 2	3.996 8	0.250 2	3.974 6	15.885 9
33	1 577.721 8	0.000 6	6 306.887 2	0.000 2	3.997 5	0.250 2	3.979 1	15.906 2
34	1 972.152 3	0.000 5	7 884.609 1	0.000 1	3.998 0	0.250 1	3.982 8	15.922 9
35	2 465.190 3	0.000 4	9 856.761 3	0.000 1	3.998 4	0.250 1	3.985 8	15.936 7
40	7 523.163 8	0.000 1	30 088.655 4	0.000 0	3.999 5	0.250 0	3.994 7	15.976 6
45	22 958.874 0	0.000 0	91 831.496 2	0.000 0	3.999 8	0.250 0	3.998 0	15.991 5
50	70 064.923 2	0.000 0	280 255.692 9	0.000 0	3.999 9	0.250 0	3.999 3	15.996 9

i = 30%								
n	(F/P,i,n)	(P/F,i,n)	(F/A,i,n)	(A/F,i,n)	(P/A,i,n)	(A/P,i,n)	(A/G,i,n)	(P/G,i,n)
1	1.300 0	0.769 2	1.000 0	1.000 0	0.769 2	1.300 0	0.000 0	0.000 0
2	1.690 0	0.591 7	2.300 0	0.434 8	1.360 9	0.734 8	0.434 8	0.591 7
3	2.197 0	0.455 2	3.990 0	0.250 6	1.816 1	0.550 6	0.827 1	1.502 0
4	2.856 1	0.350 1	6.187 0	0.161 6	2.166 2	0.461 6	1.178 3	2.552 4
5	3.712 9	0.269 3	9.043 1	0.110 6	2.435 6	0.410 6	1.490 3	3.629 7
6	4.826 8	0.207 2	12.756 0	0.078 4	2.642 7	0.378 4	1.765 4	4.665 6
7	6.274 9	0.159 4	17.582 8	0.056 9	2.802 1	0.356 9	2.006 3	5.621 8
8	8.157 3	0.122 6	23.857 7	0.041 9	2.924 7	0.341 9	2.215 6	6.480 0
9	10.604 5	0.094 3	32.015 0	0.031 2	3.019 0	0.331 2	2.396 3	7.234 3
10	13.785 8	0.072 5	42.619 5	0.023 5	3.091 5	0.323 5	2.551 2	7.887 2
11	17.921 6	0.055 8	56.405 3	0.017 7	3.147 3	0.317 7	2.683 3	8.445 2
12	23.298 1	0.042 9	74.327 0	0.013 5	3.190 3	0.313 5	2.795 2	8.917 3
13	30.287 5	0.033 0	97.625 0	0.010 2	3.223 3	0.310 2	2.889 5	9.313 5
14	39.373 8	0.025 4	127.912 5	0.007 8	3.248 7	0.307 8	2.968 5	9.643 7
15	51.185 9	0.019 5	167.286 3	0.006 0	3.268 2	0.306 0	3.034 4	9.917 2
16	66.541 7	0.015 0	218.472 2	0.004 6	3.283 2	0.304 6	3.089 2	10.142 6
17	86.504 2	0.011 6	285.013 9	0.003 5	3.294 8	0.303 5	3.134 5	10.327 6
18	112.455 4	0.008 9	371.518 0	0.002 7	3.303 7	0.302 7	3.171 8	10.478 8
19	146.192 0	0.006 8	483.973 4	0.002 1	3.310 5	0.302 1	3.202 5	10.601 9
20	190.049 6	0.005 3	630.165 5	0.001 6	3.315 8	0.301 6	3.227 5	10.701 9
21	247.064 5	0.004 0	820.215 1	0.001 2	3.319 8	0.301 2	3.248 0	10.782 8
22	321.183 9	0.003 1	1 067.279 6	0.000 9	3.323 0	0.300 9	3.264 6	10.848 2
23	417.539 1	0.002 4	1 388.463 5	0.000 7	3.325 4	0.300 7	3.278 1	10.900 9
24	542.800 8	0.001 8	1 806.002 6	0.000 6	3.327 2	0.300 6	3.289 0	10.943 3
25	705.641 0	0.001 4	2 348.803 3	0.000 4	3.328 6	0.300 4	3.297 9	10.977 3
26	917.333 3	0.001 1	3 054.444 3	0.000 3	3.329 7	0.300 3	3.305 0	11.004 5
27	1 192.533 3	0.000 8	3 971.777 6	0.000 3	3.330 5	0.300 3	3.310 7	11.026 3
28	1 550.293 3	0.000 6	5 164.310 9	0.000 2	3.331 2	0.300 2	3.315 3	11.043 7

续表

i = 30%								
n	(F/P,i,n)	(P/F,i,n)	(F/A,i,n)	(A/F,i,n)	(P/A,i,n)	(A/P,i,n)	(A/G,i,n)	(P/G,i,n)
29	2 015.381 3	0.000 5	6 714.604 2	0.000 1	3.331 7	0.300 1	3.318 9	11.057 6
30	2 619.995 6	0.000 4	8 729.985 5	0.000 1	3.332 1	0.300 1	3.321 9	11.068 7
31	3 405.994 3	0.000 3	11 349.981 1	0.000 1	3.332 4	0.300 1	3.324 2	11.077 5
32	4 427.792 6	0.000 2	14 755.975 5	0.000 1	3.332 6	0.300 1	3.326 1	11.084 5
33	5 756.130 4	0.000 2	19 183.768 1	0.000 1	3.332 8	0.300 1	3.327 6	11.090 1
34	7 482.969 6	0.000 1	24 939.898 5	0.000 0	3.332 9	0.300 0	3.328 8	11.094 5
35	9 727.860 4	0.000 1	32 422.868 1	0.000 0	3.333 0	0.300 0	3.329 7	11.098 0
40	36 118.864 8	0.000 0	120 392.882 7	0.000 0	3.333 2	0.300 0	3.332 2	11.107 1
45	134 106.816 7	0.000 0	447 019.389 0	0.000 0	3.333 3	0.300 0	3.333 0	11.109 9
50	497 929.223 0	0.000 0	1 659 760.743 3	0.000 0	3.333 3	0.300 0	3.333 2	11.110 8

i = 35%								
n	(F/P,i,n)	(P/F,i,n)	(F/A,i,n)	(A/F,i,n)	(P/A,i,n)	(A/P,i,n)	(A/G,i,n)	(P/G,i,n)
1	1.350 0	0.740 7	1.000 0	1.000 0	0.740 7	1.350 0	0.000 0	0.000 0
2	1.822 5	0.548 7	2.350 0	0.425 5	1.289 4	0.775 5	0.425 5	0.548 7
3	2.460 4	0.406 4	4.172 5	0.239 7	1.695 9	0.589 7	0.802 9	1.361 6
4	3.321 5	0.301 1	6.632 9	0.150 8	1.996 9	0.500 8	1.134 1	2.264 8
5	4.484 0	0.223 0	9.954 4	0.100 5	2.220 0	0.450 5	1.422 0	3.156 8
6	6.053 4	0.165 2	14.438 4	0.069 3	2.385 2	0.419 3	1.669 8	3.982 8
7	8.172 2	0.122 4	20.491 9	0.048 8	2.507 5	0.398 8	1.881 1	4.717 0
8	11.032 4	0.090 6	28.664 0	0.034 9	2.598 2	0.384 9	2.059 7	5.351 5
9	14.893 7	0.067 1	39.696 4	0.025 2	2.665 3	0.375 2	2.209 4	5.888 6
10	20.106 6	0.049 7	54.590 2	0.018 3	2.715 0	0.368 3	2.333 8	6.336 3
11	27.143 9	0.036 8	74.696 7	0.013 4	2.751 9	0.363 4	2.436 4	6.704 7
12	36.644 2	0.027 3	101.840 6	0.009 8	2.779 2	0.359 8	2.520 5	7.004 9
13	49.469 7	0.020 2	138.484 8	0.007 2	2.799 4	0.357 2	2.588 9	7.247 4
14	66.784 1	0.015 0	187.954 4	0.005 3	2.814 4	0.355 3	2.644 3	7.442 1
15	90.158 5	0.011 1	254.738 5	0.003 9	2.825 5	0.353 9	2.688 9	7.597 4

续表

i = 35%								
n	(F/P,i,n)	(P/F,i,n)	(F/A,i,n)	(A/F,i,n)	(P/A,i,n)	(A/P,i,n)	(A/G,i,n)	(P/G,i,n)
16	121.713 9	0.008 2	344.897 0	0.002 9	2.833 7	0.352 9	2.724 6	7.720 6
17	164.313 8	0.006 1	466.610 9	0.002 1	2.839 8	0.352 1	2.753 0	7.818 0
18	221.823 6	0.004 5	630.924 7	0.001 6	2.844 3	0.351 6	2.775 6	7.894 6
19	299.461 9	0.003 3	852.748 3	0.001 2	2.847 6	0.351 2	2.793 5	7.954 7
20	404.273 6	0.002 5	1 152.210 3	0.000 9	2.850 1	0.350 9	2.807 5	8.001 7
21	545.769 3	0.001 8	1 556.483 8	0.000 6	2.851 9	0.350 6	2.818 6	8.038 4
22	736.788 6	0.001 4	2 102.253 2	0.000 5	2.853 3	0.350 5	2.827 2	8.066 9
23	994.664 6	0.001 0	2 839.041 8	0.000 4	2.854 3	0.350 4	2.834 0	8.089 0
24	1 342.797 3	0.000 7	3 833.706 4	0.000 3	2.855 0	0.350 3	2.839 3	8.106 1
25	1 812.776 3	0.000 6	5 176.503 7	0.000 2	2.855 6	0.350 2	2.843 3	8.119 4
26	2 447.248 0	0.000 4	6 989.280 0	0.000 1	2.856 0	0.350 1	2.846 5	8.129 6
27	3 303.784 8	0.000 3	9 436.528 0	0.000 1	2.856 3	0.350 1	2.849 0	8.137 4
28	4 460.109 5	0.000 2	12 740.312 8	0.000 1	2.856 5	0.350 1	2.850 9	8.143 5
29	6 021.147 8	0.000 2	17 200.422 2	0.000 1	2.856 7	0.350 1	2.852 3	8.148 1
30	8 128.549 5	0.000 1	23 221.570 0	0.000 0	2.856 8	0.350 0	2.853 5	8.151 7
31	10 973.541 8	0.000 1	31 350.119 5	0.000 0	2.856 9	0.350 0	2.854 3	8.154 5
32	14 814.281 5	0.000 1	42 323.661 3	0.000 0	2.856 9	0.350 0	2.855 0	8.156 5
33	19 999.280 0	0.000 1	57 137.942 8	0.000 0	2.857 0	0.350 0	2.855 5	8.158 1
34	26 999.028 0	0.000 0	77 137.222 8	0.000 0	2.857 0	0.350 0	2.855 9	8.159 4
35	36 448.687 8	0.000 0	104 136.250 8	0.000 0	2.857 1	0.350 0	2.856 2	8.160 3
40	163 437.134 7	0.000 0	466 960.384 8	0.000 0	2.857 1	0.350 0	2.856 9	8.162 5
45	732 857.576 8	0.000 0	2 093 875.933 8	0.000 0	2.857 1	0.350 0	2.857 1	8.163 1

i = 40%								
n	(F/P,i,n)	(P/F,i,n)	(F/A,i,n)	(A/F,i,n)	(P/A,i,n)	(A/P,i,n)	(A/G,i,n)	(P/G,i,n)
1	1.400 0	0.714 3	1.000 0	1.000 0	0.714 3	1.400 0	0.000 0	0.000 0
2	1.960 0	0.510 2	2.400 0	0.416 7	1.224 5	0.816 7	0.416 7	0.510 2
3	2.744 0	0.364 4	4.360 0	0.229 4	1.588 9	0.629 4	0.779 8	1.239 1

续表

i = 40%								
n	$(F/P,i,n)$	$(P/F,i,n)$	$(F/A,i,n)$	$(A/F,i,n)$	$(P/A,i,n)$	$(A/P,i,n)$	$(A/G,i,n)$	$(P/G,i,n)$
4	3.841 6	0.260 3	7.104 0	0.140 8	1.849 2	0.540 8	1.092 3	2.020 0
5	5.378 2	0.185 9	10.945 6	0.091 4	2.035 2	0.491 4	1.358 0	2.763 7
6	7.529 5	0.132 8	16.323 8	0.061 3	2.168 0	0.461 3	1.581 1	3.427 8
7	10.541 4	0.094 9	23.853 4	0.041 9	2.262 8	0.441 9	1.766 4	3.997 0
8	14.757 9	0.067 8	34.394 7	0.029 1	2.330 6	0.429 1	1.918 5	4.471 3
9	20.661 0	0.048 4	49.152 6	0.020 3	2.379 0	0.420 3	2.042 2	4.858 5
10	28.925 5	0.034 6	69.813 7	0.014 3	2.413 6	0.414 3	2.141 9	5.169 6
11	40.495 7	0.024 7	98.739 1	0.010 1	2.438 3	0.410 1	2.221 5	5.416 6
12	56.693 9	0.017 6	139.234 8	0.007 2	2.455 9	0.407 2	2.284 5	5.610 6
13	79.371 5	0.012 6	195.928 7	0.005 1	2.468 5	0.405 1	2.334 1	5.761 8
14	111.120 1	0.009 0	275.300 2	0.003 6	2.477 5	0.403 6	2.372 9	5.878 8
15	155.568 1	0.006 4	386.420 2	0.002 6	2.483 9	0.402 6	2.403 0	5.968 8
16	217.795 3	0.004 6	541.988 3	0.001 8	2.488 5	0.401 8	2.426 2	6.037 6
17	304.913 5	0.003 3	759.783 7	0.001 3	2.491 8	0.401 3	2.444 1	6.090 1
18	426.878 9	0.002 3	1 064.697 1	0.000 9	2.494 1	0.400 9	2.457 7	6.129 9
19	597.630 4	0.001 7	1 491.576 0	0.000 7	2.495 8	0.400 7	2.468 2	6.160 1
20	836.682 6	0.001 2	2 089.206 4	0.000 5	2.497 0	0.400 5	2.476 1	6.182 8
21	1 171.355 6	0.000 9	2 925.888 9	0.000 3	2.497 9	0.400 3	2.482 1	6.199 8
22	1 639.897 8	0.000 6	4 097.244 5	0.000 2	2.498 5	0.400 2	2.486 6	6.212 7
23	2 295.856 9	0.000 4	5 737.142 3	0.000 2	2.498 9	0.400 2	2.490 0	6.222 2
24	3 214.199 7	0.000 3	8 032.999 3	0.000 1	2.499 2	0.400 1	2.492 5	6.229 4
25	4 499.879 6	0.000 2	11 247.199 0	0.000 1	2.499 4	0.400 1	2.494 4	6.234 7
26	6 299.831 4	0.000 2	15 747.078 5	0.000 1	2.499 6	0.400 1	2.495 9	6.238 7
27	8 819.764 0	0.000 1	22 046.909 9	0.000 0	2.499 7	0.400 0	2.496 9	6.241 6
28	12 347.669 6	0.000 1	30 866.673 9	0.000 0	2.499 8	0.400 0	2.497 7	6.243 8
29	17 286.737 4	0.000 1	43 214.343 5	0.000 0	2.499 9	0.400 0	2.498 3	6.245 4
30	24 201.432 4	0.000 0	60 501.080 9	0.000 0	2.499 9	0.400 0	2.498 8	6.246 6
31	33 882.005 3	0.000 0	84 702.513 2	0.000 0	2.499 9	0.400 0	2.499 1	6.247 5

续表

i = 40%								
n	(F/P,i,n)	(P/F,i,n)	(F/A,i,n)	(A/F,i,n)	(P/A,i,n)	(A/P,i,n)	(A/G,i,n)	(P/G,i,n)
32	47 434.807 4	0.000 0	118 584.518 5	0.000 0	2.499 9	0.400 0	2.499 3	6.248 2
33	66 408.730 4	0.000 0	166 019.326 0	0.000 0	2.500 0	0.400 0	2.499 5	6.248 7
34	92 972.222 5	0.000 0	232 428.056 3	0.000 0	2.500 0	0.400 0	2.499 6	6.249 0
35	130 161.111 6	0.000 0	325 400.278 9	0.000 0	2.500 0	0.400 0	2.499 7	6.249 3
40	700 037.696 6	0.000 0	1 750 091.741 5	0.000 0	2.500 0	0.400 0	2.499 9	6.249 8
45	3 764 970.741 3	0.000 0	9 412 424.353 3	0.000 0	2.500 0	0.400 0	2.500 0	6.250 0
50	20 248 916.239 8	0.000 0	50 622 288.099 4	0.000 0	2.500 0	0.400 0	2.500 0	6.250 0

i = 45%								
n	(F/P,i,n)	(P/F,i,n)	(F/A,i,n)	(A/F,i,n)	(P/A,i,n)	(A/P,i,n)	(A/G,i,n)	(P/G,i,n)
1	1.450 0	0.689 7	1.000 0	1.000 0	0.689 7	1.450 0	0.000 0	0.000 0
2	2.102 5	0.475 6	2.450 0	0.408 2	1.165 3	0.858 2	0.408 2	0.475 6
3	3.048 6	0.328 0	4.552 5	0.219 7	1.493 3	0.669 7	0.757 8	1.131 7
4	4.420 5	0.226 2	7.601 1	0.131 6	1.719 5	0.581 6	1.052 8	1.810 3
5	6.409 7	0.156 0	12.021 6	0.083 2	1.875 5	0.533 2	1.298 0	2.434 4
6	9.294 1	0.107 6	18.431 4	0.054 3	1.983 1	0.504 3	1.498 8	2.972 3
7	13.476 5	0.074 2	27.725 5	0.036 1	2.057 3	0.486 1	1.661 2	3.417 6
8	19.540 9	0.051 2	41.201 9	0.024 3	2.108 5	0.474 3	1.790 7	3.775 8
9	28.334 3	0.035 3	60.742 8	0.016 5	2.143 8	0.466 5	1.893 0	4.058 1
10	41.084 7	0.024 3	89.077 1	0.011 2	2.168 1	0.461 2	1.972 8	4.277 2
11	59.572 8	0.016 8	130.161 8	0.007 7	2.184 9	0.457 7	2.034 4	4.445 0
12	86.380 6	0.011 6	189.734 6	0.005 3	2.196 5	0.455 3	2.081 7	4.572 4
13	125.251 8	0.008 0	276.115 1	0.003 6	2.204 5	0.453 6	2.117 6	4.668 2
14	181.615 1	0.005 5	401.367 0	0.002 5	2.210 0	0.452 5	2.144 7	4.739 8
15	263.341 9	0.003 8	582.982 1	0.001 7	2.213 8	0.451 7	2.165 0	4.792 9
16	381.845 8	0.002 6	846.324 0	0.001 2	2.216 4	0.451 2	2.180 2	4.832 2
17	553.676 4	0.001 8	1 228.169 9	0.000 8	2.218 2	0.450 8	2.191 5	4.861 1
18	802.830 8	0.001 2	1 781.846 3	0.000 6	2.219 5	0.450 6	2.199 8	4.882 3

续表

i = 45%								
n	(F/P,i,n)	(P/F,i,n)	(F/A,i,n)	(A/F,i,n)	(P/A,i,n)	(A/P,i,n)	(A/G,i,n)	(P/G,i,n)
19	1 164.104 7	0.000 9	2 584.677 1	0.000 4	2.220 3	0.450 4	2.205 9	4.897 8
20	1 687.951 8	0.000 6	3 748.781 8	0.000 3	2.220 9	0.450 3	2.210 4	4.909 0
21	2 447.530 1	0.000 4	5 436.733 6	0.000 2	2.221 3	0.450 2	2.213 6	4.917 2
22	3 548.918 7	0.000 3	7 884.263 8	0.000 1	2.221 6	0.450 1	2.216 0	4.923 1
23	5 145.932 1	0.000 2	11 433.182 4	0.000 1	2.221 8	0.450 1	2.217 8	4.927 4
24	7 461.601 5	0.000 1	16 579.114 5	0.000 1	2.221 9	0.450 1	2.219 0	4.930 5
25	10 819.322 2	0.000 1	24 040.716 1	0.000 0	2.222 0	0.450 0	2.219 9	4.932 7
26	15 688.017 2	0.000 1	34 860.038 3	0.000 0	2.222 1	0.450 0	2.220 6	4.934 3
27	22 747.625 0	0.000 0	50 548.055 6	0.000 0	2.222 1	0.450 0	2.221 0	4.935 4
28	32 984.056 3	0.000 0	73 295.680 6	0.000 0	2.222 2	0.450 0	2.221 4	4.936 2
29	47 826.881 6	0.000 0	106 279.736 8	0.000 0	2.222 2	0.450 0	2.221 6	4.936 8
30	69 348.978 3	0.000 0	154 106.618 4	0.000 0	2.222 2	0.450 0	2.221 8	4.937 2
31	100 556.018 5	0.000 0	223 455.596 7	0.000 0	2.222 2	0.450 0	2.221 9	4.937 5
32	145 806.226 9	0.000 0	324 011.615 2	0.000 0	2.222 2	0.450 0	2.222 0	4.937 8
33	211 419.028 9	0.000 0	469 817.842 1	0.000 0	2.222 2	0.450 0	2.222 1	4.937 9
34	306 557.592 0	0.000 0	681 236.871 0	0.000 0	2.222 2	0.450 0	2.222 1	4.938 0
35	444 508.508 3	0.000 0	987 794.463 0	0.000 0	2.222 2	0.450 0	2.222 1	4.938 1
40	2 849 181.327 0	0.000 0	6 331 511.837 8	0.000 0	2.222 2	0.450 0	2.222 2	4.938 2
45	18 262 494.602 0	0.000 0	40 583 319.115 5	0.000 0	2.222 2	0.450 0	2.222 2	4.938 3
50	117 057 733.716 6	0.000 0	260 128 294.925 7	0.000 0	2.222 2	0.450 0	2.222 2	4.938 3

i = 50%								
n	(F/P,i,n)	(P/F,i,n)	(F/A,i,n)	(A/F,i,n)	(P/A,i,n)	(A/P,i,n)	(A/G,i,n)	(P/G,i,n)
1	1.500 0	0.666 7	1.000 0	1.000 0	0.666 7	1.500 0	0.000 0	0.000 0
2	2.250 0	0.444 4	2.500 0	0.400 0	1.111 1	0.900 0	0.400 0	0.444 4
3	3.375 0	0.296 3	4.750 0	0.210 5	1.407 4	0.710 5	0.736 8	1.037 0
4	5.062 5	0.197 5	8.125 0	0.123 1	1.604 9	0.623 1	1.015 4	1.629 6
5	7.593 8	0.131 7	13.187 5	0.075 8	1.736 6	0.575 8	1.241 7	2.156 4

续表

i=50%								
n	(F/P,i,n)	(P/F,i,n)	(F/A,i,n)	(A/F,i,n)	(P/A,i,n)	(A/P,i,n)	(A/G,i,n)	(P/G,i,n)
6	11.390 6	0.087 8	20.781 3	0.048 1	1.824 4	0.548 1	1.422 6	2.595 3
7	17.085 9	0.058 5	32.171 9	0.031 1	1.882 9	0.531 1	1.564 8	2.946 5
8	25.628 9	0.039 0	49.257 8	0.020 3	1.922 0	0.520 3	1.675 2	3.219 6
9	38.443 4	0.026 0	74.886 7	0.013 4	1.948 0	0.513 4	1.759 6	3.427 7
10	57.665 0	0.017 3	113.330 1	0.008 8	1.965 3	0.508 8	1.823 5	3.583 8
11	86.497 6	0.011 6	170.995 1	0.005 8	1.976 9	0.505 8	1.871 3	3.699 4
12	129.746 3	0.007 7	257.492 7	0.003 9	1.984 6	0.503 9	1.906 8	3.784 2
13	194.619 5	0.005 1	387.239 0	0.002 6	1.989 7	0.502 6	1.932 9	3.845 9
14	291.929 3	0.003 4	581.858 5	0.001 7	1.993 1	0.501 7	1.951 9	3.890 4
15	437.893 9	0.002 3	873.787 8	0.001 1	1.995 4	0.501 1	1.965 7	3.922 4
16	656.840 8	0.001 5	1 311.681 7	0.000 8	1.997 0	0.500 8	1.975 6	3.945 2
17	985.261 3	0.001 0	1 968.522 5	0.000 5	1.998 0	0.500 5	1.982 7	3.961 4
18	1 477.891 9	0.000 7	2 953.783 8	0.000 3	1.998 6	0.500 3	1.987 8	3.972 9
19	2 216.837 8	0.000 5	4 431.675 6	0.000 2	1.999 1	0.500 2	1.991 4	3.981 1
20	3 325.256 7	0.000 3	6 648.513 5	0.000 2	1.999 4	0.500 2	1.994 0	3.986 8
21	4 987.885 1	0.000 2	9 973.770 2	0.000 1	1.999 6	0.500 1	1.995 8	3.990 8
22	7 481.827 6	0.000 1	14 961.655 3	0.000 1	1.999 7	0.500 1	1.997 1	3.993 6
23	11 222.741 5	0.000 1	22 443.482 9	0.000 0	1.999 8	0.500 0	1.998 0	3.995 5
24	16 834.112 2	0.000 1	33 666.224 4	0.000 0	1.999 9	0.500 0	1.998 6	3.996 9
25	25 251.168 3	0.000 0	50 500.336 6	0.000 0	1.999 9	0.500 0	1.999 0	3.997 9
26	37 876.752 4	0.000 0	75 751.504 9	0.000 0	1.999 9	0.500 0	1.999 3	3.998 5
27	56 815.128 7	0.000 0	113 628.257 3	0.000 0	2.000 0	0.500 0	1.999 5	3.999 0
28	85 222.693 0	0.000 0	170 443.386 0	0.000 0	2.000 0	0.500 0	1.999 7	3.999 3
29	127 834.039 5	0.000 0	255 666.079 0	0.000 0	2.000 0	0.500 0	1.999 8	3.999 5
30	191 751.059 2	0.000 0	383 500.118 5	0.000 0	2.000 0	0.500 0	1.999 8	3.999 7
31	287 626.588 8	0.000 0	575 251.177 7	0.000 0	2.000 0	0.500 0	1.999 9	3.999 8
32	431 439.883 3	0.000 0	862 877.766 5	0.000 0	2.000 0	0.500 0	1.999 9	3.999 8
33	647 159.824 9	0.000 0	1 294 317.649 8	0.000 0	2.000 0	0.500 0	1.999 9	3.999 9

续表

i = 50%								
n	$(F/P,i,n)$	$(P/F,i,n)$	$(F/A,i,n)$	$(A/F,i,n)$	$(P/A,i,n)$	$(A/P,i,n)$	$(A/G,i,n)$	$(P/G,i,n)$
34	970 739.737 4	0.000 0	1 941 477.474 7	0.000 0	2.000 0	0.500 0	2.000 0	3.999 9
35	1 456 109.606 0	0.000 0	2 912 217.212 1	0.000 0	2.000 0	0.500 0	2.000 0	3.999 9
40	11 057 332.320 9	0.000 0	22 114 662.641 9	0.000 0	2.000 0	0.500 0	2.000 0	4.000 0
45	83 966 617.312 1	0.000 0	167 933 232.624 3	0.000 0	2.000 0	0.500 0	2.000 0	4.000 0
50	637 621 500.214 1	0.000 0	1 275 242 998.428 1	0.000 0	2.000 0	0.500 0	2.000 0	4.000 0

参考文献

[1] 国家发展和改革委,建设部. 建设项目经济评价方法与参数[M]. 3 版. 北京:中国计划出版社,2006.

[2] 吴泽. 建筑经济[M]. 2 版. 北京:中国建筑工业出版社,2008.

[3] 李南,楚岩枫,周志鹏,等. 工程经济学[M]. 6 版. 北京:科学出版社,2024.

[4] 刘颖. 建筑经济学[M]. 北京:中国电力出版社,2014.

[5] 胡六星,赵小娥. 建筑工程经济[M]. 3 版. 北京:北京大学出版社,2023.

[6] 张凌云. 工程造价控制[M]. 3 版. 北京:中国建筑工业出版社,2015.

[7] 全国一级建造师执业资格考试用书编写委员会. 建设工程经济[M]. 北京:中国建筑工业出版社,2019.

[8] 倪蓉,曹明东. 工程经济学[M]. 北京:化学工业出版社,2012.

[9] 张豫,廖方琴. 建设工程经济[M]. 广州:中山大学出版社,2012.

[10] 王玉静. 工程技术经济[M]. 南京:江苏凤凰科学技术出版社,2016.

[11] 刘亚臣,王静. 工程经济学[M]. 3 版. 广州:大连理工大学出版社,2013.

[12] 夏才安,等. 建筑工程经济[M]. 北京:化学工业出版社,2017.

[13] 时思,子重仁,胡一多. 建筑工程经济[M]. 北京:清华大学出版社,2018.

[14] 毛义华. 建筑工程经济[M]. 2 版. 杭州:浙江大学出版社,2012.

[15] 顾荣华,张劲松. 建筑工程经济[M]. 北京:北京理工大学出版社,2017.

[16] 黄洋. 建筑工程经济[M]. 天津:天津大学出版社,2016.

[17] 卢明银,张振芳,李洁. 技术经济学[M]. 徐州:中国矿业大学出版社,2012.

[18] 魏法杰,王玉灵,郑筠. 工程经济学[M]. 2 版. 北京:电子工业出版社,2013.

[19] 高琴,李茜. 建筑工程经济[M]. 重庆:重庆大学出版社,2016.

[20] 李涛,刘磊. 建筑工程经济[M]. 北京:高等教育出版社,2015.

[21] 王永祥,陈进. 工程经济分析[M]. 北京:北京理工大学出版社,2012.

[22] 闫魁星,佘勇,程峥. 建筑工程经济[M]. 上海:上海交通大学出版社,2015.
[23] 王胜. 工程经济学[M]. 北京:清华大学出版社,2014.
[24] 黄如宝. 建筑经济学[M].4 版. 上海:同济大学出版社,2009.
[25] 刘心萍,吴旭. 建筑工程经济[M]. 长沙:中南大学出版社,2016.